फ़ील गुड प्रोडक्टिविटी

फ़ील गुड प्रोडक्टिविटी

वह काम अधिक कैसे करें जो आपके लिए मायने रखता है

अली अब्दाल

अनुवाद : महेन्द्र नारायण सिंह यादव

MANJUL

मंजुल पब्लिशिंग हाउस

MANJUL

मंजुल पब्लिशिंग हाउस

कॉरपोरेट एवं संपादकीय कार्यालय

• द्वितीय तल, उषा प्रीत कॉम्प्लेक्स, 42 मालवीय नगर, भोपाल-462 003

विक्रय एवं विपणन कार्यालय

• सी-16, सेक्टर 3, नोएडा, उत्तर प्रदेश, 201301

वेबसाइट : www.manjulindia.com

वितरण केन्द्र

अहमदाबाद, बेंगलुरू, कोच्चि, कोलकाता, चेन्नई,
हैदराबाद, मुम्बई, नई दिल्ली, पुणे

अली अब्दाल द्वारा लिखित मूल अंग्रेजी पुस्तक
फ़ील गुड प्रोडक्टिविटी का हिन्दी अनुवाद

Feel Good Productivity by Ali Abdaal – Hindi edition

First published as Feel-Good Productivity in 2023
by Cornerstone Press, an imprint of Cornerstone.

Cornerstone is part of the Penguin Random House group of companies.

हिन्दी संस्करण सर्वप्रथम 2025 में मंजुल पब्लिशिंग हाउस प्रा. लि. द्वारा प्रकाशित

यह हिन्दी संस्करण 2025 में पहली बार प्रकाशित

ISBN 978-93-7317-513-3

अनुवाद : महेन्द्र नारायण सिंह यादव

मुद्रण व जिल्दसाज़ी : रेप्रो इंडिया लिमिटेड

प्यार, सहयोग और बलिदान के लिए मिमी
और
नानी को समर्पित

अनुक्रम

प्रस्तावना

'मैरी क्रिसमस, अली। कोशिश करना कि तुमसे कोई मरे ना'।

इतना कहकर मेरे कंसल्टेंट ने सहजता से फ़ोन रख दिया, और मुझे मरीज़ों के एक पूरे वॉर्ड को सँभालने के लिए अकेला छोड़ दिया। मैं नया-नया जूनियर डॉक्टर बना था, और तीन सप्ताह पहले ही मैंने एक बड़ी लापरवाही भरी ग़लती कर दी थी : हॉलिडे ऑफ़ की रिक्वेस्ट वाला फ़ॉर्म भरना भूल गया था। अब यहाँ मैं क्रिसमस डे पर अकेले ही अस्पताल का एक वॉर्ड सँभाल रहा था।

शुरुआत ही ख़राब हुई और फिर तेज़ी से हालात बिगड़ते चले गए। जब मैं अस्पताल पहुँचा तो मेरे सामने मरीज़ों के रिकॉर्ड, जांच रिपोर्टें और गोपनीय स्कैन अनुरोध पड़े थे और ऐसा लग रहा था कि ये सब हमारे ऑन-कॉल रेडियोलॉजिस्ट के बजाय किसी माहिर आर्कियोलॉजिस्ट के ज़्यादा काम के हैं। कुछ ही मिनटों के अंदर, मेरा सामना दिन की पहली इमरजेंसी से हो गया : पचास से ज़्यादा की उम्र का एक आदमी तेज़ दिल का दौरा पड़ने से गिर गया था। और तभी एक नर्स ने मुझे बताया कि उस मरीज़ को मैनुअल इवेकुएशन (आप जानते होंगे तो समझ गए होंगे) की तत्काल ज़रूरत है।

सुबह 10:30 बजे मैंने वॉर्ड का दौरा किया। नर्स जेनिस कॉरिडोर ए में बदहवासी में इधर-उधर दौड़-भाग कर रही थी। उसके हाथों में आईवी ड्रिप्स और दवाओं के चार्ट थे। कॉरिडोर बी में एक जिद्दी बुज़ुर्ग मरीज़ के नक़ली दाँत खो गए थे और वह ज़ोर-ज़ोर से आवाज़ लगा रहा था। कॉरिडोर सी में इमरजेंसी डिपार्टमेंट से निकाला गया शराबी हंगामा कर रहा था और चिल्ला रहा था - 'ओलिव! ओलिव!' (मुझे कभी पता नहीं चला कि वो ओलिव कौन था।) और, हर मिनट में कोई न कोई नई डिमांड रखे जा रहा था : 'डॉ. अली, क्या आप मिसेज जॉनसन का बुख़ार चेक कर लेंगे?' 'डॉ. अली, क्या आप मिस्टर सिंह के पोटेशियम बढ़ने का मामला देख लेंगे?'

थोड़ी देर में मैंने ख़ुद को बदहवासी की हालत में पाया। मेडिकल स्कूल में मुझे ऐसी किसी स्थिति का सामना करना सिखाया नहीं गया था। इसके पहले तो मैं हमेशा अच्छा स्टूडेंट रहा था। जब कभी कोई मुश्किल आती तो मेरी आसान रणनीति रहती थी : कड़ी मेहनत। अपनी इसी रणनीति के कारण सात साल पहले मेरा दाख़िला मेडिकल स्कूल में हो सका था। इसी रणनीति की बदौलत मेरे कई सारे प्रकाशन एकेडमिक पत्रिकाओं में प्रकाशित हुए थे। इसी रणनीति के ही दम पर, मैं पढ़ाई के दौरान एक बिज़नेस तक शुरू कर सका था। हर काम करने का एक ही तरीक़ा मैं जानता था, और वह था अनुशासन। और ये सफल भी था।

ये अपवाद था, जब मेरी रणनीति काम नहीं आ रही थी। कुछ महीने पहले ही डॉक्टरी की शुरुआत करते समय ही मुझे डूबता हुआ सा महसूस हो रहा था। मैं देर रात तक भी काम करूँ तब भी मैं सारे मरीज़ और पेपरवर्क नहीं निपटा पा रहा था। मेरे मूड पर भी बुरा असर पड़ रहा था; मुझे डॉक्टरी की ट्रेनिंग लेते समय बड़ा मज़ा आता था, लेकिन जब असली डॉक्टरी शुरू की तो मुझे ये काम बेहद निराशाजनक लगा जिसमें मुझे लगातार यही चिंता लगी रहती थी कि मुझसे ग़लती से कोई मर ना जाए। मुझे नींद नहीं आती थी, मेरी दोस्त दूर होने लगे थे, मेरी अपने परिवार से ही बात नहीं होती थी। और, मैं बस कड़ी मेहनत किए जा रहा था।

और, अब। क्रिसमस डे पर मैं अस्पताल के वॉर्ड में अकेला अपनी शिफ़्ट सँभालने की नाकाम कोशिश कर रहा था।

जब मुझसे डॉक्टरी के सामान की ट्रे गिर गई, तो उसमें रखी सिरिंजें लिनोलियम के फ़र्श पर फैल गईं तो हर तरफ़ हड़बड़ी मच गई। जब मैं उदास होकर अपने गीले कपड़ों की तरफ़ देख रहा था, तो मुझे समझ में आया कि मुझे कुछ करना होगा – वरना सर्जन बनने का मेरा सपना मेरी अँगुलियों से फिसल जाएगा।

उस रात, मैंने अपना स्टेथोस्कोप रख दिया, एक मिंस पाई खाई, और अपना लैपटॉप खोल लिया। मैं सोच रहा था कि कभी तो मैं बहुत ज़्यादा उत्पादक हुआ करता था। मैं क्या भूल गया था? मेडिकल स्कूल में अपने पहले साल के दौरान, मैं उत्पादकता के रहस्यों के पीछे पागल था। मैं रात-रात भर जागता रहता था और सैकड़ों लेख, ब्लॉग पोस्ट और वीडियो देख-पढ़कर नोट्स बनाता रहता था, जो सबसे बेहतर नंबर दिलाने का वादा करते थे। सभी गुरु कड़ी मेहनत के महत्त्व पर जोर देते ही थे। मुहम्मद अली का एक उद्धरण अक्सर याद आता था : 'मुझे ट्रेनिंग के हर मिनट से नफ़रत थी, लेकिन मैंने कहा, "हार मत मानो। अभी तकलीफ़ सह लो और अपना बाक़ी जीवन चैंपियन की तरह जियो।"'

जैसे-जैसे क्रिसमस बॉक्सिंग डे बनता जा रहा था, तो मैं अपने पुराने नोट्स पर ध्यान दे रहा था और सोच रहा था कि क्या मैं यहीं ग़लती कर रहा हूँ। क्या मुझे

अपने काम के पुराने तरीक़े को ही फिर से हासिल करने की ज़रूरत है? हालाँकि जब मैं अगले दिन काम पर लौटा और मैंने केवल काम करने और ज़्यादा काम करने का संकल्प लिया, तो इससे कोई फ़र्क़ नहीं पड़ा। भले ही मैं आधी रात तक वार्ड में रहा – और भले ही मैं अपने टॉयलेट ब्रेक के दौरान ख़ुद को मुहम्मद अली की लाइन सुनाता रहा था – लेकिन मैं अपना पेपरवर्क जल्द नहीं निपटा पा रहा था। मेरे मरीज़ अब भी थके और निष्प्रभावी अली को देख रहे थे। और मैं अब भी क्रिसमस की ख़ुशी की कमी दिखा पा रहा था।

अपने अब तक के सबसे कठिन दिन के आख़िर में, मुझे लगा कि मैं पूरी तरह से डूब चुका हूँ। और फिर अचानक, मुझे अपने पुराने अध्यापक डॉ. बार्कले की कुछ ज्ञान भी बातें याद आ गईं। 'अगर इलाज काम नहीं कर रहा है, तो डायग्नोसिस पर सवाल उठाओ।'

धीरे-धीरे, और फिर अचानक, मुझे अब तक मिलीं उत्पादकता से जुड़ी सभी सलाहों पर संदेह होने लगा। क्या सफलता के लिए सचमुच तकलीफ़ सहना ज़रूरी होता है? वैसे भी 'सफलता' है क्या? क्या तकलीफ़ सहना भी टिकाऊ हो सकता है? इस बात का क्या कोई मतलब है कि ज़्यादा ख़ुश हैं तो काम पूरा करने में आसानी होगी? क्या मुझे कुछ पाना है तो अपनी स्वास्थ्य और ख़ुशी, यहाँ तक कि कुछ भी बेचना पड़ेगा?

कुछ महीने मेरे ऐसे ही बीते, लेकिन मैं एक रहस्योद्‌घाटन की ओर बढ़ रहा था : कि सफलता के बारे में मुझे जो कुछ भी बताया गया था, वह सब ग़लत था। मैं अच्छा डॉक्टर बनने के लिए अपनी राह नहीं बना सकता था। कड़ी मेहनत करने से मुझे ख़ुशी नहीं मिलने वाली थी। और संतुष्टि का एक अन्य रास्ता था : ऐसा जो निरंतर चिंता, रातों की नींद हराम करने और कैफीन पर चिंताजनक निर्भरता से घिरा नहीं था।

मेरे पास सारे उत्तर तो नहीं थे, कतई नहीं थे। हालाँकि पहली बार, मैं एक वैकल्पिक दृष्टिकोण की शुरुआत को समझ पाया। यह ऐसा दृष्टिकोण जो थका देने वाली कड़ी मेहनत पर आधारित नहीं था, बल्कि यह समझने पर आधारित था कि किस वजह से कड़ी मेहनत के बाद बेहतर महसूस होता है। यह ऐसा दृष्टिकोण था जिसमें पहले मेरी भलाई पर ध्यान केंद्रित होता था, और उस भलाई का इस्तेमाल मेरे ध्यान और प्रेरणा को दूसरे स्थान पर लाने के लिए किया जाता था। यह ऐसा दृष्टिकोण था जिसे मैं फील-गुड प्रोडक्टिविटी कहूँगा।

फ़ीलगुड प्रोडक्टिविटी के हैरतअंगेज रहस्य

मेडिकल स्कूल में, उत्पादकता के प्रति मेरी सनक ने मुझे मनोविज्ञान की डिग्री लेने के लिए प्रेरित किया जिसके लिए मुझे एक साल अतिरिक्त पढ़ाई करनी पड़ी। जब मैंने फ़ील-गुड प्रोडक्टिविटी के टुकड़ों को एक साथ जोड़ना शुरू किया, तो मुझे एक अध्ययन याद आया जिसमें मेरा टेस्ट किया गया था - इसमें एक मोमबत्ती, माचिस की डिब्बी और थंबटैक्स का एक डिब्बा शामिल था।

अपने सामने इन तीन वस्तुओं के साथ ख़ुद की कल्पना कीजिए। आपका काम मोमबत्ती को दीवार पर लगे कॉर्कबोर्ड पर चिपकाना है, ताकि जब वह जले, तो मोमबत्ती का मोम नीचे रखी मेज़ पर टपके ना। आप स्वयं को वस्तुओं के बारे में उलझन में पाते हैं, उन्हें अपने हाथों में घुमाते हैं। क्या आप किसी समाधान के बारे में सोच सकते हैं?

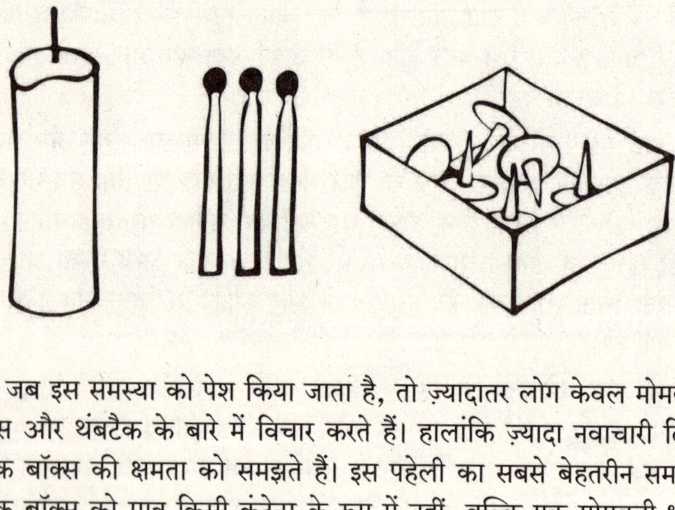

जब इस समस्या को पेश किया जाता है, तो ज़्यादातर लोग केवल मोमबत्ती, माचिस और थंबटैक के बारे में विचार करते हैं। हालांकि ज़्यादा नवाचारी दिमाग़ थंबटैक बॉक्स की क्षमता को समझते हैं। इस पहेली का सबसे बेहतरीन समाधान थंबटैक बॉक्स को मात्र किसी कंटेनर के रूप में नहीं, बल्कि एक मोमबत्ती धारक के रूप में देखना है।

यह 'कैंडिल प्रॉब्लम' है, जो रचनात्मक सोच का क्लासिक टेस्ट है। सबसे पहले इसे कार्ल डंकर ने विकसित किया था और 1945 में उनके मरणोपरांत यह प्रकाशित हुई थी। तब से इसका इस्तेमाल संज्ञानात्मक लचीलेपन से लेकर तनाव के मनोवैज्ञानिक नतीजों तक सब कुछ की जाँच करने वाले अनगिनत अध्ययनों में किया जा चुका है। 1970 के दशक के उत्तरार्ध में, मनोवैज्ञानिक एलिस इसेन ने

इसका इस्तेमाल एक प्रभावशाली प्रयोग के आधार के तौर पर किया, जिसमें यह अध्ययन किया गया था कि मन:स्थिति लोगों की रचनात्मकता को कैसे प्रभावित करती है।

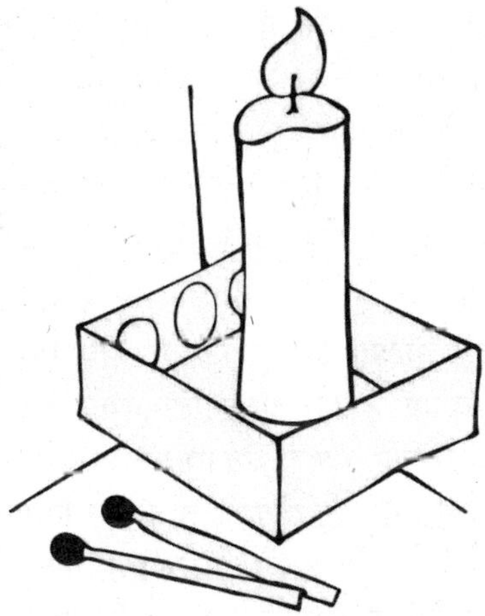

इसेन ने अपने वॉलेंटियरों को दो समूहों में बाँटकर शुरुआत की। एक समूह को कैंडिल प्रॉब्लम का सामना करने से पहले कैंडी का एक बैग छोटे-से उपहार के रूप में दिया गया। दूसरे समूह को ऐसे किसी प्रोत्साहन के बिना कार्य शुरू करने को कहा गया। इसका सिद्धांत यह था कि जिन लोगों को मिठाई दी गई थी, उनकी मन:स्थिति पहेली को हल करने की कोशिश करने पर अधिक सकारात्मक होगी। इसेन को कुछ मज़ेदार बातें समझ आईं : जिन लोगों मन:स्थिति उपहार से सूक्ष्म रूप से बेहतर हुई, वे कैंडिल प्रॉब्लम हल करने में काफ़ी ज़्यादा सफल रहे।

जब मैंने अपनी मनोविज्ञान की डिग्री के दौरान पहली बार इसेन के प्रयोग के बारे में पढ़ा, तो मुझे यह तो दिलचस्प लगा, लेकिन वास्तव में रूपांतरकारी नहीं लगा। व्यक्तिगत रूप से, मुझे कभी भी दीवार पर मोमबत्ती चिपकाने की बहुत ज़्यादा इच्छा नहीं हुई थी। हालाँकि एक जूनियर डॉक्टर के रूप में जब इसके बारे में दोबारा सोचा तो मुझे अहसास हुआ कि इसेन की समझ बेहद गहन थी। इसने मुझे सया कि अच्छा महसूस करना केवल अच्छा महसूस करने तक ही सीमित नहीं है। यह वास्तव में विचारों और व्यवहार के ढर्रे को बदल देता है।

अब मुझे पता चला कि यह अध्ययन हमारी सकारात्मक भावनाओं की कई संज्ञानात्मक प्रक्रियाओं को प्रभावित करने के तरीक़े की खोज करने वाले शोध की लहर का आधार बना था। इसने दिखाया कि जब हम सकारात्मक मनस्थिति में

होते हैं, तो हम कामों की व्यापक श्रेणी पर विचार करते हैं, नए अनुभवों के लिए ज़्यादा खुले होते हैं, और प्राप्त जानकारी को बेहतर ढंग से शामिल करते हैं। दूसरे शब्दों में, अच्छा महसूस करना हमारी रचनात्मकता को - और हमारी उत्पादकता को बढ़ाता है। यह कैसे काम करता है, इसका पता लगाने वाले पहले लोगों में बारबरा फ्रेडरिकसन भी थीं। चैपल हिल में नॉर्थ कैरोलिना यूनिवर्सिटी की प्रोफ़ेसर, फ्रेडरिकसन सकारात्मक मनोविज्ञान की प्रमुख विद्वानों में शामिल हैं। सकारात्मक मनोविज्ञान, मनोविज्ञान की एक अपेक्षाकृत नई शाखा है जो ख़ुशी को समझने और बढ़ावा देने पर केंद्रित होती है। 1990 के दशक के उत्तरार्ध में, फ्रेडरिकसन ने सकारात्मक भावनाओं के 'ब्रॉडन-ऐंड-बिल्ड' ('व्यापक-और-निर्माण') सिद्धांत का प्रस्ताव रखा।

'ब्रॉडन-ऐंड-बिल्ड' सिद्धांत के मुताबिक़, सकारात्मक भावनाएँ हमारी जागरूकता को 'व्यापक' बनाती हैं और हमारे संज्ञानात्मक तथा सामाजिक संसाधनों का 'निर्माण' करती हैं। ब्रॉडन का आशय सकारात्मक भावनाओं के तत्काल प्रभाव से है : जब हम अच्छा महसूस कर रहे होते हैं, तो हमारा दिमाग़ खुल जाता है, हम ज़्यादा जानकारी ग्रहण करते हैं, और अपने आस-पास ज़्यादा संभावनाएँ देखते हैं। कैंडिल प्रॉब्लम पर विचार कीजिए : सकारात्मक मनस्थिति में, प्रतिभागी संभावित समाधानों की विस्तृत श्रंखला देख सकने में सक्षम थे।

बिल्ड का आशय सकारात्मक भावनाओं के दीर्घकालिक प्रभावों से है। जब हम सकारात्मक भावनाओं का अनुभव करते हैं, तो हम मानसिक और भावनात्मक संसाधनों का भंडार बना लेते हैं जो भविष्य में हमारी मदद कर सकते हैं। ये संसाधन लचीलापन, रचनात्मकता, समस्या-समाधान कौशल, सामाजिक संबंध और शारीरिक स्वास्थ्य जैसे होते हैं। समय के साथ-साथ ये दोनों प्रक्रियाएँ एक-दूसरे को मजबूत करती हैं, जिससे सकारात्मकता, विकास और सफलता का एक ऊपर की ओर बढ़ता हुआ चक्र बन जाता है।

सकारात्मक भावनाएँ मानव समृद्धि के इंजन को चलाने का ईंधन होती हैं।

यह सिद्धांत हमारे जीवन में सकारात्मक भावनाओं की भूमिका को समझने का एक निहायत ही नया तरीक़ा सुझाता है। वे केवल ऐसी क्षणभंगुर भावनाएँ नहीं हैं, जो बिना किसी नतीजे के आती हैं और चली जाती हैं। वे हमारी संज्ञानात्मक कार्यप्रणाली, हमारे सामाजिक संबंधों और हमारी समग्र भलाई का अभिन्न अंग हैं। सकारात्मक भावनाएँ मानव समृद्धि के इंजन को चलाने का ईंधन हैं।

फ़ीलगुड प्रॉडक्टिविटी क्यों काम करती है

जब मैंने पहली बार ब्रॉडन-ऐंड-बिल्ड के बारे में सीखना शुरू किया, तो जीवन के बारे में अपने सोचने का अलग तरीक़ा दिखा। सालों तक मैं सोचता रहा था कि केवल कड़ी मेहनत करके ही मैं अपनी मनचाही चीज़ें हासिल कर सकता हूँ। अगर मैं अच्छा डॉक्टर बनना चाहता, तो मेरे आगे का जीवन कड़ी मेहनत और अथक परिश्रम से ही निर्धारित होना था।

अब मुझे एक और रास्ता दिख रहा था। फ्रेडरिकसन का सिद्धांत बताता है कि सकारात्मक भावनाएँ हमारे मस्तिष्क के काम करने के तरीक़े को बदल देती हैं। पहला क़दम बेहतर महसूस करने का है। दूसरा क़दम वह करने का है जो हमारे लिए मायने रखता है।

लेकिन क्यों? मैं सोचने लगा। जितना मैंने पढ़ा, उतना ही मुझे अहसास हुआ कि स्पष्टीकरण अलग-अलग भी हैं - और कुछ मामलों में अस्पष्ट भी बने हुए हैं। हालाँकि वैज्ञानिकों ने कुछ उत्तरों पर ध्यान देना शुरू कर दिया है।

सबसे पहली बात तो ये कि, **फ़ील गुड करने से हमारी ऊर्जा बढ़ती है।** हममें से ज़्यादातर लोगों ने ऐसी ऊर्जा महसूस की है जो पूरी तरह से शारीरिक या जैविक नहीं है, जो केवल चीनी या कार्बोहाइड्रेट से नहीं आती है, बल्कि प्रेरणा, एकाग्रता और प्रेरणा के मिश्रण से आती है। यह वह ऊर्जा है जिसे आप तब महसूस करते हैं, जब आप कोई ख़ास मनोरंजक काम कर रहे होते हैं या जब आप प्रेरणादायी लोगों से घिरे होते हैं। इस ऊर्जा के कई अलग-अलग नाम हैं। मनोवैज्ञानिकों ने इसे 'भावनात्मक', 'आध्यात्मिक', 'मानसिक' या 'प्रेरक' ऊर्जा का नाम दिया है; न्यूरोसाइंटिस्ट इसे 'उत्साह', 'जीवन शक्ति' या 'ऊर्जावान उत्तेजना' कहते हैं। हालाँकि अगर शोधकर्ता इसके लिए किसी एक नाम पर सहमत नहीं भी हो पाते हैं, तो भी वे इस बात पर तो सहमत हैं ही कि यह हमें अपने लक्ष्यों को हासिल करने के लिए एकाग्र और प्रेरित करता है।

तो इस रहस्यमय ऊर्जा का स्रोत है क्या? संक्षिप्त उत्तर है : *फ़ील गुड* करना। सकारात्मक भावनाएँ चार हार्मोनों के एक समूह से जुड़ी होती हैं - एंडोर्फ़िन, सेरोटोनिन, डोपामाइन और ऑक्सीटोसिन - जिन्हें अक्सर 'फ़ीलगुड कराने वाले हार्मोन' के रूप में बताया जाता है। ये सभी हमें अधिक काम करने में सक्षम बनाते हैं। एंडोर्फ़िन अक्सर शारीरिक गतिविधि, तनाव या दर्द के दौरान रिलीज होते हैं और ख़ुशी और कम बेचैनी की भावनाएँ पैदा करते हैं - और इनके उच्च स्तर आमतौर पर बढ़ी हुई ऊर्जा और प्रेरणा से संबंधित होते हैं। सेरोटोनिन मनोदशा नियंत्रण,

नींद, भूख और समग्र कल्याण की भावनाओं से जुड़ा होता है; यह हमारी संतुष्टि की भावना को रेखांकित करता है और हमें कुशलतापूर्वक काम करने की ऊर्जा देता है। डोपामाइन, या 'रिवॉर्ड' हार्मोन, प्रेरणा और ख़ुशी से जुड़ा होता है और इसका स्राव संतुष्टि देता है जो हमें लंबे समय तक ध्यान एकाग्र करने देता है। और ऑक्सीटोसिन, जिसे 'लव' हार्मोन के रूप में जाना जाता है, वह सामाजिक बंधन, विश्वास और संबंध-निर्माण से जुड़ा होता है, जो दूसरों के साथ जुड़ने की हमारी क्षमता को बढ़ाता है, हमारी मनोदशा को मजबूत करता है और बदले में, हमारी उत्पादकता को प्रभावित करता है।

इसका मतलब यह है कि ये फ़ीलगुड कराने वाले हॉरमोन किसी पुण्य चक्र की शुरुआत होते हैं। जब हम फ़ीलगुड करते हैं, तो हम ऊर्जा पैदा करते हैं, जिससे हमारी उत्पादकता बढ़ती है। और यह उत्पादकता ही हमें उपलब्धि की भावनाओं की ओर ले जाती है, जिससे हमें फिर से फ़ीलगुड होता है।

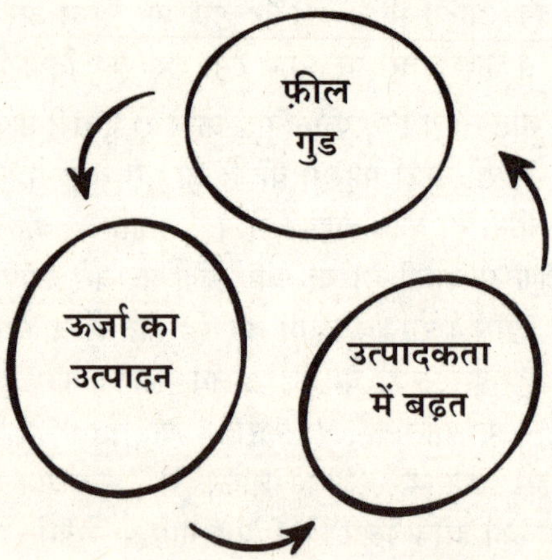

दूसरी बात, **फ़ील गुड करने से हमारा तनाव घटता है।** ब्रॉडन-ऐंड-बिल्ड सिद्धांत के अलावा, बारबरा फ्रेडरिकसन ने एक और परिकल्पना विकसित की जिसे मनोवैज्ञानिक 'अनडूइंग हाइपोथीसिस' कहते हैं। फ्रेडरिकसन और उनके सहयोगियों की दशकों तक चलने वाले शोध में रुचि थी जो दिखाते थे कि नकारात्मक भावनाएँ एड्रेनालाइन और कोर्टिसोल जैसे तनाव हार्मोन के स्राव का कारण बनती हैं। यह अल्पावधि के लिए कोई समस्या नहीं है; यह तो वह तंत्र है जो हमें खतरे से दूर भागने के लिए प्रेरित करता है।

हालाँकि अगर हम इन नकारात्मक संवेदनाओं का बार-बार अनुभव करते हैं, तो हम चिंताग्रस्त हो जाते हैं, और हमारा शारीरिक स्वास्थ्य ख़राब हो जाता है। इन हार्मोनों के लगातार सक्रिय होने से हृदय रोग और उच्च रक्तचाप का भी जोख़िम बढ़ सकता है। इस तरह से ये आदर्श नहीं है।

फ्रेडरिकसन ने इसके दूसरे पक्ष के बारे में सोचा : अगर नकारात्मक भावनाओं के ये हानिकारक शारीरिक प्रभाव हैं, तो शायद सकारात्मक भावनाएँ उन्हें उलट भी सकती हैं। क्या फ़ीलगुड करना तंत्रिका तंत्र को 'रीसेट' कर सकता है और शरीर को ज़्यादा तनावमुक्त स्थिति में ला सकता है?

इसका टेस्ट करने के लिए, फ्रेडरिकसन ने बहुत ही कठोर अध्ययन किया। शोधकर्ताओं ने लोगों के एक समूह से कहा कि उन्हें एक मिनट के अंदर एक सार्वजनिक भाषण तैयार करना है जिसे उनके साथी फ़िल्माएँगे और आकलन करेंगे। यह जानते हुए कि पब्लिक स्पीकिंग का डर व्यावहारिक रूप से सार्वभौमिक है, फ्रेडरिकसन ने परिकल्पना की कि इससे विषयों के बारे में चिंता और तनाव का स्तर बढ़ जाएगा। और ऐसा हुआ भी; लोगों ने ज़्यादा चिंतित महसूस करने के बारे में बताया, और हृदय गति तथा रक्तचाप में वृद्धि का अनुभव किया। इसके बाद, शोधकर्ताओं ने प्रतिभागियों को चार फ़िल्मों में से कोई भी एक देखने को कहा : इनमें से दो हल्की सकारात्मक भावनाओं को जगाने वाली थीं, तीसरी तटस्थ थी और चौथी दुखद थी। और फिर उन्होंने प्रतिभागियों के तनाव से 'ठीक होने' में लगने वाले समय को मापा।

उनके निष्कर्ष दिलचस्प निकले। सकारात्मक-भावना वाली फ़िल्में देखने वाले प्रतिभागियों को हृदय गति और रक्तचाप के मामले में अपनी मूल स्थिति में लौटने में काफ़ी कम समय लगा। और जिन लोगों ने दुख पैदा करने वाली फ़िल्म देखी, उन्हें मूल स्तर पर वापस आने में सबसे ज़्यादा समय लगा।

यह 'अनडूइंग हाइपोथीसिस' है : सकारात्मक भावनाएँ तनाव और अन्य नकारात्मक भावनाओं के प्रभावों को 'पूर्ववत' कर सकती हैं। अगर तनाव की समस्या है, तो फ़ीलगुड करना ही इसका हल हो सकता है।

हालाँकि अंतिम, और शायद सबसे रूपांतरकारी, फ़ीलगुड करने वाली प्रोडक्टिविटी का निहितार्थ किसी एक कार्य या परियोजना से कहीं आगे तक है। इसका कारण यह है कि **फ़ीलगुड करना आपके जीवन को समृद्ध बनाता है।** 2005 में, मनोवैज्ञानिकों के एक दल ने ख़ुशी और सफलता के बीच जटिल सबधों पर मिले सारे अध्ययन पढ़े। उन्होंने 225 प्रकाशित शोधपत्रों का गहन अध्ययन किया जिसमें 275,000 से ज़्यादा लोगों के डाटा शामिल थे। उनका प्रश्न था :

जैसा कि अक्सर बताया जाता है, क्या सफलता हमें ख़ुश करती है – या इसके विपरीत हो सकता है?

इस अध्ययन ने इस बात के पुख़्ता सबूत पेश किए कि हम ख़ुशी को ग़लत तरीक़े से समझते हैं। जो इंसान अक्सर सकारात्मक भावनाओं का अनुभव करते रहते हैं, वे ना केवल ज़्यादा मिलनसार, आशावादी और रचनात्मक होते हैं। वे काम भी ज़्यादा करते हैं।

फ़ीलिंग गुड

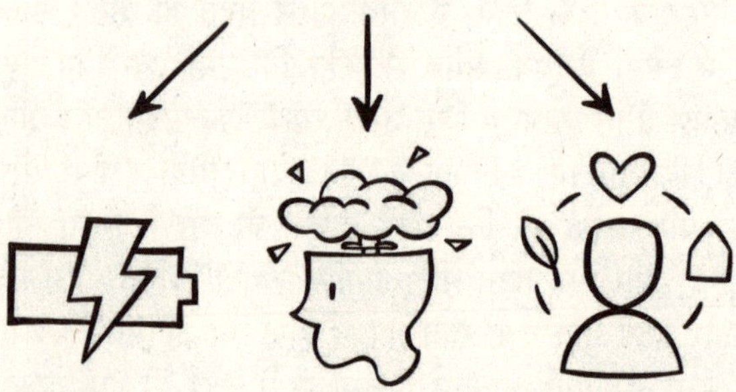

आपकी ऊर्जा को बढ़ाता है | आपके तनाव को घटाता है | आपके जीवन को समृद्ध करता है

ये लोग अपने वातावरण में संक्रामक ऊर्जा लाते हैं, जो संतोषजनक संबंधों का आनंद लेने, उच्च वेतन पाने और अपने पेशेवर जीवन में वास्तव में सफलता पाने की ज़्यादा संभावना साबित होती है। जो लोग काम पर सकारात्मक भावनाओं का विकास करते हैं, वे बेहतर समस्या-समाधानकर्ता, योजनाकार, रचनात्मक विचारक और लचीले कार्यकर्ता बनते हैं। वे तनावग्रस्त भी कम होते हैं, अपने वरिष्ठों से उच्च मूल्यांकन हासिल करते हैं और अपने संगठनों के प्रति ज़्यादा निष्ठा दिखाते हैं।

सफलता से फ़ीलगुड नहीं होता। फ़ीलगुड करने से सफलता मिलती है।

सरल शब्दों में कहें तो : सफलता से फ़ीलगुड नहीं होता। फ़ीलगुड करने से सफलता मिलती है।

इस पुस्तक का इस्तेमाल कैसे करें

डॉक्टर के तौर पर उस पहले तकलीफ़देह वर्ष में, इनमें से ज़्यादातर खोजें मुझसे तब कई साल दूर थीं। मैं अंतहीन शिफ़्टों में काम कर रहा था और मरीज़ देखने के बीच के छोटे-छोटे ब्रेक में अपनी प्रोडक्टिविटी रिसर्च शामिल करने की कोशिश कर रहा था।

हालाँकि मैंने जो बुनियादी समझ खोजी, वह भी काम के साथ मेरे रिश्ते में नाटकीय बदलाव लाने के लिए पर्याप्त थी। जब मैंने अनुशासन के प्रति अपने जुनून को छोड़ना शुरू किया और काम को अच्छा बनाने पर ध्यान लगाया, तो मेरी भयावह शिफ़्टें आसान होने लगीं। जल्द ही मेरी मनोदशा भी बेहतर होने लगी। मुझे एक बुज़ुर्ग मरीज़ के साथ एक अपॉइंटमेंट की बात याद है, जिसके कुछ महीने बाद मैंने फ़ील-गुड प्रोडक्टिविटी की खोज की थी। 'आप जानते हैं, डॉक्टर,' उसने कहा, 'आप यहाँ पहले इंसान हैं जो पूरे सप्ताह मुस्कराते रहे हैं।'

इन नए दृष्टिकोणों ने केवल डॉक्टर बनने के मेरे दृष्टिकोण को ही नहीं बदला। इन्होंने मेरे जीवन की दिशा को पूरी तरह से बदल दिया। कई सालों में पहली बार, मैंने काम की सीमाओं से परे मौजूद अवसरों को देखना शुरू किया : मेरी दोस्ती, मेरा परिवार और दूसरे जुनून जिन्हें मैंने दरकिनार कर दिया था। और जल्द ही मैंने पाया कि मैं अपनी खोज के बारे में दूसरों को बताना चाहता हूँ। कुछ सालों से, मैं एक यूट्यूब चैनल चला रहा था जिस पर मैं स्टडी टिप्स और प्रौद्योगिकी समीक्षाएँ पोस्ट किया करता था। अब, मैंने मनोविज्ञान और तंत्रिका विज्ञान से सीखी गई व्यावहारिक समझ को भी साझा करना शुरू कर दिया, जिनमें ख़ुद को गिनी पिग के रूप में इस्तेमाल करते हुए, मैंने जो कुछ भी सीखा था और जो रणनीतियाँ मुझे काम की लगीं, उनके साथ प्रयोग करने लगा।

सफलता को दुख से ना जोड़ने की मेरी मौलिक धारणा जैसे-जैसे लोगों को ध्यान खींचने लगी, वैसे-वैसे मुझे अपने दर्शकों से ज़्यादा से ज़्यादा ईमेल मिलने लगे। जो रणनीतियाँ मैंने साझा कीं, उन्हें लागू करके हाई-स्कूल के छात्रों ने अपनी परीक्षाओं में सफलता पाई, कारोबार के मालिकों ने अपनी आय दुगुनी कर ली, माता-पिता काम और पारिवारिक जीवन को बेहतर ढंग से संतुलित करने में सफल होने लगे। यहाँ तक कि कॉर्पोरेट जीवन की थकान से लथपथ हो चुके अनुभवी पेशेवर भी नई ऊर्जा, प्रेरणा और नई दिशा की खोज करने लगे थे।

और मैं भी तो ऐसा ही था। जितना ज़्यादा मैंने पढ़ा, उतना ही ज़्यादा मेरा दर्शन विकसित होता गया। आख़िरकार, जिन सिद्धांतों और रणनीतियों को मैं सीख

रहा था, उन्हीं का पालन करके मुझे अहसास हुआ कि मैं कुछ नया करने के लिए डॉक्टरी से ब्रेक लेना चाहता हूँ।

तभी मुझे लगा कि मुझे यह किताब लिखनी है। इन पृष्ठों में जो कुछ भी है, वह केवल एक और उत्पादकता प्रणाली नहीं है जो आपको किसी भी क़ीमत पर ज़्यादा काम करने में मदद कर दे। यह उसको ज़्यादा करने के बारे में है जो आपके लिए मायने रखता है। यह आपको अपने बारे में और जानने में मदद करेगी, कि आपको क्या पसंद है और क्या आपको वास्तव में प्रेरित करता है।

मेरी विधि के तीन भाग हैं, जिनमें से प्रत्येक में फ़ील-गुड प्रोडक्टिविटी के अलग-अलग पहलू के बारे में बताया गया है। भाग 1 में बताया गया है कि ख़ुद को ऊर्जावान बनाने के लिए फ़ील-गुड प्रोडक्टिविटी के विज्ञान का इस्तेमाल कैसे करें। यह तीन तरह के 'ऊर्जावान' कारकों के बारे में बताता है जो सकारात्मक भावनाओं को रेखांकित करते हैं - खेल, शक्ति और लोग - और बताता है कि उन्हें अपने दैनिक जीवन में कैसे शामिल किया जाए।

इसके बाद, भाग 2 में पड़ताल की जाती है कि फ़ील-गुड प्रोडक्टिविटी हमें टालमटोल से उबरने में कैसे मदद कर सकती है। आप तीन 'अवरोधकों' के बारे में जानेंगे जो हमें फ़ील बैड कराते हैं - अनिश्चितता, भय और जड़ता - और उन्हें कैसे दूर किया जाए, इसके बारे में भी बताया गया है। जब आप इन अवरोधकों को हटाते हैं, तो आप ना केवल टालमटोल से उबर जाएँगे - बल्कि आप फ़ील बेटर भी करेंगे।

अंत में, भाग 3 में, हम यह पता लगाएँगे कि फ़ील-गुड प्रोडक्टिविटी हमें लंबे समय तक कैसे बनाए रख सकती है। हम तीन अलग-अलग प्रकार के बर्नआउट के बारे में जानेंगे - ओवरएक्सरशन बर्नआउट, डिप्लेशन बर्नआउट और मिसअलाइनमेंट बर्नआउट। मैं समझाऊँगा कि कैसे हम तीन सरल 'संरक्षकों' - संरक्षण, रिचार्ज और मेल - का इस्तेमाल कर सकते हैं, ताकि हम ना केवल दिनों और सप्ताहों तक, बल्कि महीनों और सालों तक बेहतर महसूस कर सकें।

हर अध्याय में पर्याप्त हिस्से में व्यावहारिक सुझाव शामिल हैं। हालाँकि इस पुस्तक में मेरा मक़सद आपको कोई लंबी-चौड़ी कार्य सूची देने का नहीं है। मक़सद तो आपको एक दर्शन के बारे में बताना है : उत्पादकता के बारे में सोचने का एक नया तरीक़ा बताना है जिसे आप अपने तरीक़े से अपने जीवन में लागू कर सकते हैं। मुझे आशा है कि आप इस पुस्तक को पूरा पढ़ते-पढ़ते अमेच्योर 'प्रोडक्टिविटी साइंटिस्ट' बन जाएँगे : कुछ काम के, दूसरों से अलग तरीक़े ढूँढ़कर और समझदारी से काम करके आप यह देखेंगे कि कौन-सी विधि आपको फ़ील गुड कराती है और, ज़्यादा हासिल करने में सहायता करती है। यही कारण है कि हर अध्याय में

ना केवल तीन सरल और विज्ञान-समर्थित विचार दिए गए हैं जिनका इस्तेमाल आप प्रोडक्टिविटी पर दोबारा विचार करने के लिए कर सकते हैं – बल्कि छह 'प्रयोग' भी बताए गए हैं जिन्हें आप अपने जीवन में लागू कर सकते हैं। अगर कोई प्रयोग आपके लिए काम करता है, तो अच्छी बात है – अगर नहीं करता है, तो उससे भी एक उपयोगी समझ मिलेगी। हालाँकि, पुस्तक के आख़िर तक, आपके पास अपने काम, रिश्तों और ज़िंदगी में फ़ील गुड कराने वाली प्रोडक्टिविटी को लागू करने के लिए एक टूलकिट होनी चाहिए।

मैं केवल यही उम्मीद करता हूँ कि यह आपके लिए भी उतनी ही कारगर साबित होगी, जितनी मेरे लिए रही है। इसका कारण यह है कि अगर मैंने ख़ुद को फ़ील-गुड प्रोडक्टिविटी के विज्ञान में डुबोकर कोई चीज़ सीखी है, तो यह सीखा है कि यह हर क्षेत्र में लागू होती है। यह मुश्किल कामों को भी आकर्षक चुनौतियों में बदल देती है। इससे साथियों के साथ गहरे संबंध बनते हैं। यह हर दिन आपके काम में सार्थक बातचीत को बढ़ावा देती है।

जो आपको फ़ील गुड कराता है, उसे समझकर और लागू करके, आप केवल अपने काम को नहीं बदलेंगे, आप अपने जीवन को भी बदल देंगे।

फ़ील-गुड प्रोडक्टिविटी का तरीक़ा तो सरल है, लेकिन यह सब कुछ बदल देती है। यह दिखाती है कि अगर आप कभी पानी के नीचे गए हैं, तो आपको तैरते रहने के लिए रुकने की ज़रूरत नहीं है। आप तैरना सीख सकते हैं।

चलिए छलाँग लगाते हैं।

खंड-1

ऊर्जावान बनिए

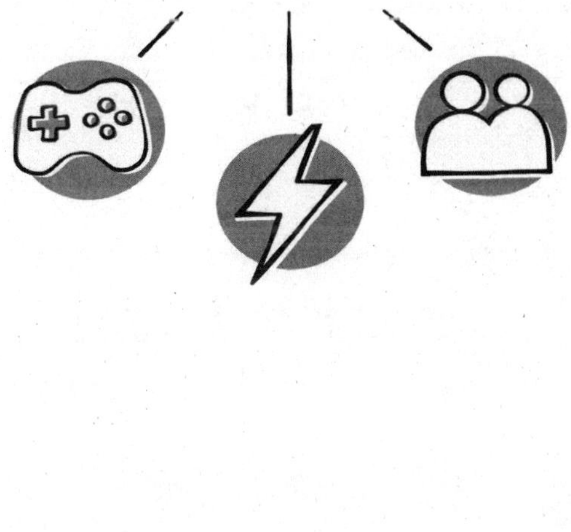

1

प्ले (खेल)

देखने में तो प्रोफ़ेसर रिचर्ड फेनमैन के करियर में सब कुछ सही लग रहा था। केवल सत्ताइस साल की उम्र में, उन्हें पहले से ही अपनी पीढ़ी के सबसे महान भौतिकविदों में शुमार किया जा रहा था – माना जा रहा था कि वे परमाणु ऊर्जा की क्षमता का दोहन करने का सबसे संभावित तरीक़ा खोज सकते हैं। अब, उन्हें अपस्टेट न्यू यॉर्क में कॉर्नेल यूनिवर्सिटी में नियुक्त किए गए सबसे कम उम्र के प्रोफ़ेसरों में शामिल थे।

समस्या बस एक थी। वे भौतिकी से बोर हो चुके थे।

यह समस्या 1940 के दशक के मध्य में शुरू हुई थी। जब भी वे सोचने के लिए बैठते, तो उन्हें थकान महसूस होने लगती। इसकी शुरुआत तब हुई, जब जून 1945 में, अमेरिका में द्वितीय विश्व युद्ध की समाप्ति से कुछ महीने पहले, फेनमैन की पत्नी अर्लीन की टीबी से मौत हो गई। उनकी मौत के बाद, युवा प्रोफ़ेसर के जीवन का सारा संगीत फीका पड़ गया। डॉक्टरेट के छात्र के रूप में उन्हें जिन विचारों ने बेहद उत्साहित किया था, वे सब उन्हें नीरस और उबाऊ लगने लगे। हालाँकि वे पढ़ाने में अच्छे थे, लेकिन यह काम उन्हें उबाऊ और बोझिल लगता था। 'मैं बस ख़ुद को ख़ाली कर चुका था,' बाद में उन्होंने बताया था।

उन्होंने लिखा, 'मैं अक्सर लाइब्रेरी जाता था और *अरेबियन नाइट्स* पढ़ता था, लेकिन जब कोई रिसर्च करने का समय आता था, तो मैं नहीं जा पाता था। मुझे कोई दिलचस्पी नहीं रह गई थी।'

उन्होंने पाया कि कुछ ना करना बहुत आसान है। उन्हें अब भी अंडरग्रैजुएट छात्र–छात्राओं को पढ़ाना, लाइब्रेरी में बैठकर पढ़ना और कैंपस में घूमना पसंद था। बस काम करना उन्हें पसंद नहीं था। बहुत आसान था। 1940 के दशक के अंत

तक, फेनमैन ने ख़ुद की पहचान ही नई बना ली थी : ऐसा भौतिकी प्रोफ़ेसर जिसे भौतिकी से कोई मतलब नहीं था।

तभी, एक दिन सब कुछ बदल गया। इन सारी समस्याओं के शुरू होने के कुछ साल बाद, फेनमैन अकेले ही, यूनिवर्सिटी के कैफ़ेटेरिया में छात्र-छात्राओं के एक समूह के सामने बैठे थे। उनमें से एक छात्र एक प्लेट को बार-बार हवा में उछाल रहा था। फेनमैन ने कुछ विचित्र बात देखी। जब प्लेट हवा में थी, तो हिल रही थी, लेकिन प्लेट पर बना कॉर्नेल लोगो प्लेट से भी ज़्यादा तेज़ी से हिल रहा था।

फ़ेनमैन के मन में उत्सुकता जगी। हालाँकि यह नोबेल पुरस्कार के लायक़ नहीं थी। फ़ेनमैन वह व्यक्ति थे जिसने परमाणु विखंडन के कोड को क्रेक करने में मदद की थी; हवा में उड़ने वाले बर्तनों की विशेषताओं का सिद्धांत बताना उनका काम नहीं था। हालाँकि उत्सुकता के इस क्षण ने एक हल्की-सी समझ पैदा हुई। वे इस बात पर चिंतन करने लगे कि आख़िर किस बात ने उन्हें अपने विषय की ओर आकर्षित किया था। बाद में उन्होंने बताया था, 'मुझे भौतिकी करना अच्छा लगता था। मुझे इसमें मज़ा क्यों आता था? मैं इसके साथ खेलता था। मैं जो भी करना चाहता था, करता था – इसका संबंध इस बात से नहीं था कि यह परमाणु भौतिकी के विकास के लिए महत्त्वपूर्ण है या नहीं, बल्कि इस बात से था कि क्या यह मेरे लिए खेलने लायक़ दिलचस्प और मनोरंजक है या नहीं।'

कैफ़ेटेरिया से बाहर निकलने के बाद, फ़ेनमैन ने को याद आने लगा कि किशोरावस्था में वे दुनिया को कैसे देखते थे। जब वे हाई स्कूल में थे, तो उन्हें दुनिया की जो चीज़ें सबसे ज़्यादा आकर्षित करती थीं, वे दूसरों को मामूली लगती थीं। वे नल से दूर जाने पर पानी को सँकरा होता हुआ देखते थे और सोचते थे कि पानी का वह टेढ़ा-मेढ़ा रास्ता कैसे बन जाता है। 'मुझे यह सब पता करने की ज़रूरत नहीं थी; यह विज्ञान के भविष्य के लिए अहम नहीं था; किसी और ने पहले ही यह पता कर लिया था,' उन्होंने बताया। 'इससे कोई फ़र्क़ नहीं पड़ा : मैं चीज़ों का आविष्कार करता और अपने मनोरंजन के लिए चीज़ों के साथ खेलता रहता था।'

अगर उसी विश्व दृष्टिकोण पर वापस लौटना ही भौतिकी में फिर से आनंद पाने की कुंजी हो, तो? वे सोच रहे थे। भौतिकी को नौकरी के रूप में नहीं, बल्कि मनोरंजन के लिए खेले जाने वाले खेल के रूप में देखना कैसा रहेगा? 'मैं यह नया दृष्टिकोण अपनाऊँगा,' उन्होंने फ़ैसला किया। 'जिस तरह से मैं मनोरंजन के लिए *अरेबियन नाइट्स* पढ़ता हूँ, उसी तरह से मैं भौतिकी के साथ खेलने जा रहा हूँ, जब भी मैं चाहूँ, चाहे उसका कुछ महत्त्व हो या ना हो।'

शुरुआत उस हिलती हुई प्लेट से हुई। उसके बाद के कई सप्ताह, फ़ेनमैन ने उन समीकरणों को मॉडल करने की कोशिश की जिनमें बताया गया था कि प्लेट हवा में कैसे हिलती है। उनके सहकर्मियों ने हैरान होकर उनसे इसका कारण पूछा। 'कारण जो भी हो, उसका कोई महत्त्व नहीं है,' फ़ेनमैन ने उन्हें ख़ुशी–ख़ुशी बताया। 'मैं इसे बस मनोरंजन के लिए कर रहा हूँ।'

हालाँकि फ़ेनमैन हिलती हुई प्लेटों में जितने ज़्यादा उलझते गए, वे उतनी ही ज़्यादा दिलचस्प होती गईं। जल्द ही, वह सोचने लगे कि क्या घूमती हुई प्लेट का हिलना–डुलना परमाणु में इलेक्ट्रॉनों के हिलने की तरह है। या शायद क्वांटम इलेक्ट्रोडायनामिक्स की वजह से होता है। 'इससे पहले कि मैं जान पाता (बहुत कम समय था), मैं उसी पुरानी समस्या के साथ ''खेल'' रहा था – असल में काम कर रहा था – जिसे मैं बहुत पसंद करता था।' सिवाय इस बार, भौतिकी के 'काम' ने उन्हें ख़ाली नहीं किया था।

प्लेट–स्पिनिंग में प्रोफेसर फ़ेनमैन की रुचि की वजह से आख़िरकार उन्हें भौतिकी का नोबेल पुरस्कार मिला। उन सभी उतार–चढ़ावों के लिए उनके मॉडल ने क्वांटम इलेक्ट्रोडायनामिक्स को समझने में सहायता की, जो ऐसा सिद्धांत है जिसमें बताया गया है कि क्वांटम स्तर पर प्रकाश और छोटे कण किस तरह से परस्पर क्रिया करते हैं। उन्होंने बताया कि उन्हें देखने के लिए, तेज़ी से घूमती प्लेटों की कल्पना करने से सहायता मिलती है।

फ़ेनमैन ऐसे अकेले नहीं थे। मेरी जानकारी के अनुसार, कम से कम छह नोबेल पुरस्कार विजेता अपनी सफलता का श्रेय खेल को देते हैं। 1950 के दशक में डीएनए की संरचना की खोज करने वाले जेम्स वॉटसन और फ्रांसिस क्रिक ने जिस जनरेटिव प्रक्रिया का इस्तेमाल किया था, उसे उन्होंने 'आणविक मॉडलों का सेट बनाने और खेलना शुरू करने' के रूप में बताया था। एंटीबायोटिक पेनिसिलिन की खोज करने वाले वैज्ञानिक अलेक्जेंडर फ़्लेमिंग ने एक बार अपने काम को 'सूक्ष्मजीवों के साथ खेल' बताया था। 2018 में भौतिकी की नोबेल पुरस्कार विजेता डोना स्ट्रिकलैंड ने अपने करियर को 'उच्च तीव्रता वाले लेजरों के साथ खेलने' के रूप में बताया था। ग्राफ़ीन की खोज में सहायता करने के लिए 2010 के भौतिकी के नोबेल पुरस्कार के संयुक्त विजेता कोंस्टेंटिन नोवोसेलोव ने इस बात को सबसे सरल तरीक़े से कहा था : 'अगर आप नोबेल जीतने की कोशिश करते हैं, तब तो आप नहीं जीत पाएँगे। जिस तरह से हम काम कर रहे थे, वह वास्तव में काफ़ी मनोरंजक था।'

इस दृष्टिकोण का समर्थन अनुसंधान की एक बढ़ती हुई संस्था भी करती है। मनोवैज्ञानिकों का मानना है कि खेल वास्तविक प्रोडक्टिविटी की कुंजी है, जिसका

एक कारण तो यह है कि इनसे मनोवैज्ञानिक राहत की भावना मिलती है। जैसा कि एक हाल के अध्ययन में कहा गया है : 'खेल का मनोवैज्ञानिक काम शारीरिक और मानसिक रूप से थके हुए इंसान को ऐसी गतिविधि में भागीदारी के जरिए बहाल करना है जो आनंददायक और आरामदायक हो।'

जीवन तनावयुक्त है, खेल इसे मज़ेदार बनाता है।

खेल हमारा सबसे पहला ऊर्जाकारक है। जीवन तो तनावयुक्त है ही। खेल इसे मज़ेदार बनाता है। अगर हम खेल की भावना को अपनी ज़िंदगी में मिला लें, तो हम बेहतर महसूस करेंगे – और ज़्यादा काम भी कर सकेंगे।

रोमांचक अनुभव बनाएँ

आप कह सकते हैं कि खेल को अपने जीवन में शामिल करने के लिए कहना जितना आसान है, करना उतना आसान नहीं है। वयस्कता में, हम में से बहुत से लोग इस बात से अच्छी तरह परिचित हैं कि खेल आसान नहीं है।

जब हम बच्चे होते हैं, तो हमारे दिन रोमांच से भरे होते हैं। हम बाग का कोना-कोना छान मारते हैं, हम शॉपिंग मॉल में दौड़ते हैं, पेड़ों पर चढ़ते हैं, और डालियों से लटकते हैं। हम कोई लक्ष्य पाने या अपने रिज्यूमे को मजबूत करने की कोशिश नहीं कर रहे होते हैं। हम अपनी जिज्ञासा का पालन कर रहे होते हैं और नतीजों की चिंता किए बिना हरकतों का मज़ा ले रहे होते हैं।

हालाँकि जब हम बड़े होते जाते हैं, तो रोमांच की यह भावना धीरे-धीरे हमसे दूर होती जाती है। अगर आपके माता-पिता विशेष रूप से आगे की सोच रखने वाले नहीं रहे होंगे, तो आपको शायद यही सिखाया गया होगा कि वयस्क बनने की दिशा में पहला बड़ा क़दम खेलना बंद करना और जीवन को गंभीरता से लेना शुरू करना है। रोमांच से भरा हुआ जीवन सांसारिक और पूर्वानुमानित अस्तित्व में बदल जाता है।

यह ग़लती है। यह पता चलता है कि खेल का पहला प्रमुख घटक रोमांच है – और शायद ख़ुशी का भी।

न्यू यॉर्क यूनिवर्सिटी और मियामी यूनिवर्सिटी के 2020 के एक प्रयोग में, वैज्ञानिकों ने रोमांच की भावना के साथ दुनिया से संपर्क करने के प्रभावों को मापने की कोशिश की थी। उन्होंने 130 से अधिक प्रतिभागियों की सूची बनाई और

उनके फ़ोन के जीपीएस का इस्तेमाल करके उनकी लोकेशन ट्रैक करने के लिए उनकी सहमति ली। अगले कई महीनों में, शोधकर्ताओं ने प्रतिभागियों को उनकी भावनाओं के बारे में पूछते हुए टेक्स्ट मैसेज भेजे : वे कितने ख़ुश, उत्साहित या तनावमुक्त महसूस कर रहे हैं?

नतीजे हैरतअंगेज थे। जीपीएस डाटा और टेक्स्ट मैसेजों के जवाब सामने आने पर, यह स्पष्ट हो गया कि जिन लोगों को ज़्यादा रोमांचकारी अनुभव हुए – काम के लिए नया रास्ता अपनाने वाले या नियमित रास्ते पर चलने के बजाय अलग कॉफ़ी शॉप पर जाने वाले जो लोग ख़ुद को व्यापक और ज़्यादा मनमाने स्थानों पर ले गए – वे ज़्यादा ख़ुश, ज़्यादा उत्साहित और ज़्यादा तनावमुक्त महसूस करते थे। उनका निष्कर्ष था : रोमांचकारी जीवन सकारात्मक भावनाओं को अनलॉक करने की कुंजी है।

तो, खेल की क्षमता का दोहन करने का पहला तरीक़ा हमारे जीवन में रोमांच को शामिल करना है। लेकिन इसे किया कैसे जाए? ख़ैर, सही उपकरणों के साथ हम अब भी वही रोमांच पा सकते हैं, जो हमें मॉल में दौड़ लगाने और पेड़ों की डालियों से लटकने से मिलता था। पहला क़दम : अपना किरदार चुनिए।

प्रयोग 1:

अपना किरदार चुनिए

स्वीकारोक्ति : मैं वर्ल्ड ऑफ़ वाटरक्राफ़्ट का आदी था।

डब्ल्यूऑफ़डब्ल्यू ऐसा ऑनलाइन रोल-प्लेइंग गेम है जो पूरी तरह से नासमझों के लिए मशहूर है। आप अपना किरदार चुनकर खेलना शुरू करते हैं – आपका किरदार वॉरलॉक, वॉरियर, पैलाडिन या और भी बहुत कुछ हो सकता है – फिर आप एजेरोथ की काल्पनिक दुनिया में जाते हैं। आप दुनिया भर में उड़ान भरने, दैत्यों को मारने, अपने हथियारों को उन्नत करने और अपनी ज़िंदगी का सबसे अच्छा समय बिताने के लिए अन्य खिलाड़ियों के साथ मिलकर काम करते हैं।

इस गेम की लत बहुत बुरी होती है। मेरे इस गेम को खेलना शुरू करने के तीन साल बाद जब मैं 14 साल का था, तब तीन सालों में मैंने इसे 184 दिनों तक खेला। ये 4,416 घंटे होते हैं। दिन में तीन घंटे, या मेरे जागने के घंटों का 25 प्रतिशत। बहुत ज़्यादा था ये।

मैं वर्ल्ड ऑफ़ वाटरक्राफ़्ट की इतना आदी क्यों हो गया था? चौदह साल की उम्र में, दैत्यों को मारने और खोज पर जाने से ज़्यादा रोमांचक कुछ नहीं होता

है (वास्तव में, वयस्क होने के बावजूद आज भी यह काफ़ी आकर्षक लगता है)। हालाँकि अगर यह साधारण तथ्य बताता है कि गेम खेलने के शुरुआती कुछ घंटे मज़ेदार क्यों हैं, तो शायद यह अगले कई हजार घंटों की व्याख्या नहीं करता। ईमानदारी से कहूँ तो, कुछ समय बाद, गेम के मैकेनिक्स मनोरंजक नहीं रह जाते हैं। स्थानीय ग्रामीणों की बिल्ली को बचाने के मिशन पर भेजे जाने में आप कुछ ही बार मज़ा ले सकते हैं। मुझे धीरे-धीरे संदेह होता जा रहा है कि वर्ल्ड ऑफ़ वाटरक्राफ़्ट अपने मूल मैकेनिक्स की वजह से नहीं, पलायनवाद की वजह से इतना मज़ेदार था। वर्ल्ड ऑफ़ वाटरक्राफ़्ट एक जीवंत और वैकल्पिक दुनिया मुहैया कराता है, जहाँ आप जादू के मंत्र से जॉम्बी की सेना को मार सकते हैं या किसी ड्रैगन को वश में कर सकते हैं और उसकी पीठ पर बैठकर उड़ सकते हैं। और सबसे महत्त्वपूर्ण बात यह है कि यह एक ऐसी दुनिया है जिसमें आप किसी किरदार के रूप में पहुँचते हैं। वर्ल्ड ऑफ़ वाटरक्राफ़्ट में मैं कभी भी अली अब्दाल नहीं रहा, थोड़ा सा कम अक्ल स्कूली बच्चा था जिसकी खेल क्षमता शून्य थी और कम आत्मविश्वास की समस्या थी। मैं हमेशा सेफरोथ के किरदार में रहा हूँ जो लंबा और सुंदर ब्लड एल्फ़ वॉरलॉक है और जो लहराता बैगनी लबादा पहनता है और उसका हुक्म मानने के लिए दैत्यों की सेना मौजूद रहती है।

खेल में हमें अलग-अलग किरदार या व्यक्तित्व अपनाने का मौक़ा मिलता है, चाहे हम डब्ल्यूऑफ़डब्ल्यू में कोई किरदार बन रहे हों या खेल के मैदान में दोस्तों के साथ कोई काल्पनिक दृश्य निभा रहे हों। ये किरदार हमें ख़ुद के अलग-अलग पहलुओं को प्रकट करने और अपने अनुभवों को कुछ ज़्यादा मज़ेदार बनाने का मौक़ा देते हैं। जब आप कोई अलग व्यक्तित्व अपना लेते हैं, तो आपको रोमांच मिलना शुरू हो जाता है।

यह सुनने में जितना अजीब लगता है, उतना है नहीं। अपना 'किरदार' चुनने का मतलब रातों-रात अपने व्यक्तित्व को नया रूप देना नहीं है (ना ही अपने सहकर्मियों के सामने भूत बनने का नाटक करना है)। बल्कि, इसका मतलब तो उस तरह के खेल की पहचान करना है जो आपके व्यक्तित्व से सबसे ज़्यादा मेल खाता हो, ताकि आप अपने लिए एक तरह का खिलाड़ी चुन सकें।

डॉ. स्टुअर्ट ब्राउन ने अपने कैरियर का ज़्यादातर समय खेल के मनोविज्ञान का अध्ययन करने में लगाया है। एक क्लीनिकल साइक्लोजिस्ट के रूप में, उन्होंने मरीज़ों पर खेल के रूपांतरकारी प्रभावों को देखने के बाद इसके लाभों पर रिसर्च शुरू की। आख़िरकार, उन्होंने नेशनल इंस्टीट्यूट फ़ॉर प्ले की स्थापना की और सैन डिएगो की कैलिफ़ोर्निया यूनिवर्सिटी में साइकियाट्री के क्लीनिकल प्रोफ़ेसर बन गए। इस दौरान उन्होंने कलाकारों से लेकर ट्रक ड्राइवरों और नोबेल पुरस्कार विजेताओं

तक सभी क्षेत्रों के 5,000 से ज़्यादा लोगों से बात की और उन्हें बताया कि उनके लिए खेल का क्या मतलब है।

इन साक्षात्कारों के दौरान, उन्होंने पाया कि हममें से ज़्यादातर लोग केवल एक या दो विशेष प्रकार के किरदार बनना चाहते हैं। अपने साथ सबसे ज़्यादा प्रतिध्वनित होने वाले लोगों को खोजकर, हम एक 'प्ले पर्सनाल्टी' अपनाना शुरू कर सकते हैं जो हमारे रोमांच की भावना को मुक्त करता है। ये आठ 'प्ले पर्सनाल्टीज' हैं जिन्हें डॉ. ब्राउन ने अपने शोध के जरिए शुद्ध किया था।

8 प्ले पर्सनाल्टीज

कलेक्टर

कंपटीटर

एक्सप्लोरर

क्रिएटर

स्टोरीटेलर

जोकर

डायरेक्टर

किनेस्थीट

1. **कलेक्टर** को संग्रह और संगठित करना पसंद होता है। उसे दुर्लभ पौधों की खोज या भंडार या गैराज के सामान में खोजबीन करने जैसे कामों में मज़ा आता है।
2. **कंपटीटर** को खेलकूद में मज़ा आता है। उसे अपना सर्वश्रेष्ठ प्रयास करने और जीतने में ख़ुशी मिलती है।
3. **एक्सप्लोरर** को घूमना-फिरना, हाइकिंग, सड़क यात्रा तथा अन्य रोमांचक कामों के जरिए अनदेखे नए स्थानों और नई चीज़ों की खोज करना पसंद होता है।
4. **क्रिएटर** को चीज़ें बनाने में मज़ा आता है, और हर दिन घंटों ड्रॉइंग, पेंटिंग करने, संगीत की धुनें तैयार करने, बागवानी करने जैसे काम कर सकता है।

5. **स्टोरीटेलर** की कल्पना शक्ति सक्रिय होती है और वे दूसरों का मनोरंजन करने के लिए अपनी कल्पना शक्ति का इस्तेमाल करते हैं। वे लेखन, नृत्य, रंगमंच और रोल-प्लेइंग गेम्स जैसे कामों की ओर आकर्षित होते हैं।
6. **जोकर** लोगों को हँसाने की कोशिश करता है, और वह आपको हँसाने के लिए स्टैंड-अप कॉमेडी या इंप्रोवाइजेशन कर सकता है, अथवा कई तरह के प्रैंक कर सकता है।
7. **डायरेक्टर** को योजना बनाना, दूसरों को संगठित करना और नेतृत्व करना पसंद होता है। वह मंच प्रदर्शनों के निर्देशन से लेकर कंपनी चलाने, राजनीतिक या सामाजिक मुद्दों की पैरवी करने जैसे कई अलग-अलग किरदारों और गतिविधियों में फ़िट हो सकता है।
8. **किनेस्थीट** को एक्रोबेटिक्स, जिमनास्टिक्स और फ़्री रनिंग में मज़ा आता है।

अपने काम और अपने जीवन को मनोरंजक रोमांच की भावना के साथ आगे बढ़ाने का पहला क़दम यहीं है। इस बात पर सोचिए कि इनमें से कौन सा किरदार आपसे सबसे ज़्यादा मिलता-जुलता है, और अपने काम को इस तरह से करने की कोशिश कीजिए जैसे कि आप वही किरदार हैं। अगर आप 'स्टोरीटेलर' हैं, तो इसका मतलब यह हो सकता है कि आप नीरस और लॉजिस्टिक ईमेल लिखने सरीखे किसी उबाऊ काम को ऐसे काम में बदलने के तरीक़े तलाशिए जो आपकी प्रसन्नचित्त रहने की भावना को आकर्षित करे (इसे किसी कहानी में बदलने का तरीक़ा ढूँढ़िए, जिसमें शुरुआत हो, बीच का हिस्सा हो और अंत भी हो, और शायद कोई अप्रत्याशित मोड़ भी हो)। या अगर आप 'क्रिएटर' हैं, तो इसका मतलब यह हो सकता है कि नीरस स्प्रेडशीट भरने जैसे सांसारिक कामों को आत्म-अभिव्यक्ति के अवसरों में बदलें (इसे आकर्षक और समझने में आसान इन्फोग्राफ़िक में बदलिए)।

अपनी प्ले पर्सनाल्टी को पहचानने और तलाशने से हमें अपने बचपन की कुछ रोमांचकारी यादें वापस पाने में सहायता मिलती है - वह ऐसा समय था जब फ़ील गुड करना अपवाद नहीं, बल्कि सामान्य बात थी। यह ऐसी भावना है जो आज भी हमारे अंदर है। स्टुअर्ट ब्राउन ने कहा भी है : 'पूर्ण इंसान बनने के लिए सबसे महत्त्वपूर्ण कारक शायद यह याद रखना है कि खेल क्या है और इसे अपने दैनिक जीवन का हिस्सा बनाना है।'

प्रयोग 2 :

जिज्ञासा को अपनाइए

'डायनासोर' शब्द का वास्तविक अर्थ क्या है?

बीटल्स का कौन-सा गाना यूएस सिंगल्स चार्ट में सबसे लंबे समय तक रहा?

जब अंकल सैम को पहली बार दाढ़ी में दिखाया गया था, तब अमेरिका का राष्ट्रपति कौन था?

ये किसी ख़ास तरह के शैतानी पब क्विज के प्रश्न मात्र नहीं हैं। ये तीनों प्रश्न उन उन्नीस संकेतों में से हैं जिनका इस्तेमाल यूनिवर्सिटी ऑफ़ कैलिफ़ोर्निया डेविस सेंटर फ़ॉर न्यूरोसाइंस के शोधकर्ताओं ने एक प्रमुख प्रयोग में किया था। चौबीस प्रतिभागियों के एक समूह से ये प्रश्न करने के बाद, उन्होंने हरेक से पूछा कि वे प्रत्येक प्रश्न के उत्तरों की 'कम-जिज्ञासा' से लेकर 'उच्च-जिज्ञासा' तक कितनी परवाह करते हैं। और फिर उन्होंने प्रतिभागियों के दिमाग़ में कुछ देर के लिए सवालों को खौलने दिया। (वैसे, इन तीनों प्रश्नों के 'भयानक छिपकली', 'हे जूड' और अब्राहम लिंकन हैं।)

शोधकर्ता तो यह जाँचने की कोशिश कर रहे थे कि जिज्ञासा का लोगों के दिमाग़ों पर क्या प्रभाव पड़ता है। एक बात तो थी कि शोधकर्ताओं को यह अंदाज़ था कि जब लोग किसी चीज़ के बारे में जिज्ञासु होते हैं, तो उन्हें विवरण बेहतर याद रहता है। उनका अंदाज़ सही था। अध्ययन से पता चला कि लोगों को जो तथ्य दिलचस्प लगा, उसे याद करने की संभावना 30 प्रतिशत ज़्यादा थी, बजाय किसी नीरस तथ्य के। हालाँकि शायद इससे भी ज़्यादा आश्चर्यजनक यह था कि जब लोग इन तथ्यों को याद कर रहे थे, तब उनके दिमाग़ में चल क्या रहा था। जब उनका ब्रेन स्कैन किया गया, तो उनकी न्यूरोलॉजिकल एक्टिविटी काफ़ी अलग थी। जब उनसे कोई ऐसा प्रश्न पूछा गया जिसके बारे में वे उत्सुक थे, तो उन्हे डोपामाइन का एक हिट मिला। डोपामाइन हमारे फ़ील गुड हार्मोन में से एक है, और यह दिमाग़ के उस हिस्से को भी सक्रिय करता है जो सीखने और यादें बनाने के लिए ज़िम्मेदार होता है। इसलिए अध्ययन में शामिल प्रतिभागियों के लिए, उनकी जिज्ञासा के साथ जुड़ने से उन्हें फ़ील गुड हुआ – और इस कारण वे जानकारी को याद रखने में बेहतर हो गए।

अपनी जिज्ञासा का इस्तेमाल करना आपके जीवन में रोमांच पैदा करने का दूसरा तरीक़ा है। जिज्ञासा हमारे जीवन को ज़्यादा मज़ेदार भर नहीं बनाती है। यह हमें ज़्यादा समय तक ध्यान एकाग्र करने में भी मदद करती है। लियोनार्दो द विंची

से लेकर स्टीव जॉब्स तक, इतिहास के कुछ सबसे अग्रणी दिमाग़ों की जीवनियों पर कड़ी मेहनत से रिसर्च करने के बाद लेखक वाल्टर इसाकसन ने अपने निष्कर्षों को इस तरह से संक्षेप में पेश किया : 'हर चीज़ के बारे में जिज्ञासु होना ना केवल आपको ज़्यादा रचनात्मक बनाता है। इससे आपका जीवन समृद्ध बनता है।'

जिज्ञासा हमारे जीवन को ज़्यादा मज़ेदार भर नहीं बनाती है। यह हमें ज़्यादा एकाग्र होने में भी मदद करती है।

तब हम अपने जीवन में जिज्ञासा की भावना को कैसे शामिल करते हैं? एक तरीक़ा है जिसे मैं 'साइड क्वेस्ट' कहता हूँ। जेल्डा, द विचर और एल्डेन रिंग जैसे वीडियो गेम्स में दर्जनों साइड क्वेस्ट हैं जिनका पीछा किया जाना बाक़ी है। ये साइड क्वेस्ट खेल की मुख्य कहानी को प्रभावित नहीं करते हैं, लेकिन खिलाड़ी की जिज्ञासा से प्रेरित जरूर होते हैं: अगर मैं इस गुफा में प्रवेश करूँ, या इस क्षेत्र में सबसे ऊँचे स्थान पर पहुँचने की कोशिश करूँ, या इस झील में तल तक तैरूँ तो क्या होगा? खेल के कई बेहतरीन रहस्य गुफाओं, जंगलों और गाँवों में छिपे हो सकते हैं, जो मूल कहानी का अनुसरण करने वाले खिलाड़ी को आमतौर पर नहीं मिलेंगे।

मैं अक्सर अपने जीवन को साइड क्वेस्ट की श्रंखला के रूप में मानता हूँ। हर दिन जब मैं काम करने बैठता हूँ, तो मैं अपने कैलेंडर और टु-डू सूची को देखता हूँ, और मैं ख़ुद से पूछता हूँ: 'आज का साइड क्वेस्ट क्या होने वाला है?' यह सवाल मुझे अपने दिमाग़ को, आगे आने वाले स्पष्ट कामों से हटाकर, उन संभावित वैकल्पिक रास्तों पर ले जाने में सहायता करता है, जहाँ वे मुझे ले जा सकते हैं। यह मुझे अपने ऑफ़िस से बाहर निकलने और स्थानीय कॉफ़ी शॉप में कुछ घंटे काम करने के लिए भी प्रेरित कर सकता है। या यह मुझे नए सॉफ़्टवेयर की खोज करने के लिए प्रोत्साहित कर सकता है जिसका इस्तेमाल मैं किसी ऐसी समस्या को हल करने के लिए कर सकता हूँ जिस पर मैं काम कर रहा हूँ।

अपने दिन में एक साइड क्वेस्ट जोड़कर, आप जिज्ञासा, अन्वेषण और चंचलता की जगह बनाते हैं – और इस दौरान कुछ आश्चर्यजनक और पूरी तरह से अप्रत्याशित खोज भी कर सकते हैं।

फ़ाइंड द फ़न

1990 के दशक के अंत में ओहियो की किसी छोटी-सी यूनिवर्सिटी में शाम के समय सितारे जगमगा रहे थे। लैब में एक युवा ग्रैजुएट रिसर्च असिस्टेंट अपनी हथेली

में एक चूहा पकड़े हुए खड़ा था। उसने सूखे पेंटब्रश से चूहे के सफ़ेद पेट को धीरे से सहलाया, और उम्मीद करने लगा कि कुछ दिलचस्प होगा।

पहले तो कुछ नहीं हुआ, लेकिन फिर अचानक, चूहा चिल्ला पड़ा। चूहा परेशान तो क़तई नहीं लग रहा था, बल्कि ऐसा लग रहा था कि वो हँस रहा हो।

ये वैज्ञानिक चूहों को मज़े के लिए नहीं गुदगुदा रहे थे। वास्तव में, वे इंसानी दिमाग़ पर खेल के जैविक प्रभावों की जाँच कर रहे थे। प्रमुख वैज्ञानिक जाक पंकसेप इसे 'ख़ुशी का जीव विज्ञान' कहते थे। उस समय, वैज्ञानिक समुदाय में आम धारणा यह थी कि केवल मनुष्य ही भावनाओं का अनुभव करते हैं। ऐसा माना जाता था कि भावनाएँ दिमाग़ के बेहद जटिल हिस्से सेरेब्रल कॉर्टेक्स से उत्पन्न होती हैं जो केवल हमारे ही पास होता है। हालाँकि पंकसेप ने पता किया कि चूहे जैसे जीव हँस सकते हैं। इस खोज ने एक विकल्प सुझाया : कि भावनाएँ दिमाग़ के बहुत अधिक शुरुआती क्षेत्रों से आती होंगी, जैसे कि एमिग्डाला और हाइपोथैलेमस। पैंकसेप ने दिखाया कि आनंद गहरा और मौलिक अनुभव है।

पंकसेप के मुख्य निष्कर्षों में से एक यह था कि चूहे खेलना पसंद करते हैं। उन्होंने अपने प्रयोग का ज़्यादातर समय चूहों के खेलते समय की गई आवाज़ों को रिकॉर्ड करने में लगाया। आवाज़ें मज़ेदार थीं। उन्होंने बाद में कहा : 'यह खेल के मैदान की तरह लगता था।' कारण? खेल से डोपामाइन निकलता है। इससे चूहों को फ़ील गुड होता है।

हम उन चूहों से एक-दो बातें सीख सकते हैं। पंकसेप के चूहों ने दिखाया कि हम अपने किसी काम में आनंद पाना चाहते हैं, तो यह केवल दिमाग़ के उच्च और सबसे जटिल हिस्सों पर, सेरेब्रल कॉर्टेक्स से जुड़े हिस्सों पर निर्भर नहीं होगा। यह हमारे न्यूरोलॉजी के ज़्यादा प्राचीन और बुनियादी हिस्सों पर भी निर्भर करता है – वही फ़ील गुड कराने वाले हार्मोन उन चूहों में सक्रिय होते हैं। हम भी थोड़ा डोपामाइन मुक्त कर सकते हैं जिससे हमें खुश रहते हैं और हमारा मन लगा रहता है। लेकिन कैसे? इसका उत्तर यह अध्ययन करके पाया जा सकता है कि डोपामाइन को ख़ासतौर पर क्या उत्तेजित करता है। हार्वर्ड मेडिकल स्कूल के प्रकाशित लेख में कहा भी गया है, यह हार्मोन 'सेक्स, शॉपिंग, और ओवन में पक रही कुकीज की ख़ुशबू' से सक्रिय होता है – दूसरे शब्दों में, उन गतिविधियों से सक्रिय होता है जो हमें मज़ेदार लगती हैं।

इसलिए अगर आप खेल के क्रांतिकारी प्रभावों का लाभ उठाना चाहते हैं, तो आपका दूसरा क़दम यह है कि हम जहाँ भी जाएँ, वहाँ मस्ती की तलाश कीजिए। और इसकी शुरुआत एडवर्डियन लंदन के डिज्नीकृत स्वरूप का दौरा करके होती है।

प्रयोग 3 :

मैजिक पोस्ट–इट नोट

जूनियर डॉक्टर के तौर पर काम करते समय एक ख़ास तरह से थका देने वाले दौर में, मेरी साथी मौली और मैंने बचपन की एक पसंदीदा फ़िल्म *मैरी पॉपिंस* फिर से देखने का फ़ैसला किया। हमें उम्मीद थी कि एनिमेटेड पक्षियों, बेहद ख़राब कॉकनी लहजे और समान अधिकारों के बारे में म्यूज़िकल हिट की दुनिया में ख़ुद को डुबोने से कुछ घंटों की ही सही, पर राहत मिलेगी।

उस समय, मैं अपनी पोस्ट ग्रैजुएट मेडिकल परीक्षाओं के लिए अध्ययन करने की प्रेरणा पाने के लिए जूझ रहा था। जब मेरे अस्पताल के काम के साथ–साथ, पास आ रही डेडलाइन और जटिल सामग्री भारी लगने लगी। अपनी शिफ़्ट के अंत में पाठ्यपुस्तकें पढ़ने के लिए बैठने का विचार किसी भयानक सपने जैसा लग रहा था।

हालाँकि जब मैंने *मैरी पॉपिंस* फिर से देखी, तो कुछ अप्रत्याशित हुआ। यह फ़िल्म जादुई शक्तियों वाली विचित्र नानी की कोई मामूली कहानी नहीं थी – इसमें एक गहरा सच छिपा था। फ़िल्म के सबसे मशहूर गानों में से एक है ‘ए स्पूनफुल ऑफ़ शुगर’, जिसे मैरी बच्चों के लिए तब गाती है जब वे काम के बारे में शिकायत कर रहे होते हैं। मुझे बचपन में ज़्यादातर बोल याद नहीं थे, सिवाय कोरस के : ‘ए स्पूनफुल ऑफ़ शुगर मेक्स द मेडिसिन गो डाउन।’

बीस साल बाद इस परिचित लेकिन भूले हुए दृश्य को देखते हुए, मैंने सुना कि गीत कैसे शुरू होता है।

इन एवरी जॉब दैट मस्ट बी डन,
देयर इज एन एलीमेंट ऑफ़ फ़न।
यू फ़ाइंड द फ़न ऐंड स्नेप!
द जॉब्स ए गेम।

(हर ज़रूरी काम में मस्ती होती ही है। उसकी खोज करो, और उसे बाहर निकालो। काम भी तो खेल ही है।)

गीत के बाक़ी हिस्से में तमाम तरीक़ों के बारे में बताया गया है, जिसमें लार्क और रॉबिन पक्षी तथा मधुमक्खियां अपना काम करते समय गाकर अपने थकाऊ कामों को और ज़्यादा आनंददायक बनाते हैं। (ज़ाहिर है कि रॉबिन अपने ‘काम को आगे बढ़ाने’ के लिए ‘मैरी टून’ गाते हैं; यह ऐसा विश्लेषण है जिसके बारे में बाद में जानकर मुझे दुख हुआ कि यह पक्षीविज्ञान के हिसाब से सटीक नहीं है।)

मैंने इस विचार को अपने जीवन में लागू करने का फ़ैसला किया। देर रात प्रेरणा के विस्फोट में, मैंने एक शार्पी और एक पोस्ट-इट नोट लिया और ये नौ सरल शब्द लिखे :

वाट वुड दिस लुक लाइक इफ़ इट वेयर फ़न? (अगर यह मज़ेदार होता तो यह कैसा दिखता?)

मैं नोट को अपने कंप्यूटर मॉनिटर पर चिपकाकर सो गया। अगले दिन जब मैंने अपने मॉनिटर पर वो नोट देखा, तब तक मैं भूल चुका था कि मैंने इसे वहाँ रखा था। मैं काम से लौटा ही था और अपनी मेडिकल परीक्षा के लिए बायोकेमिस्ट्री के कुछ तरीक़े फिर से सीखने की शुरुआत कर रहा था। मैं हमेशा की तरह अपनी मुस्कराहट और सहन करने वाले भाव के साथ बैठ गया। हालाँकि जब मैंने पोस्ट-इट देखा तो मैं सोचने लगा। अगर यह मज़ेदार होता तो यह कैसा *दिखता?*

पहला जवाब मुझे तुरंत समझ में आ गया : अगर यह मज़ेदार होता, तो संगीत भी होता। मुझे अहसास हुआ कि मेरे हेडफ़ोन पर *लॉर्ड ऑफ़ द रिंग्स* का गाना बजने से बायोकेमिस्ट्री के उबाऊ तरीक़ों को याद करना जादुई रूप से बहुत ज़्यादा दिलचस्प हो गया। अचानक, संगीत मेरे काम में ज़्यादा मनोरंजन लाने के सबसे अहम तरीक़ों में शामिल हो गया।

मैंने इस विधि को काम पर भी लागू करना शुरू कर दिया था। उस समय मैं अपने जेरिएट्रिक मेडिसिन प्लेसमेंट पर था, जिसमें डॉक्टरों का ऑफ़िस, वार्ड के कोने में एक छोटा और मामूली सजावट वाली जगह पर था। एक बार ज़्यादा ही थका देने वाली दोपहर में, जब मैं अपने सामने कामों की एक बड़ी लिस्ट के साथ ऑफ़िस में बैठा था, तो मैंने 'म्यूज़िकल फ़न' विधि लागू करने का फ़ैसला किया। मेरे पास कोई स्पीकर तो था नहीं, इसलिए मैंने रसोई से एक कटोरा लिया और अस्थायी स्पीकर के रूप में उसका इस्तेमाल करने के लिए अपना फ़ोन उसमें रख दिया। मैंने स्पॉटिफ़ाई खोला और बाक़ी दिन अपने कामों को कम आवाज़ में *पाइरेट्स ऑफ़ द कैरेबियन* गाना बजाते हुए बिताया। इसके प्रभाव रूपांतरकारी थे; यह बेहतर ही महसूस हुआ था। 'अगर यह मज़ेदार होता तो कैसा दिखता?' अब मेरे जीवन में एक मार्गदर्शक प्रश्न बन चुका है। और यह आश्चर्यजनक रूप से आसान भी है। किसी ऐसे काम के बारे में सोचिए जिसे आप अभी नहीं करना चाहते हैं, और पूछिए कि अगर यह मज़ेदार होता तो कैसा दिखता? क्या आप इसे किसी दूसरे तरीक़े से कर सकते हैं? क्या आप संगीत, या हास्य का भाव जोड़ सकते हैं, या रचनात्मक हो सकते हैं?

अगर आप दोस्तों के साथ कार्य करने के लिए तैयार हों, या प्रक्रिया के अंत में ख़ुद को एक उपहार देने का वादा करें, तो क्या होगा?

क्या इस थकाऊ प्रक्रिया को थोड़ा और ज़्यादा मनोरंजक बनाने का कोई तरीक़ा है?

प्रयोग 4 :

नतीजे का नहीं, प्रक्रिया का आनंद लीजिए

आप जो कुछ भी कर रहे हों, उसमें आनंद तलाशने का एक तरीक़ा और है। इसमें बीसवीं सदी के मध्य की बाल-फ़िल्में फिर से देखना भी शामिल नहीं है। वास्तव में, इसे सबसे अच्छी तरह से 5 फुट 7 इंच के एक स्पेनिश किशोर ने प्रदर्शित किया है, जिसने ब्लीच करके अपने बाल ब्लौंड कराए हैं।

अगस्त 2021 में, अल्बर्टो गिनेस लोपेज ने टोक्यो में ग्रीष्मकालीन ओलिंपिक खेलों में सबसे पहले स्वर्ण पदक विजेता के रूप में पोडियम पर चढ़े। पिछले सप्ताहों में, दुनिया ने टोक्यो के एओमी अर्बन स्पोर्ट्स पार्क की बहुरंगी दीवारों पर उनके आश्चर्यजनक शारीरिक करतब देखे थे, जो मंत्रमुग्ध कर देने वाले थे। सबसे प्रभावशाली था स्पीड क्लाइंबिंगग – जिसमें किसी मकड़ी की तरह जल्दी से जल्दी दीवार पर चढ़ा जाता है। लोपेज 6.42 सेकंड में दीवार के शीर्ष पर पहुँच गए।

हालाँकि जब भीड़ ने लोपेज और उनके साथी पर्वतारोहियों को तेज़ रफ़्तार से दीवारों पर चढ़ते देखा, तो उन्होंने यह बात भी महसूस की कि यह खेल असामान्य है। ऐसा नहीं था कि प्रतियोगी केवल आपके नियमित ट्रैक-ऐंड-फ़ील्ड एथलीटों की तुलना में ज़्यादा बोहेमियन से दिखते थे, उनके बाल रंग-बिरंगे थे और उनके कवच चमकीले थे। वे ज़्यादा तनावमुक्त भी लग रहे थे। अपने प्रतिद्वंद्वियों को दीवारों पर चढ़ते हुए देखने और नजरें चुराने के बजाय, कई पर्वतारोही तो नीचे बैठकर मस्ती से एकदूसरे से बातें करते और टिप्स शेयर करते तक दिखे। जब वे दीवारों पर चढ़े, तो उनके चेहरे पर वह तकलीफ़ नहीं दिखी जो ज़्यादातर धावक या फुटबॉल खिलाड़ियों के चेहरों पर दिखती है। इसके बजाय वे सकारात्मक रूप से इसका आनंद लेते दिखे।

वे पर्वतारोही मौज-मस्ती पाने के हमारे दूसरे तरीक़े की ओर संकेत करते हैं : उस आनंद पर ज़ोर देते हैं जो किसी नतीजे से नहीं, बल्कि प्रक्रिया से ही मिलता है।

हंगेरियन-अमेरिकन मनोवैज्ञानिक मिहाली चिकसेंटमीही के मुताबिक़, चढ़ाई और, मसलन, फुटबॉल के बीच सबसे बड़ा फ़र्क़ ये है कि ज़्यादातर पर्वतारोही अंतिम नतीजे (खेल जीतने) के बजाय पूरी तरह से प्रक्रिया (दीवार पर चढ़ने) में लगे रहते हैं।

'प्रवाह' वह अवस्था होती है जिसमें हम किसी काम में इतना डूब जाते हैं कि बाक़ी दुनिया पिघलती हुई लगती है। इसी अवस्था 'प्रवाह' के अध्ययन के अग्रणी – चिकसेंटमीही ने पहली बार किशोरावस्था में आल्प्स में पर्वतारोहियों को देखते हुए अपने सिद्धांत विकसित किए। चिकसेंटमीही ने तर्क दिया कि अगर हम नतीजे के बजाय प्रक्रिया पर ध्यान लगाना सीख सकते हैं, तो हमें किसी काम का आनंद ज़्यादा मिलने की संभावना रहती है।

लेकिन कैसे? यह रॉक-क्लाइंबिंग के लिए काफ़ी आसान हो सकता है, जो स्वाभाविक रूप से मज़ेदार होता है (कुछ लोगों के लिए तो होता ही है)। लेकिन क्या होगा अगर आप ख़ुद को पूरी तरह से सांसारिक या अप्रिय हालात में पाते हैं? तार्किक तौर पर, यही वह जगह है जहाँ प्रक्रिया पर ध्यान एकाग्र करने की ताक़त और भी मजबूत हो जाती है। क्योंकि थोड़ी-सी रचनात्मक सोच के सहारे, आप किसी भी प्रक्रिया में आनंद पा सकते हैं, चाहे वह प्रक्रिया कितनी भी सांसारिक क्यों ना लगती हो।

विश्व चैंपियन किस्सागो और बेस्टसेलिंग उपन्यासकार मैथ्यू डिक्स की कहानी भी ऐसी ही है। अपनी पहली किताब प्रकाशित होने से कई साल पहले, डिक्स मैकडॉनल्ड्स में काम करते थे। और उन्हें ये काम नापसंद था। मैट ने एक बार मुझसे कहा भी था, 'दिन ही नहीं कटता था। रोज़-रोज़ एक सी दिनचर्या थी। ऑर्डर लेना, बर्गर पलटना और फ़्राइज बाँटना। कोई उत्साह नहीं, कोई चिंगारी नहीं, कोई चुनौती नहीं।'

और इसलिए डिक्स ने यह देखने का निश्चय किया कि क्या नौकरी के नतीजे (उसकी बेहद कम तनख़्वाह) में नहीं, बल्कि इसकी प्रक्रिया में ख़ुशी है। उन्होंने अपसेलिंग की बेहतरीन रणनीति अपनाई। 'कुछ दिन मैं तय करता था कि यह बीबीक्यू सॉस डे है,' वे उन दिनों की याद करके बताते हैं। 'तो दिन के बाक़ी समय में, मैं लेने वाले हर ऑर्डर में एक छोटा बिक्री पिच जोड़ता था। ग्राहक बिग मैक और फ़्राइज ऑर्डर करते थे, और मैं उनसे पूछ लेता था कि क्या उन्हें इसके साथ कोई सॉस चाहिए। अगर वे मना करते, तो मैं मुस्कराते हुए कहता था, ''ओके, वैसे मैं बीबीक्यू सॉस को रिकमंड करता हूँ – इससे बेहतर कुछ नहीं है।'' आमतौर पर इस बात पर ग्राहक कुछ चकित हो जाते थे, और वे कहते थे, ''ओके, तो सॉस ले आओ।'' अगर इस पर फिर भी मना करते, तो मैं कहता था, ''कोई बात नहीं, लेकिन आप सचमुच बहुत कुछ मिस कर रहे हैं। मेरे पिछले ग्राहक की बिलकुल इच्छा नहीं थी, लेकिन जब उसने सॉस ट्राई किया तो उसे समझ आ गया कि उसका फ़ैसला सही था।'' डिक्स कहते हैं कि उनकी दिनचर्या में इन छोटे-छोटे बदलावों के प्रभाव अप्रत्याशित रूप से अहम थे। वे ऐसे छोटे-छोटे काम थे जो,

उनके शब्दों में : 'बस ग्राहक का दिन थोड़ा बेहतर बना सकते थे, और निश्चित रूप से मुझे उबाऊ लगने वाले दिनों में ज़्यादा ऊर्जावान महसूस कराते थे।' और इनका असर हुआ। डिक्स ने पाया कि वे अपनी शिफ़्ट का बेसब्री से इंतज़ार करने लगे हैं। वे यह देखने के लिए उत्सुक थे कि वे कितने लोगों को बीबीक्यू सॉस ट्राई के लिए मना सकता है।

वैसे तो यह प्रक्रिया आनंददायक नहीं थी। हालाँकि डिक्स ने इसका आनंद लेने का एक तरीक़ा निकाला था। और ऐसा करने में, उसे नीरस स्थिति में आनंद आने लगा था।

दाँव कम करें

अगर रोमांच और मौज-मस्ती से खेलने की हमारी क्षमता को बढ़ावा मिलता है, तो उस क्षमता को कम करने वाला इसी से जुड़ा, और समान रूप से शक्तिशाली कारक है, तनाव भी है। इसे समझने के लिए, आइए एक बार फिर चलते हैं, इस अध्याय के सबसे दुर्भाग्यपूर्ण प्रयोगात्मक विषयों की ओर : सफ़ेद चूहे।

अफ़सोस की बात है कि इन चूहों की दोपहर अपने ब्रश-गुदगुदी वाले साथियों की तुलना में कम आनंददायक रही, जिनसे हम पहले मिले थे। इस अवसर पर, कोलंबिया यूनिवर्सिटी के वैज्ञानिकों ने विकास के तमाम चरणों में चूहों के एक समूह को लिया और प्रत्येक के ऊपर एक जाल रख दिया ताकि वे नियंत्रित रहें और स्वतंत्र रूप से घूम-फिर ना सकें। फिर उन्होंने उन्हें तीस मिनट के लिए वहीं छोड़ दिया।

आश्चर्यजनक रूप से, यह काफ़ी तनावपूर्ण साबित हुआ। जाल से नियंत्रित होने से पहले, चूहे एक-दूसरे के साथ खिलवाड़ कर रहे थे, खेल रहे थे-लड़ रहे थे और एक-दूसरे की गर्दनों को छू रहे थे। हालाँकि जाल के मुक्त होने के बाद, शोधकर्ताओं ने पाया कि चूहों का खेल वाला व्यवहार पूरी तरह से ग़ायब हो गया। इसके बजाय, चूहे समूहों में सिमटे रहे और बिलकुल भी नहीं खेले। (ख़ैरियत रही कि इस तनावपूर्ण संयमित अनुभव के एक घंटे बाद उनका खेल का व्यवहार उनके आधारभूत स्तर पर लौट आया।)

हालाँकि सौभाग्य की बात है कि मनुष्यों पर किए गए अध्ययनों में, जानवरों पर किए गए अध्ययनों की तुलना में कम ख़राब नतीजे मिले हैं, लेकिन वे नतीजे हैं कुछ इसी तरह के ही। जब बच्चे आरामदायक और गैर-ख़तरनाक परिवेश में होते हैं, तो उनके खेलने की संभावना ज़्यादा होती है। और कार्यस्थल में वयस्कों

के अध्ययनों में पाया गया है कि विश्राम की भावना से चंचल व्यवहार को बढ़ावा मिलता है, साथ ही रचनात्मकता और सुख को भी बढ़ावा मिलता है।

ये अध्ययन, और अनगिनत अन्य अध्ययनों से कुछ ऐसा साबित होता है जिसे हममें से ज़्यादातर लोग सहज रूप से सच मानते हैं : जब हम तनाव में होते हैं, तो हमारे चंचल होने की संभावना कम होती है। और हमारी रचनात्मकता, उत्पादकता और सुख भी प्रभावित होते हैं।

ये सब हमारे खेल के अंतिम घटक की ओर इशारा करते हैं। खेल को पनपने के लिए, हमें केवल रोमांच और मौज-मस्ती की तलाश करने की जरूरत नहीं है। हमें ऐसा परिवेश बनाने की भी कोशिश करनी चाहिए जिसमें जोखिम कम हो और जो विश्राम को बढ़ावा देता हो।

और हम नाकामी के बारे में अपनी सोच का फिर से मूल्यांकन करके ऐसा करने की शुरुआत कर सकते हैं।

प्रयोग 5:

अपनी असफलता को फिर से परिभाषित कीजिए

2016 में, मार्क रॉबर्ट नाम के एक नासा-प्रशिक्षित इंजीनियर ने कंप्यूटर की एक नई चुनौती को आजमाने के लिए 50,000 लोगों को भर्ती किया। उसने उन कर्मचारियों से कहा कि वह यह साबित करना चाहता है कि कोडिंग कोई भी सीख सकता है। और इसलिए उसने उन्हें अपेक्षाकृत आसान कोडिंग चुनौतियों की एक श्रंखला में लगा दिया।

वास्तव में, यह प्रयोग उससे कहीं ज़्यादा जटिल था जितना रॉबर्ट ने बताया था। बड़ा अंतर तब दिखा जब प्रतिभागियों ने एक ग़लती की। उनमें से आधे (समूह 1) ने जब ऐसा कोड लिखा जो ठीक से निष्पादित नहीं हो सका तो उन्हें एक त्रुटि संदेश मिला : 'यू हेव फ़ेल्ड। प्लीज ट्राई अगेन।' दूसरे आधे (समूह 2) को कुछ अलग संदेश मिला : 'यू हेव फ़ेल्ड। यू हेव लॉस्ट 5 पॉइंट्स। यू नाउ हेव 195 पॉइंट्स। प्लीज ट्राई अगेन।' दोनों समूहों के बारे में बाक़ी सब कुछ एक समान था।

इस छोटे से अंतर ने एक व्यापक फ़र्क़ ला दिया। समूह 1ने, औसतन, कोडिंग पज़ल हल करने के लिए 12 कोशिशें कीं, और सफलता की दर 68 प्रतिशत थी। समूह 2 ने पहेली को हल करने के लिए औसतन केवल पाँच प्रयास किए थे, जिसमें सफलता की दर 52 प्रतिशत थी। जब मैंने पहली बार इस प्रयोग के बारे में सुना तो मैं हैरान रह गया। सिर्फ़ इसलिए कि पहेली में असफल होने पर 5 अंकों का मनमाना और फ़ालतू का 'दंड' लगाया गया था। समूह 2 के दुनिया भर से 25,000 लोगों

ने समूह 1 के लोगों की तुलना में पहेली को हल करने के औसतन आधे से भी कम प्रयास किए थे। आप अनुमान लगा ही सकते हैं, रॉबर्ट की दिलचस्पी वास्तव में लोगों को कोडिंग सिखाने में थी ही नहीं। उसकी सबसे ज़्यादा दिलचस्पी तो इस बात में थी कि हम असफलता के बारे में कैसे सोचते हैं। उसका उद्देश्य यह दिखाना था कि हम नकारात्मक नतीजों से बहुत ज़्यादा और अनुपातहीन रूप से प्रभावित होते हैं – यहाँ तक कि मनमाने नतीजों से भी बहुत प्रभावित होते हैं। और ये नतीजे हमें असफलता से डराते हैं, तब भी जब हमें इसकी ज़रूरत नहीं होती।

लेकिन, अगर असफलताओं को देखने का कोई अलग तरीक़ा हो तो क्या होगा? कोई ऐसा तरीक़ा हो जो हमें उन्हें अपरिहार्य और शायद मज़ेदार तरीक़े से भी देखने की मौक़ा दे? रॉबर्ट यही करने की कोशिश कर रहा था। नौ साल तक नासा में काम करने के बाद, फिर एपल में प्रोजेक्ट डिजाइनर का काम करने के बाद, यूट्यूब पर विज्ञान शिक्षक बनने से पहले, रॉबर्ट के प्रयोग ने वह साबित किया कि जो काम की दुनिया में उन्होंने पहले से ही नोटिस किया था : सफलता इस बात पर निर्भर नहीं करती कि आप कितनी बार असफल होते हैं। यह इस बात पर निर्भर करती है कि आप अपनी असफलताओं को कैसे *फ्रेम* करते हैं।

इस प्रयोग के निष्कर्षों को साझा करते हुए एक बार बातचीत में, रॉबर्ट ने पूछा : 'अगर हम अपनी सीखने की प्रक्रिया को इस तरह से फ्रेम कर सकें कि हम असफलता से इतने ज़्यादा चिंतित ना हों, तो हम कितना ज़्यादा सीख सकते हैं? हम कितना ज़्यादा सफल हो सकते हैं?' रॉबर्ट जानते थे कि कंप्यूटर प्रोग्राम को काम करने के लिए हमेशा कोशिश करने, असफल होने और फिर से कोशिश करने की प्रक्रिया की ज़रूरत होती है। ये कथित असफलताएँ वास्तव में असफलताएँ नहीं होती हैं, बल्कि ये 'डाटा पॉइंट' होती हैं जिनसे हमें यह पता लगाने की ज़रूरत होती है कि सफल कैसे होना है।

इस पुस्तक को लिखने के दौरान, मैं अक्सर रॉबर्ट की समझ से प्रभावित हुआ हूँ। उनका अध्ययन, तनाव कम करने और बदले में, ऐसा परिवेश बनाने के तरीक़े के बारे में उपयोगी समझ मुहैया कराता है जिसमें आप खेल सकते हैं। कल्पना कीजिए कि अगर आपको प्रयोग में 5 अंक खोने के बजाय असफल होने पर 5 अंक *मिलते* तो आपका जीवन कैसा होगा। कल्पना कीजिए कि किसी छोटी-सी चूक होने पर लोग आपको अपमानित करने के बजाय, प्रोत्साहित करें तो क्या होगा। कल्पना कीजिए कि अगर आप चीज़ों को प्रयोग के रूप में देखें, तो आप का दृष्टिकोण क्या होगा, जहाँ असफलता सफलता के समान ही मूल्यवान होगी।

क्या अब आप जीवन के खेल को थोड़ा अलग तरीक़े से देख सकेंगे? अचानक, दाँव कम होने लगते हैं। और अचानक, आप कुछ कम खेलने का जोख़िम उठा सकते हैं।

अगर आपका लक्ष्य किसी संतोषजनक करियर को खोजना है और आपकी सोच यह है कि कोई कॉर्पोरेट की नौकरी संतोषजनक हो सकती है, तो इंटर्नशिप और नौकरी प्लेसमेंट के जरिए आपकी डाटा संग्रह प्रक्रिया, करियर का सैंपल हो सकती है। प्रयोगात्मक मानसिकता के साथ, ऐसी इंटर्नशिप 'असफलता' या 'समय की बर्बादी' नहीं होगी, जिससे आप नफ़रत करते हैं। वह तो आपको यह महसूस करने में मदद करने के लिए एक और डाटा पॉइंट होगी कि आप ऐसा नहीं चाहते हैं।

अगर आपका लक्ष्य कोई सफल व्यवसाय बनाना है, तो आपकी डाटा संग्रह प्रक्रिया में तमाम व्यावसायिक विचारों, उत्पादों या सेवाओं का परीक्षण शामिल हो सकता है। प्रयोगात्मक मानसिकता के साथ, अगर कोई प्रोडक्ट लॉन्चिंग की अपेक्षाओं पर खरा नहीं उतरता है तो वह असफलता या आपदा नहीं है; यह तो आपकी रणनीति को सुधारने और आपके लक्षित बाजार को बेहतर ढंग से समझने में आपकी मदद करने के लिए एक और डाटा पॉइंट ही होगा।

कोई भी असफलता मात्र असफलता नहीं होती। यह तो कुछ नया करने का आमंत्रण होती है।

और अगर आपका लक्ष्य सार्थक संबंधों का विकास करना है तो डाटा संग्रह प्रक्रिया डेट्स पर जाने, सामाजिक कार्यक्रमों में शामिल होने, और नए लोगों से बातचीत करने के रूप में विकसित हो जाएगी। किसी प्रयोगात्मक मानसिकता के साथ, किसी डेट पर जाने से किसी दूसरी डेट या मित्रता की राह नहीं खुलती इसलिए उस पर आगे ना बढ़ पाना कोई असफलता नहीं है। ये तो एक और डाटा पॉइंट है जो आपको अपनी अनुकूलता समझने में सहायक होगा।

कोई भी असफलता मात्र असफलता नहीं होती। यह तो कुछ नया करने का आमंत्रण होती है।

प्रयोग 6 :

गंभीर मत बनिए। लगनशील बनिए।

एक बार जब हम अपनी असफलताओं को डाटा पॉइंट के रूप में फिर से फ्रेम कर लेते हैं, तो हमें जीवन को आनंद की भावना से देखने से रोकने वाले तनावों को

ख़त्म करना आसान हो जाता है। हालाँकि एक अंतिम तरीक़ा भी है जो उतना ही ताकतवर है – यह ऐसा तरीक़ा है जो मैंने दुनिया के सबसे अप्रत्याशित बौद्ध गुरु से सीखा था।

दक्षिणी इंग्लैंड के एक साधारण उपनगरीय जिले चिस्लेहर्स्ट, केंट में जन्मे एलन वॉट्स के जीवन के पहले कुछ सालों में ऐसा लग रहा था कि उनकी क़िस्मत में कोई बैंक क्लर्क या वकील बनना है। बचपन में एक रहस्यमय बुखार का सपना आने के बाद बाद उनकी रुचि पूर्वी एशियाई धर्म में हो गई। इससे उनका जीवन ही बदल गया। अगले पचास सालों में, वे पूर्वी दर्शन के प्रमुख विद्वान बन गए। उन्होंने कई बेस्टसेलर किताबें लिखकर बताया कि जेन और ताओवाद हमें ब्रह्मांड के बारे में क्या सिखा सकते हैं। मैं इस पुस्तक को लिखने के कुछ महीनों बाद वॉट्स के व्याख्यान पढ़ते समय मेरी नजरें जम गईं। ख़ासतौर पर, एक सरल वाक्य पर मैं रुक गया जिसके लिए वे प्रसिद्ध भी हुए : 'गंभीर मत बनिए। लगनशील बनिए।'

एक मशहूर व्याख्यान, 'व्यक्ति और विश्व' में वॉट्स ने एक बड़ी ग़लती की ओर इशारा किया जिसे हम विश्व को समझने में कर देते हैं। उन्होंने बीसवी सदी के आरंभ के अंग्रेज़ी लेखक जी के केस्टरटन को उद्धृत किया : 'तुच्छता में एक हल्कापन होता है जो ऊपर उठ सकता है। लेकिन गंभीरता में एक भार होता है जो पत्थर की तरह नीचे आता है।' उन्होंने कहा कि यह उन लोगों के लिए सच है जो जेन को समझते हैं। उन्होंने इसे इस तरह से सार प्रस्तुत किया : 'गंभिर होने और ईमानदार होने में अंतर है।'

उनका मतलब क्या था? चलिए, मान लीजिए कि बोर्ड गेम – मोनोपोली – खेलना है। कोई भी व्यक्ति ऐसे व्यक्ति के साथ मोनोपोली नहीं खेलना चाहता जो गेम को बहुत गंभीरता से लेता हो। खेले तो ऐसे गेम हम सभी ने हैं, लेकिन गंभीर व्यक्ति जीतने के बारे में कुछ ज़्यादा ही चिंतित होता है, और वह कमरे से ऊर्जा चूस लेते हैं। चांस कार्ड के जरिए गो पास करने के लिए आपको वास्तव में £ 200 इकट्ठे करने की अनुमति है या नहीं, इस बारे में नियम पुस्तिका से उनके जुनूनी उद्धरण बाक़ी सभी के मजे में खलल पैदा कर देते हैं।

हालाँकि हम ऐसे व्यक्ति के साथ भी गेम नहीं खेलना चाहते जो क़तई लापरवाह हो। ऐसे लोग गेम में दिमाग़ ही नहीं लगाते, और अपनी क्षमता के अनुसार खेलने का कोई सक्रिय प्रयास नहीं करते। जब आप जेल से बाहर निकलने में सफल होते हैं, तो वे कभी आपको बधाई नहीं देते हैं। आपने £ 50 का एग्जिट शुल्क देने से इनकार कर दिया हो और इसके बजाय डबल रोल करने की साहसिक, साहसी रणनीति अपनाई हो, तब भी वे कुछ नहीं बोलते। उनके साथ भी मज़ा नहीं आता।

नहीं, गेम खेलने में सबसे ज़्यादा मज़ा उन लोगों के साथ होता है जो लगन से खेलते हैं। वे खेल को इतनी गंभीरता से तो लेते हैं कि वे पूरी तरह से उसमें डूब जाएँ, लेकिन इतनी गंभीरता से भी नहीं लेते कि वे जीतने या हारने पर अड़ ही जाएँ। वे हँसते हैं और मज़ाक़ करते हैं, अपनी ग़लतियों को हल्के में लेते हैं, और जीतने (या नियमों) से बहुत ज़्यादा जुड़े बिना अपने दोस्तों के साथ का लुत्फ़ लेते हैं। अपने काम और अपने जीवन को इस नज़रिए से देखने से भी बहुत कुछ हासिल होता है। मैंने पाया है कि जब मैं अपने काम से तनावग्रस्त, चिंतित या थका हुआ महसूस करता हूँ, तो उन पलों में लगन से काम करना भूल जाना और इसके बजाय बहुत गंभीर हो जाना आसान होता है। ऐसे क्षणों में, दाँव भारी लगने लगते हैं। हालाँकि उन्हें कम करने का एक तरीक़ा है। तरकीब आसान है : जब आपको लगे कि आपका काम थका देने वाला या भारी है, तो ख़ुद से पूछिए, 'मैं इसे थोड़ी कम गंभीरता और थोड़ी ज़्यादा लगन से कैसे कर सकता हूँ?'

अगर आप काम पर किसी मुश्किल प्रोजेक्ट को गंभीरता से लेने के बजाय लगन से ले रहे होते हैं, तो आप अंतिम नतीजे पर ध्यान देने के बजाय प्रत्येक काम को पूरा करने की प्रक्रिया पर ध्यान लगा सकते हैं। आप प्रोजेक्ट को ख़ुद से निपटाने की कोशिश करने के बजाय दूसरों के इनपुट और सहयोग की भी मदद ले सकते हैं। ये काम करने से, आपको पता चलेगा कि इसे खेल की भावना से लेना आसान है, और आप पूरे समय बेहतर तरीक़े से केंद्रित और प्रेरित रह सकते हैं।

अगर आप नौकरी के साक्षात्कार को गंभीरता से लेने के बजाय लगन से ले रहे हैं, तो नतीजे के बारे में बहुत ज़्यादा नर्वस और तनावग्रस्त होने के बजाय, आप सजग रहने और व्यस्त रहने पर ध्यान लगा सकते हैं। आप साक्षात्कारकर्ता को केवल अपनी योग्यता से प्रभावित करने की कोशिश करने के बजाय, अधिक व्यक्तिगत स्तर पर उससे जुड़ने की कोशिश भी कर सकते हैं। ऐसा करने से, आपके साक्षात्कार को सहजता से लेने की संभावना ज़्यादा हो जाती है और आप साक्षात्कार से बाहर आकर अपने प्रदर्शन से ज़्यादा आत्मविश्वास और संतुष्टि महसूस करेंगे।

और अगर आप गंभीरता से नहीं बल्कि लगन से किताब लिख रहे हैं, तो आप पहले ही अध्याय में युद्ध कौशल की दुनिया को विस्तृत श्रद्धांजलि देने का फ़ैसला कर सकते हैं। अपने भावी पाठकों को यह दिखा सकते हैं कि अपनी पहली किताब जैसी महत्त्वपूर्ण कृति बनाते समय भी, आप इस प्रक्रिया को हल्के-फुल्के अंदाज़ में ले सकते हैं। ऐसा करेंगे तो उम्मीद है कि, आप प्रोबबिलिटी के साइंस पर बात करते हुए भी पाठ में आनंद पैदा करने में मदद करेंगे। हो सकता है कि आप कम तनाव में हों और ज़्यादा खेलें भी।

मैं ऐसा सोचने वाला कोई अकेला डॉक्टर नहीं हूँ। मेडिकल नाटक *ग्रेज एनाटॉमी* में, न्यूरो सर्जन डॉ. डेरेक शेफ़र्ड का किरदार निभाते हुए पैट्रिक डेंपसी अपने प्रत्येक ऑपरेशन की शुरुआत में एक अनुष्ठान करते हैं।

वे टीम का अभिवादन करते हैं, पार्श्व में कुछ ऊर्जावान संगीत बजाते हैं और कहते हैं, 'यह जीवन बचाने के लिए सुंदर दिन है। चलो मज़ा लेते हैं।'

सारांश

- गंभीरता को कुछ ज़्यादा ही महत्त्व दिया जाता है। अगर आप अपनी ज़िंदगी बर्बाद किए बिना कुछ ज़्यादा हासिल करना चाहते हैं, तो पहला क़दम, अपने काम को खेल की भावना के साथ करने का है।
- अपने जीवन में खेल की भावना को शामिल करने के तीन तरीक़े हैं। सबसे पहले, काम को रोमांच की भावना के साथ कीजिए। जब आप सही 'प्ले पर्सनाल्टी' में क़दम रखते हैं, तो हर दिन ऐसे अवसरों से भरा होता है जिसमें आप जीवन को खेल के रूप में देख सकें, और जो आश्चर्य और साइड क्वेस्ट से भरा भी होता है।
- दूसरा तरीक़ा, मज़े की तलाश कीजिए। मैरी पॉपिंस को याद कीजिए: हर काम में मज़े का एक तत्व होता है, भले ही हमेशा स्पष्ट ना हो या ना हो। अपने आप से पूछिए कि अगर यह काम मज़ेदार होता तो यह कैसा दिखता, और फिर जवाब के अनुसार अपनी परियोजनाएँ बनाइए।
- तीसरा, दाँव कम कीजिए। असफलताएँ केवल तभी असफलताएँ होती हैं जब आपको लगता है कि वे असफलताएँ हैं – और हर समस्या को इतने सीधे चेहरे से नहीं देखा जाना चाहिए। तो अपने काम को कम गंभीरता और ज़्यादा लगन से करने का मतलब क्या होगा?

2

पावर

सितंबर 2000 में रीड हैस्टिंग्स और मार्क रैंडोल्फ़ ने अपनी नई-नवेली कंपनी नेटफ्लिक्स, ब्लॉकबस्टर वीडियो के सीईओ को बेचने की कोशिश की। यह बातचीत बुरी तरह से ख़त्म हुई थी।

इस जोड़ी ने वीडियो किराए पर देने के लिए क्रांतिकारी मॉडल पर दाँव लगाया था। ग्राहक इसकी वेबसाइट पर लॉग इन कर सकते थे, डीवीडी ऑर्डर कर सकते थे और डाक के जरिए डीवीडी पा सकते थे और वापस कर सकते थे। हालाँकि जब उन्होंने कंपनी में अपना सब कुछ झोंक दिया, तो वे नक़दी की कमी से जूझने लगे। उनके पास सौ से ज़्यादा कर्मचारी थे, लेकिन पेड कस्टमर केवल 3,000 ही थे। और साल ख़त्म होने से पहले ही 57 मिलियन डॉलर की रक़म खत्म होने वाली थी।

दोनों इस कारोबार से बाहर निकलना चाहते थे। इसलिए कई महीनों तक कॉल करने और ईमेल करने के बाद, उन्होंने आख़िरकार डलास में कंपनी के मुख्यालय में ब्लॉकबस्टर के बॉस जॉन एंटीओको के साथ एक मीटिंग तय की। यह बड़ा मौक़ा था : दुनिया भर में 9,000 से ज़्यादा स्टोर वाली 6 बिलियन डॉलर का सार्वजनिक कारोबार करने वाली कंपनी, ब्लॉकबस्टर अमेरिकी वीडियो बाज़ार में हावी थी। हालाँकि मीटिंग नाटकीय अंदाज में पटरी से उतर गई। पहले तो एंटीओको और उनके जनरल काउंसल एड स्टीड का रवैया दोस्ताना और विनम्र था। जब हेस्टिंग्स और रैंडोल्फ़ ने समझाया कि ब्लॉकबस्टर को नए तरह के ऑनलाइन वीडियो रेंटल, नेटफ़्लिक्स क्यों ख़रीदना चाहिए, तो उन्होंने ध्यान से सुना। लेकिन इसके बाद, एंटीओको ने बड़ा सवाल पूछ लिया : 'कितने में?'

'पचास मिलियन में।'

एक पल चुप्पी छाई रही, और फिर एंटीओको ठहाका मारकर हँस पड़ा था।

अब सीधे दस साल आगे बढ़ते हैं – ब्लॉकबस्टर वीडियो ने दिवालिया होने के लिए अर्जी लगाई : ऑनलाइन वीडियो में बदलाव की गति को बनाए रखने में असमर्थ, इस कंपनी ने आख़िर में दिवालिया होने से पहले धीरे-धीरे अपने ज़्यादातर स्टोर बंद कर दिए थे। दस साल और आगे बढ़ते हैं – ऑनलाइन स्ट्रीमिंग सेवा नेटफ़्लिक्स की बाज़ार पूँजी 300 बिलियन डॉलर हो जाती है और इसे दुनिया की सबसे ज़्यादा नवाचारी कंपनियों में माना जाता है।

जिस नेटफ़्लिक्स कंपनी को ब्लॉकबस्टर के सीईओ ने अपने कमरे से बाहर निकाल दिया था, उसी नेटफ़्लिक्स का दुनिया की सबसे मूल्यवान कंपनियों में से एक में रूपांतण असंभव लग रहा था। ये कैसे हुआ? चलिए, इसके कुछ जवाब तो हैं। कुछ लोग हेस्टिंग्स और उनकी टीम की दूरदर्शिता को श्रेय देते हैं। बाक़ी लोग इंटरनेट के शुरू होने के ठीक समय पर लॉन्च होने के उनके भाग्यशाली समय को श्रेय देते हैं। हालाँकि नेटफ़्लिक्स की सफलता की सबसे आम व्याख्या ज़्यादा सरल है, जो है : संस्कृति।

जब नेटफ़्लिक्स पहली बार शुरू हो रहा था, तब रीड हेस्टिंग्स ने पैटी मैककॉर्ड को नेटफ्लिक्स का चीफ़ टैलेंट ऑफ़ीसर नियुक्त किया था। मैककॉर्ड ने पहले कुछ अन्य तकनीकी कंपनियों में मानव संसाधन विभाग में काम किया था, और वह लोगों के प्रबंधन के पारंपरिक नज़रिये से ख़ुश नहीं थी। वह ऐसी संस्कृति बनाना चाहती थी जिसमें कर्मचारी अपने काम पर नियंत्रण रखने में सक्षम महसूस करते हों। हेस्टिंग्स ने मैककॉर्ड के साथ मिलकर मूल्यों का एक समूह तैयार किया जो कंपनी की ऐसी संस्कृति का मार्गदर्शन करे, जिसमें स्वतंत्रता और दायित्व पर ध्यान दिया जाना करना शामिल हो। यह सूक्ष्म बदलाव रूपांतरकारी रहा। मैककॉर्ड ने नेटफ़्लिक्स के अपने कर्मचारियों से संपर्क करने के तरीक़े में क्रांतिकारी बदलाव किया। उसने छुट्टियों, निर्धारित कार्य घंटों और प्रदर्शन समीक्षा जैसी पारंपरिक नीतियों को खत्म किया और कर्मचारियों को ज़्यादा स्वायत्तता दी। कर्मचारी अपने लक्ष्य पूरा करते रहें तो, वे जो चाहें कर सकते हैं।

इस नज़रिए को पहले कुछ संदेह के साथ देखा गया। हालाँकि जैसे-जैसे कंपनी बढ़ती गई और फलती-फूलती गई, तो यह स्पष्ट होने लगा कि ये नज़रिया काम का है। नेटफ़्लिक्स की संस्कृति से ना केवल शीर्ष प्रतिभाओं को आकर्षित करने और बनाए रखने में मदद मिली, बल्कि बेहतर विचारों का भी जन्म हुआ,जिनमें थे : बाज़ार अनुसंधान और फ़ोकस समूहों के पारंपरिक तरीक़ों पर निर्भर रहने के बजाय, नेटफ़्लिक्स ने अपनी रचनात्मक टीमों को नए शो और फ़िल्में

विकसित करने और बनाने का मौक़ा दिया। इसका नतीजा हमारे समय की सबसे उल्लेखनीय टीवी और फ़िल्में रहीं।

मैककॉर्ड ने स्वतंत्रता और दायित्व पर अपने फ़ोकस को एक सरल शब्द में पेश किया, जो था : पावर। यह एक पेचीदा शब्द है, और इसका अर्थ नकारात्मक हो सकता है – अधिनायकवादी तानाशाह, भयानक मालिक और छायादार गलियारों की छवियाँ बन सकती हैं जिसमें लोग दूसरों पर नियंत्रण पाने के लिए कुछ भी कर सकते हैं। कुछ लोग 'पावर' शब्द को देखकर सोच सकते हैं, 'यह मैं तो नहीं हूँ।'

अगर आप उन लोगों में हैं, तो मैं चाहता हूँ कि आप पावर के बारे में अलग तरह से सोचना शुरू कीजिए। जब मैककॉर्ड ने इस शब्द का इस्तेमाल किया, तो उसका आशय व्यक्तिगत सशक्तिकरण की भावना से था : ऐसी भावना कि आपकी नौकरी आपके नियंत्रण में है, आपका जीवन *आपके* हाथों में है, और *आपके* भविष्य के बारे में निर्णय केवल *आपको* लेना हैं। यह पावर ऐसी चीज़ नहीं थी जिसे हम दूसरों पर थोपते हैं; यह ऐसी चीज़ है जिसे हम महसूस करते हैं, ऐसी ऊर्जा है जो हमें छत पर चढ़कर चिल्लाने पर मजबूर करती है : 'मैं यह कर सकता हूँ!'

पावर हमारी दूसरी ऊर्जा है; फ़ील गुड करने और प्रोडक्टिव होने का अहम घटक है। और सबसे अच्छी बात यह है कि यह कोई ऐसी चीज़ नहीं है जिसे आप दूसरों से छीनते हों – यह तो ऐसी चीज़ है जिसे आप अपने लिए बनाते हैं।

अपना आत्मविश्वास बढ़ाइए

पावर के विज्ञान में हमारी यात्रा कई दर्जन व्यायाम-विरोधी स्वयंसेवकों से भरी एक लैब से शुरू होती है।

28 छात्राओं के इस समूह को साथ इसीलिए साथ लाया गया था, क्योंकि वे सब आमतौर पर कोई ख़ास व्यायाम नहीं करती थीं – यह ऐसा तथ्य था जिसे इलिनोइस अर्बना-शैंपेन यूनिवर्सिटी के कुछ वैज्ञानिकों ने शोध का अवसर माना। *इंटरनैशनल जर्नल ऑफ़ बिहेवियरल मेडिसिन* में प्रकाशित अपने अध्ययन में, उन्होंने एक सरल परिकल्पना की पड़ताल करने की कोशिश की : कि हमारे आत्मविश्वास का हमारी एथलेटिक क्षमताओं पर बहुत बड़ा प्रभाव पड़ता है।

प्रयोग के आरंभ में, सभी अट्ठाइस छात्राओं को एक निश्चित समय के लिए एक स्थिर बाइक पर साइकिलिंग करने के लिए कहा गया, जबकि एक उपकरण ने उनकी हृदय गति और अधिकतम VO_2 (व्यायाम के दौरान शरीर द्वारा अवशोषित और इस्तेमाल की जाने वाली ऑक्सीजन) को मापा। एक बार व्यायाम सत्र समाप्त

हुआ तो, शोधकर्ताओं ने छात्राओं को व्यायाम बाइक पर उनके प्रदर्शन के आधार पर दो समूहों में विभाजित किया। कुछ देर के आराम के बाद, उन्होंने समूह ए ('उच्च आत्मविश्वास' समूह) की छात्राओं से कहा कि, उनकी उम्र और अनुभव की अन्य महिलाओं की तुलना में, वे सबसे ज़्यादा फ़िट हैं। इस बीच, समूह बी ('कम आत्मविश्वास' समूह) की छात्राओं से कहा गया कि वे सबसे कम फ़िट हैं। और फिर दोनों समूहों की महिलाओं को कुछ दिनों के लिए छोड़ दिया गया।

सच्चाई यह थी कि यह सब एक चाल थी। 'उच्च आत्मविश्वास' समूह वास्तव में व्यायाम में बेहतर था नहीं और 'कम आत्मविश्वास' समूह भी वास्तव में ख़राब नहीं था। असल में, उन्हें दो समूहों में बिना सोचे-समझे बाँट दिया गया था और व्यायाम परीक्षण के संदेश का उनके प्रदर्शन का कोई लेना-देना था ही नहीं। वैज्ञानिकों को तो दिलचस्पी अगले चरण में थी : तीन दिन बाद, प्रतिभागियों को लगभग तीस मिनट के लिए व्यायाम करने के लिए लैब में वापस आने को कहा गया और यह मूल्यांकन करने के लिए कहा गया कि उन्हें यह नया सत्र कितना पसंद आया।

नतीजे चौंकाने वाले थे। शोधकर्ताओं ने पाया कि 'उच्च आत्मविश्वास' वाले समूह की छात्राएँ 'कम आत्मविश्वास' वाले समूह की तुलना में व्यायाम सत्र का बहुत अधिक आनंद लेती हैं। जिन्हें बताया गया था कि वे ज़्यादा फ़िट हैं, वे व्यायाम सत्र का आनंद ज़्यादा ले रही थीं, और जिन्हें कम फ़िट बताया गया था, वे व्यायाम सत्र का आनंद कम ले रही थीं। यह ज़्यादा गहन और मुश्किल व्यायामों के लिए और भी अधिक सच था। जब प्रतिभागियों को अधिक कठिन और लंबे समय तक साइकिल चलाने के लिए बोला गया, तो दोनों समूहों के बीच का अंतर और भी ज़्यादा स्पष्ट हो गया। जब व्यायाम कठिन हो तो वो छात्राएँ अपनी क्षमता की परवाह किए बिना उसे आसानी से कर पाईं, जो मानती थीं कि वो सच में कर सकती हैं। और, महत्त्वपूर्ण बात यह है कि जो छात्राएँ अधिक आत्मविश्वासी होने के लिए तैयार थी, उन्होंने व्यायाम का ज़्यादा आनंद भी लिया।

इस अध्ययन में एक सरल प्रश्न की खोज की जा रही थी। हमारे आत्मविश्वास का स्तर हमारे प्रदर्शन को कैसे प्रभावित करता है? इस प्रश्न का – और पहले तथा बाद के कई ऐसे अध्ययनों का उत्तर – सरल है, जो है : बहुत ज़्यादा । किसी काम को पूरा करने की अपनी क्षमता के बारे में आश्वस्त महसूस करना हमें इसे करते समय फ़ील गुड कराता है, और हमें इसे बेहतर तरीक़े से करने में मदद करता है।

इस समझ की उत्पत्ति का पता कैनेडियन-अमेरिकी मनोवैज्ञानिक अल्बर्ट बंडुरा से हुई थी। 1925 में अल्बर्टा के मुंडारे के छोटे से शहर में जन्मे, और 2021 में दिवंगत हुए अल्बर्ट बंडुरा इतिहास के सबसे प्रभावशाली मनोवैज्ञानिकों में से

शामिल थे। उनके प्रभाव का एक बहुत बड़ा कारण, 1977 में उनके पेश किए गए एक विचार के कारण था और जिसने उन्हें प्रसिद्धि दिला दी थी, और यह विचार था : आत्म-प्रभावकारिता। पिछले दशक में अपने शोध के आधार पर, बंडुरा ने तर्क दिया था कि मानव प्रदर्शन और कल्याण में केवल हमारी क्षमताएँ ही नहीं अह नहीं होतीं, बल्कि यह भी अहम है कि हम अपनी क्षमताओं के बारे में कैसा *महसूस* करते हैं। आत्म-प्रभावकारिता वही शब्द था जिसे उन्होंने ऐसी भावनाओं का वर्णन करने के लिए गढ़ा था। इसका संदर्भ यह है कि हमें अपने उद्देश्यों को प्राप्त करने में सक्षम होने का कितना *विश्वास* है।

किसी काम को कर सकने का विश्वास वह पहला क़दम है जो सुनिश्चित करता है कि आप वास्तव में वह काम कर सकते हैं।

थोड़ा सा अति-सरलीकरण करें तो, आत्म-प्रभावकारिता आत्मविश्वास के लिए मनोविज्ञान की शब्दावली है। और इसे बढ़ाने के लिए क़दम उठाना हमारी पावर की भावना को विकसित करने का प्राथमिक तरीक़ा है। बांडुरा के आत्म-प्रभावकारिता की अवधारणा को पेश किए जाने के बाद से आधी सदी में, सैकड़ों शोधकर्ताओं ने दिखाया कि हमारी अपनी क्षमताओं में हमारा आत्मविश्वास जितना ज़्यादा होगा, हमारी आत्म-प्रभावकारिता जितनी ज़्यादा होगी, हमारी क्षमताएँ उतनी ही ज़्यादा होंगी। 1998 तक, मनोवैज्ञानिक अलेक्ज़ेंडर स्टैजकोविक और फ्रेड लुथांस ने (लगभग 22,000 अध्ययन प्रतिभागियों को शामिल करने वाले 114 अध्ययनों के आधार पर) यह बताया कि बांडुरा की अवधारणा सही थी। किसी काम को कर सकने का विश्वास वह पहला क़दम है जो सुनिश्चित करता है कि आप वास्तव में वह काम कर सकते हैं।

प्रयोग 1 :

आत्म-विश्वास में बदलाव

आत्म-प्रभावकारिता का विचार आकर्षक तो है, लेकिन शायद उतना आश्चर्यजनक नहीं है। बेशक, आप ऐसा सोच सकते हैं कि हमारे आत्मविश्वास का स्तर हमारी क्षमताओं को प्रभावित करता है। जिस किसी ने भी कभी किसी अहंकारी व्यक्ति को अपने आप में अटूट विश्वास के कारण किसी कमरे में घूमते हुए देखा है, वह इस बात की पुष्टि कर सकता है।

हालाँकि आत्म-प्रभावकारिता के बारे में सबसे ज़्यादा आश्चर्यजनक बात शायद इसका लचीलापन है। जिस क्षण से बांडुरा ने आत्मविश्वास के विज्ञान

की जाँच शुरू की, तभी से उसने एक और बात पर गौर किया : कि आत्म-प्रभावकारिता सिखाना आसान है। दशकों के शोध के बाद, उसने निष्कर्ष निकाला कि आत्मविश्वास कोई ऐसी चीज़ नहीं है जिसके साथ आप पैदा होते हैं; यह कुछ ऐसी चीज़ है जिसे आप सीखते हैं।

अपने क्रांतिकारी विचार को पेश करने के बाद के सालों में, बांडुरा ने कुछ सरल उपकरणों की पहचान की, जो आत्म-प्रभावकारिता पर रूपांतरकारी प्रभाव डाल सकते हैं। मौखिक अनुरोध की पावर को लीजिए। बांडुरा आत्म-प्रभावकारिता के बारे में एक सरल सत्य की ओर संकेत करने के शौकीन थे : कि आप जो कहते हैं, वह अक्सर वही चीज़ें बन जाती हैं, जिन पर आप विश्वास करते हैं। इस प्रकार, 'आप यह कर सकते हैं!' या 'लगभग कर ही चुके हैं!' जैसे छोटे-छोटे सकारात्मक हस्तक्षेपों को सुनने का काम ही हमारे आत्मविश्वास के स्तर पर उल्लेखनीय प्रभाव डाल सकता है।

आमतौर पर, हम कल्पना करते हैं कि इन उत्साहवर्धक बातों का स्रोत हमारा परिवार, मित्र, सहकर्मी या व्यक्तिगत प्रशिक्षक होंगे। इससे भी अधिक मज़ेदार बात यह है कि हम ख़ुद भी ये संदेश अपने को दे सकते हैं।

2014 में, बैंगोर यूनिवर्सिटी के वैज्ञानिकों ने आत्म-विमर्श की पावर पर एक अध्ययन के नतीजे प्रकाशित किए। प्रत्येक प्रतिभागी को उसके 'थकावट के समय' पर परख़ा गया - यानी, वह अधिकतम कितनी देर तक साइकिल चला सकता है, कि वो आगे बढ़ने में एकदम असमर्थ महसूस करे। फिर, थके हुए साइकिल चालकों के हमारे पिछले समूह की तरह, उन्हें दो सप्ताह तक चिंतन करने के लिए छोड़ दिया गया। हालाँकि, इस बार दूसरा चरण अलग था। जब वे पखवाड़े भर बाद साइकिल पर लौटे, तो उन्हें दो समूहों में विभाजित किया गया। एक को सकारात्मक आत्म-विमर्श का हस्तक्षेप मिला, जिसमें उन्हें कई प्रेरक वाक्य दिखाए गए, जैसे 'आप अच्छा कर रहे हैं!' और 'आप इसे पूरा कर सकते हैं!' और उनमें से चार को साइकिल चलाते समय ख़ुद से इन वाक्यों को कहने के लिए चुना गया। दूसरे समूह को ऐसा कोई संकेत नहीं मिला।

वैज्ञानिकों ने सोचा कि निश्चित रूप से आत्म-प्रेरणा के ऐसे छोटे-छोटे काम अकेले प्रतिभागियों के प्रदर्शन को नहीं बदल सकते। हालाँकि यह पता चला कि वे ऐसा कर सकते हैं। जिस समूह को विशिष्ट 'आत्म-विमर्श का हस्तक्षेप' मिला, उसने अपने आरपीई ('अनुमानित परिश्रम की दर', या साइकिल चलाने में कितनी मेहनत महसूस हुई) को 50 प्रतिशत के चिह्न पर लाकर महत्त्वपूर्ण रूप से कम कर दिया, और साइकिल चलाते समय अपने टीटीई ('थकावट का समय') में उल्लेखनीय सुधार किया। दूसरे समूह ने ठीक वैसा ही प्रदर्शन किया, जैसा उसने पहले किया था।

यह अध्ययन दर्शाता है कि केवल अपनी ख़ुद की हाइप टीम बनकर आप अपनी ख़ुद की प्रोडक्टिविटी को नाटकीय रूप से प्रभावित कर सकते हैं। इनके बारे में पढ़ने के बाद मैं कुछ विशिष्ट तरीक़ों के बारे में जान सका हूँ जिनसे आप ऐसा कर सकते हैं। मेरी पसंदीदा विधियों में वह शामिल है जिसे मैं 'आत्मविश्वास बदलाव को पलट देना' कहता हूँ; दूसरे शब्दों में, अपने आप को चुनौती देना है कि आप ऐसे व्यवहार करें जैसे कि आप अपने काम के प्रति आश्वस्त हैं, भले ही आप आश्वस्त ना हों।

यह विधि सुनने में जितनी आसान लगती है, उससे भी कहीं ज़्यादा आसान है। अगली बार जब आप जोख़िम उठाने के लिए पर्याप्त रूप से फ़ील गुड ना कर रहे हों, तो अपने आप से सहज ही पूछ लीजिए, 'अगर मैं इस काम को करने में वाक़ई आश्वस्त होता, तो कैसा लगता? अगर मैं इस काम को करने के लिए इस आत्मविश्वास के साथ आगे बढ़ता कि मैं यह कर सकता हूँ, तो यह कैसा लगता?'

जब मैं यूनिवर्सिटी में बॉल्स और पार्टियों में वॉकअराउंड जादूगरी का काम करता था, तो मैं इस ट्रिक का काफ़ी इस्तेमाल करता था (हाँ, मैं इतना ही मस्त था)। मेरा काम टक्सीडो पहनना, पार्टी में जाने वालों के समूह के पास जाना और उन्हें कुछ जादू के करतब दिखाने की पेशकश करना था। भले ही मैंने अपनी ट्रिक्स का बार-बार अभ्यास किया होता था (मेरे किसी भी दोस्त से पूछ लीजिए), फिर भी मैं अजनबियों के समूह के पास जाने, उनको बातचीत में टोकने और उन्हें अपनी पसंदीदा कार्ड ट्रिक दिखाने की पेशकश करते समय बिलकुल घबरा जाता था कि कहीं मेरे शब्द लड़खड़ा ना जाएँ। आत्म-संदेह के उन क्षणों में, मैं एक गहरी साँस लेता था, और आंतरिक रूप से आत्मविश्वास में बदलाव शुरू कर देता था। मैं ख़ुद को याद दिलाता था कि मैं केवल एक आत्मविश्वास से भरपूर जादूगर की भूमिका निभा रहा हूँ, और भले ही मैं अंदर से बिलकुल भी आत्मविश्वास महसूस ना करूँ, लेकिन मैं ऐसा व्यवहार करता था जैसे कि मैं आत्मविश्वास से भरपूर और सक्षम हूं। बिना किसी चूक के, मेरे रवैये में आए बदलाव ने बहुत बड़ा परिवर्तन किया। मैं मुस्कुराहट और थोड़ी सी अकड़ के साथ अजनबियों के समूह के पास जाता, मेरी लाइनें अच्छी तरह से दोहराई हुई होतीं, और मैं हर समूह से राहत महसूस करते हुए वापस आता कि मेरी रणनीति काम कर गई।

मैं अक्सर ख़ुद को इस बात पर आश्चर्यचकित करता रहता हूं कि यह विधि कितनी प्रभावशाली हो सकती है। एक पल के लिए, यह किसी शौकिया जादूगर को पेशेवर में बदल देने के लिए पर्याप्त है। किसी भयानक शौकिया संगीतकार को गिटार हीरो में बदल देती है। और किसी घबराए हुए सार्वजनिक वक्ता को सबसे करिश्माई वक्ता में बदल देती है। अगली बार जब आपको लगे कि कोई काम या

प्रोजेक्ट कुछ ज़्यादा ही कठिन है, तो अपने आप से पूछिए, 'अगर मैं वास्तव में इस पर आश्वस्त होता तो यह कैसा लगता?' अपने आप से सवाल पूछने से, आप ख़ुद को आत्मविश्वास के साथ हाथ में लिए काम के निकट जाते हुए कल्पना करेंगे। बदलाव पटल चुका होता है।

प्रयोग 2 :

सोशल मॉडल की विधि

आत्मविश्वास बढ़ाने के लिए बंडुरा ने एकमात्र विधि मौखिक अनुरोध की ही नहीं सोची थी। उनकी इस बात में भी रुचि थी कि हम अपने आस-पास के लोगों से कैसे आत्मविश्वास हासिल करते हैं।

मेरा पसंदीदा अध्ययन दर्शाता है कि यह कैसे काम करता है। यह अध्ययन क्लेम्सन यूनिवर्सिटी की आउटडोर लैब में किया गया था। यह आपकी साधारण विज्ञान प्रयोगशाला नहीं है, यह ध्यान रखिए। साउथ कैरोलिना में हार्टवेल झील के किनारे जंगलों से ढँके प्रायद्वीप पर स्थित, इस लैब में लकड़ी के केबिन, लंबी पैदल यात्रा के रास्ते और वाटर स्पोर्ट्स के कई सारे उपकरण हैं - जिसमें पेट्री डिश नहीं दिखती। हालाँकि इस लैब का मनोरंजक आवरण इसके गंभीर वैज्ञानिक कार्य को छिपाता है। सालों से, ये लैब कई अग्रणी मनोवैज्ञानिक प्रयोगों का स्थल रही है। जैसे कि 2007 में छह से अठारह वर्ष की आयु के अड़तीस बच्चों का अध्ययन किया गया था, जिन्हें यूनिवर्सिटी की क्लाइंबिंग वॉल का उपयोग करने के लिए आमंत्रित किया गया था।

जब वे पहली बार लैब में पहुँचे, तो छात्रों को बताया गया कि उनका उस दिन का उद्देश्य रॉक-क्लाइंबिंगग वॉल (क्लेम्सन की आउटडोर लैब की मुख्य विशेषताओं में से एक) के शीर्ष पर पहुँचना है। यह एक चुनौतीपूर्ण संभावना थी, क्योंकि उनमें से ज़्यादातर ने पहले कभी चढ़ाई वाली दीवार देखी तक नहीं थी। अध्ययन का संचालन करने वाले वैज्ञानिकों की इस बात में रुचि थी कि कौन से छात्र टास्क पूरा करेंगे - और उनके ऐसा करने की संभावना किस वजह से ज़्यादा होगी। बच्चों को पता नहीं था कि उनके आने से पहले उन्हें दो समूहों में विभाजित किया जा चुका है। समूह 1 को वॉल चढ़ने वाले किसी आदमी का एक छोटा-सा वीडियो दिखाया गया था जो उस स्थान पर मौजूद वॉल के समान ही दिख रही थी, जबकि समूह 2 को कोई वीडियो नहीं दिखाया गया था। हर तरह से, दोनों समूह एक जैसे थे।

आश्चर्यजनक रूप से, उस वीडियो को देखने मात्र से ही नाटकीय प्रभाव पड़ा। भले ही पर्वतारोहियों के दोनों समूहों को वॉल पर पहली बार पहुँचने पर एक जैसे निर्देश दिए गए थे, लेकिन जिस समूह ने 'मॉडल' रॉक क्लाइंबर को उस वॉल पर चढ़ते देखा था, उनका प्रदर्शन बहुत बेहतर रहा। उन्हें अपनी रॉक-क्लाइंबिंग क्षमताओं के बारे में ज़्यादा आत्मविश्वास महसूस हुआ था, उन्होंने गतिविधि का ज़्यादा मज़ा लिया और बेहतर प्रदर्शन भी किया।

इस छोटे से बदलाव ने इतना बड़ा अंतर क्यों पैदा कर दिया? अगर अल्बर्ट बंडुरा इस पर अपनी राय देते तो वे इसका श्रेय शायद 'परोक्ष महारत अनुभव' नाम की किसी चीज़ को देते। यह तब होता है जब आप किसी ऐसे काम से संबंधित किसी और के प्रदर्शन को देखते या सुनते हैं जिसे आप ख़ुद करने जा रहे हैं। आप अन्य लोगों के उदाहरण देखते हैं, जिससे आपका आत्मविश्वास बढ़ता है।

हममें से ज़्यादातर लोगों ने परोक्ष महारत का अनुभव किया होगा, भले ही हम इसे इस नाम से ना जानते हों। इसकी कल्पना कीजिए। आप ऑफ़िस में किसी बड़े रिसर्च प्रोजेक्ट से जूझ रहे हैं। आप अकेले इंसान हैं जो उस टास्क पर काम कर रहे हैं और यह कठिन लग रहा है। कुछ दिनों की भयानक अनप्रोडक्टिविटी के बाद, आप निष्कर्ष निकालना शुरू कर देते हैं कि यह ना केवल कठिन है, बल्कि असंभव भी है। जब आप इस बात से ज़्यादा से ज़्यादा आश्वस्त होते जाते हैं कि आप जो प्रयास कर रहे हैं, वह पूरी तरह से अप्राप्य हैं, तो आप लक्ष्य से और दूर होते जाते हैं।

अब उसी कार्य की कल्पना कीजिए, सिवाय इसके कि इस बार, प्रोजेक्ट शुरू करने से पहले, आपने किसी और को इसी विषय पर अपना शोध प्रोजेक्ट प्रस्तुत करते देखा है। उसकी प्रस्तुति की विषय-वस्तु आपसे बिलकुल अलग है, लेकिन इस बार, आप जानते हैं कि इस तरह का कार्य असंभव नहीं है। आपने बस किसी और को इसे पूरा करते देखा है। आप इस बात को लेकर ज़्यादा आश्वस्त हो गए हैं कि टास्क में महारत हासिल की जा सकती है। परोक्ष रूप से।

बंडुरा ने तर्क दिया कि चुनौतियों पर क़ाबू पाने में मजबूती और प्रयास दिखाने वाले अन्य लोगों के आसपास रहने से हमारी आत्म-प्रभावकारिता की भावना बढ़ सकती है, क्योंकि वे लोग हमें दिखाते हैं कि इन चुनौतियों पर क़ाबू पाया जा सकता है। बंडुरा के शब्दों में, 'अपने जैसे लोगों को निरंतर प्रयास से सफल होते देखना पर्यवेक्षकों के विश्वास को बढ़ाता है कि उनके पास भी समान गतिविधियों में सफल होने लायक़ महारत हासिल करने की क्षमता है।'

सकारात्मक आत्म-संवाद की तरह, हम इन परोक्ष महारत के अनुभवों को अपने जीवन में शामिल कर सकते हैं। अपने रोल मॉडल की बनाई तमाम तरह की

सामग्री का उपभोग करना मेरा पसंदीदा तरीक़ा है। मैंने पाया है कि जब मैं किताबें पढ़ता हूँ, पॉडकास्ट सुनता हूँ या उन क्षेत्रों में लोगों की सफलता की कहानियों वाले वीडियो देखता हूँ, जिनमें मैं ज़्यादा सशक्त महसूस करना चाहता हूँ, तो मेरा आत्मविश्वास काफ़ी हद तक बढ़ जाता है।

उदाहरण के लिए, जब मैं अस्पताल में काम करता था तो अस्पताल जाते समय मैं अक्सर रॉयल कॉलेज ऑफ़ फ़िजिशियन के आरसीपी मेडिसिन पॉडकास्ट सुना करता था। अलग-अलग डॉक्टरों के निदान और प्रबंधन के अलग-अलग तरीक़ों के बारे में सुनकर मेरा आत्मविश्वास बढ़ता था जो मेरी नौकरी में भी काम आता था।

जब मैं अपना पहला ऑनलाइन बिज़नेस बना रहा था, तो मैंने *इंडी हैकर्स* पॉडकास्ट सुनते हुए काफ़ी समय बिताया, जिसमें उन उद्यमियों के साक्षात्कार शामिल थे, जिन्होंने अपने बेडरूम से अविश्वसनीय वन पर्सन ऑनलाइन बिज़नेस बनाए थे। वे लोग उन चुनौतियों के बारे में बताते थे जिनका उन्होंने सामना किया और समझाते थे कि कैसे उन्होंने उन चुनौतियों से पार पाया। इससे उस तरह की चुनौतियों से निपटने के मामले में मेरा आत्मविश्वास बढ़ा।

और एक लेखक के रूप में अपने नए जीवन में, मैंने पाया कि सफल लेखकों को देखना, सुनना और यहाँ तक कि उनके साथ साक्षात्कार करना, किसी भी अन्य चीज़ की तुलना में 'मैं यह कर सकता हूँ' की मेरी अपनी भावनाओं को बढ़ाने में ज़्यदा मददगार होता है।

अगर वे कर सकते हैं, तो आप भी तो कर सकते हैं।

यह ऐसा टूलकिट है जिसका इस्तेमाल कोई भी कर सकता है। ऐसे लोगों को खोजिए जो उसी तरह की चुनौतियों का सामना कर रहे हैं, जैसी चुनौतियों का सामना आप कर रहे हैं। उनके साथ समय बिताइए – या उनकी कहानियाँ सुनने के कोई और तरीक़े खोजिए। अपने आपको परोक्ष सफलता में डुबोकर, आप अपने मन में एक शक्तिशाली कहानी का निर्माण करेंगे : कि अगर वे कर सकते हैं, तो आप भी तो कर सकते हैं।

अपना कौशल बढ़ाइए

एनाकिन स्काईवॉकर टैटूइन पर आठ वर्षीय बच्चे के रूप में अपनी यात्रा शुरू करता है, जो अपने परिवार को खिलाने के लिए पर्याप्त धन कमाने के लिए ड्रोन

की दौड़ लगाता है। *स्टार वार्स* की अगली तीन किस्तों में, वह फ़ोर्स का इस्तेमाल करना सीखता है, लाइटसबेर के साथ ट्रेनिंग लेता है और आकाशगंगा में सबसे शक्तिशाली जेडी (स्टार वार्स की दुनिया में शांति और न्याय का संरक्षक) से एक बन जाता है।

कैटनीस एवरडीन सोलह वर्ष की उम्र में डिस्ट्रिक्ट 12 से अपनी यात्रा शुरू करती है, जहाँ वह अपनी माँ और छोटी बहन के लिए ग़ैरक़ानूनी तरीक़े से शिकार करती है। घातक हंगर गेम्स में प्रतिस्पर्धा करने के लिए स्वेच्छा से आगे आने के बाद, वह हमें एक कुशल तीरंदाज और रणनीतिकार बनते हुए, अप्रत्याशित गठबंधन बनाते हुए, और दमनकारी कैपिटल के ख़िलाफ़ विद्रोह की अगुवाई करती हुई दिखती है। अपने सामने हमेशा बाधाएँ रहने के बावजूद, वह काल्पनिक देश मॉकिंगजे में हर किसी के लिए आशा और प्रतिरोध का प्रतीक बन जाती है।

और एक निजी पसंदीदा, *अवतार : द लास्ट एयर बेंडर* में, हमारा मुख्य पात्र आंग एक छोटे से गाँव का बच्चा है, जो हवा के तत्व पर अपनी शक्तियों को नियंत्रित करने के लिए जूझ रहा है। सीरीज के जरिए, वह दुनिया की खोज करता है; और हम उसे आख़िरकार शक्तिशाली अवतार में विकसित होते हुए देखते हैं, जिसके पास सभी चार तत्वों (पृथ्वी, वायु, जल और अग्नि) पर महारत है। सीरीज के आख़िर में वह अग्नि देवता ओजाई के साथ एक लंबे युद्ध में दुनिया को भी विनाश से बचाता है।

हज़ारों अन्य कहानियों और किस्सों में सहस्राब्दियों के बीच ये तीन कथात्मक अंश, ऐसा तरीक़ा बताते हैं जिससे हम अपनी पावर की भावना बढ़ा सकते हैं। प्रत्येक मुख्य पात्र अपनी कहानी किसी छोटे और अनुभवहीन प्रशिक्षु के रूप में शुरू करता है। समय के साथ, हम देखते हैं, पढ़ते हैं या सुनते हैं कि वे चुनौतीपूर्ण बाधाओं को कैसे पार करते हैं और वयस्क के रूप में विकसित होते हैं – उनकी प्रत्येक सफलता अगली, और अगली, और अगली सफलता में योगदान देती है।

हमारे मित्र अल्बर्ट बडुरा ने सीखने के इन अनुभवों के मेल के लिए एक आकर्षक नाम दिया है – सक्रिय महारत अनुभव। सक्रिय महारत उस परोक्ष महारत का दूसरा पहलू है जिसका हमने अभी-अभी सामना किया है। बंडुरा के मुताबिक़, सक्रिय महारत का अनुभव करने से आशय काम करके सीखने की प्रक्रिया से है। काम करके सीखना मानव मनोविज्ञान में सबसे शक्तिशाली पावर में शामिल है। अगर हमें अपनी पावर की भावना का निर्माण करना है तो यह दूसरी महत्त्वपूर्ण रणनीति है। क्यों? क्योंकि हम जितना ज़्यादा कुछ करते हैं, उतनी ही हमारी नियंत्रण की भावना बढ़ती है। हम सीखते हैं। हम अपने कौशल का स्तर बढ़ाते हैं। हमारा आत्मविश्वास बढ़ता है। और हम ख़ुद को सशक्त बनाते हैं।

प्रयोग 3 :

शोशिन दृष्टिकोण

सीखने के इन अनुभवों के बारे में सबसे मज़ेदार बात यह है कि इन्हें अपेक्षाकृत आसानी से अपने जीवन में शामिल किया जा सकता है। यहाँ तक कि उन क्षेत्रों में भी आप सक्रिय महारत की क्षमता का दोहन कर सकते हैं जिनमें आपको लगता है कि आप कोई तरक्की नहीं कर रहे हैं।

मैंने ऐसा करने का अपना पसंदीदा तरीक़ा फ़िल जैक्सन की कहानी से सीखा था। ज़्यादातर बास्केटबॉल प्रेमियों को जैक्सन के बारे में थोड़ा बहुत तो पहले से ही पता होगा। उन्हें शायद यह भी पता होगा कि जैक्सन ही वह कोच थे जिन्होंने 1980 के दशक में शिकागो बुल्स की संस्कृति को बदल दिया था। उन्हें शायद पता होगा कि मुख्य कोच के रूप में, उन्होंने 1990 के दशक में अपनी टीम को कैसे इतनी सारी एनबीए चैंपियनशिपें जितवाईं कि कुछ शर्मिंदगी सी होने लगी थी। (अगर आप की दिलचस्पी है, तो बता दूँ कि 6 चैंपियनशिप उन्होंने जितवाई थीं।) अथवा बास्केटबॉल प्रेमियों को शायद पता होगा कि माइकल जॉर्डन को लीजेंड बनाने में किसी भी अन्य कोच से ज़्यादा योगदान जैक्सन का ही था।

हालाँकि, जो बात लोग नहीं जानते, वह जैक्सन के खेल दर्शन की अप्रत्याशित उत्पत्ति है। उसकी उत्पत्ति हुई थी ज़ेन बौद्ध धर्म से।

जेन बौद्ध धर्म की ही ऐसी शाखा है जिसमें आध्यात्मिक ज्ञान के साधन के रूप में ध्यान के अभ्यास पर ज़ोर दिया जाता है। ज़ेन मनुष्य को अपने अंदर झाँकने और वास्तविकता की प्रकृति को समझने के लिए अपना रास्ता खोजने के लिए प्रोत्साहित करता है। जैक्सन के मुताबिक़, यह उनकी हर सफलता का अभिन्न अंग रहा था।

जैक्सन के कोचिंग अभ्यासों में बार-बार सामने आने वाली एक ज़ेन अवधारणा जापानी शब्द शोशिन थी, जिसका सामान्य अनुवाद 'नौसिखिया का दिमाग़' होता है। शोशिन से आशय मन की ऐसी अवस्था का है जिसमें हम प्रत्येक काम और स्थिति को किसी नौसिखिया की जिज्ञासा, खुलेपन और विनम्रता के साथ देखते हैं।

यह अज़ीब लग सकता है कि किसी नौसिखिया के दिमाग़ को अपनाने से आपको उस क्षेत्र में ज़्यादा अच्छा विशेषज्ञ बनने में सहायता मिलती है। निश्चित रूप से नौसिखिया की परिभाषा यही है कि वह ऐसा इंसान होता है जिसे पता नहीं होता कि वह क्या कर रहा है? हालाँकि, शोशिन का महत्त्वपूर्ण प्रभाव हो सकता है *क्योंकि* इसमें हमें चीज़ों को नए सिरे से देखने का मौक़ा मिलता है।

किसी ऐसे कौशल के बारे में सोचिए जिसे सीखने में आपने कई साल लगाए हों। आपके पास शायद इसे करने का कोई निर्धारित तरीक़ा होगा; अगर आपको चित्र बनाना पसंद है, तो आप जानते होंगे कि आप चित्र के किस भाग को पहले शुरू करना पसंद करते हैं। अगर आप खेल खेलते हैं, तो आपने शायद बहुत पहले ही तय कर लिया होगा कि पिच पर कौन सी स्थिति आपके टैलेंट के लिए सबसे ज़्यादा सही है। आपके अनुभवों ने आपको पहले से कहीं ज़्यादा अपने तरीक़े से स्थापित कर दिया है।

दूसरी ओर, नौसिखिया के पास ऐसी कोई भी पूर्वधारणा नहीं होती है। नौसिखिया चीज़ों को आजमाने का ज़्यादा इच्छुक होता है, भले ही वह असफल हो जाएँ। नौसिखिया किसी के चित्र की शुरुआत उसी हिस्से से कर देगा जिसे वह पसंद करता है। और नौसिखिया मैदान पर कहीं भी खेलना शुरू करने में ख़ुशी महसूस करता है, भले ही वह ख़ुद को मूर्ख बना ले। नौसिखिया ग़लतियाँ करने के लिए ज़्यादा इच्छुक होते हैं, और ये गलतियाँ ठीक वही होती हैं जो सीखने के लिए ज़रूरी होती हैं।

जब हम दुनिया को किसी नए दृष्टिकोण से देखने की कोशिश करते हैं, तो हम सीखने की इस प्रक्रिया को तब तक बनाए रख सकते हैं, जब तक कि यह आमतौर पर बंद ना हो जाए। शिकागो बुल्स के लिए, इसका मतलब था हर पल को खुले दिमाग़ से देखना, किसी भी निर्धारित मार्ग या रणनीति के प्रति पूर्वाग्रह से मुक्त होना। और जैक्सन के मुताबिक़, यही उनकी टीम की सफलता की बुनियाद थी।

तो हम इस नौसिखिया के दृष्टिकोण को अपने जीवन में कैसे शामिल कर सकते हैं? इसका जवाब ख़ुद को कुछ सरल रिमाइंडर देने से शुरू होता है।

अगर आप व्यवसाय की दुनिया में हैं, तो शोशिन का अर्थ हो सकता है नवाचार और प्रयोग को अपनाना, ख़ुद को याद दिलाना कि 'माहिर' लोगों के इस बारे में विश्वास सीमित हो जाते हैं कि क्या किया गया है और कैसे किया गया है, जबकि नौसिखिया लोग समस्या-समाधान के लिए नए-नए दृष्टिकोण खोजते हैं और नए बाज़ारों या अवसरों का पता लगाते हैं। अथवा अगर आप लेखन या संगीत जैसे रचनात्मक क्षेत्रों में काम करते हैं, तो शोशिन का अर्थ हो सकता है - जानबूझकर तमाम तकनीकों में अपनी रुचि बनाए रखना, और ख़ुद को अलग-अलग शैलियों वाले लोगों के साथ सहयोग करने के लिए प्रेरित करना। नौसिखिया लोग इस बारे में कोई मजबूत विश्वास नहीं रखते कि किससे काम बनेगा। वे तो बस कोशिश करते रहते हैं।

हम अगर यह विचार छोड़ दें कि हम सब कुछ जानते हैं, या हमें तो किसी न किसी तरह से सब कुछ पता होना *चाहिए*, तो हम वास्तव में ज़्यादा सशक्त महसूस

करते हैं। इस तरह, शोशिन हमें जिज्ञासा, विनम्रता और लचीलेपन की बड़ी भावना के साथ चुनौतियों का सामना करने में मदद कर सकता है – और हमें सीखने में सहायक हो सकता है।

प्रयोग 4 :
शिष्य प्रभाव

मनोविज्ञान की डिग्री के लिए पढ़ते समय, मुझे यह जानकर ख़ुशी हुई थी कि औसत बड़े भाई-बहनों का आईक्यू उनके छोटे भाई-बहनों से थोड़ा ज़्यादा होता है। मैं काफ़ी दिनों तक सोचता रहता था कि जब हम बच्चे थे तो मुझे अपना छोटा भाई कितना चिढ़ पैदा करता था। अब मुझे इसका कारण पता था।

वैज्ञानिकों ने पिछले कई सालों में इस घटना के कई तरह के स्पष्टीकरण देने की कोशिश की है। क्या ऐसा हो सकता है कि माता-पिता अपने भाई-बहनों की तुलना में अपने पहले जन्मे बच्चों पर ज़्यादा समय और ऊर्जा लगाते हों? क्या ऐसा हो सकता है कि पहले जन्मे बच्चे वयस्कों के साथ ज़्यादा घुलते-मिलते हैं, जिससे उनका शब्द भंडार विकसित होता है? अथवा क्या ऐसा हो सकता है कि माता-पिता अपने पहले बच्चे से बाद के किसी बच्चे की तुलना में ज़्यादा उम्मीदें रखते हों, जिससे पहले जन्मे बच्चे स्कूल में ज़्यादा मेहनत करने के लिए प्रेरित होते हों?

अब भी इस बारे में कोई निष्कर्ष निकला नहीं है, लेकिन स्टैनफ़ोर्ड के स्कूल ऑफ़ एजुकेशन के शोधकर्ताओं ने 2009 में एक अध्ययन किया जिससे एक दिलचस्प व्याख्या सामने आई। शोधकर्ता 8वीं कक्षा के बासठ छात्रों को जीवविज्ञान की कक्षा में लाए, जहां उन्हें दो समूहों में से बिना सोचे-विचारे एक में रख दिया गया। पहले समूह को कक्षा के आख़िर में टेस्ट में अच्छा प्रदर्शन करने के लक्ष्य के साथ सामान्य तरीक़े से अध्ययन करने और सामग्री सीखने के लिए कहा गया था। दूसरे समूह को बताया गया कि वे कंप्यूटर से बनाए गए अवतार को सामग्री पढ़ाएँगे, और उनके प्रदर्शन का मूल्यांकन इस आधार पर किया जाएगा कि उनके डिजिटल 'छात्र' ने सामग्री को कितनी अच्छी तरह से सीखा है।

क्लास के आख़िर में, दोनों समूहों की सामग्री पर महारत का आकलन करने के लिए एक ही टेस्ट दिया। अजीब बात यह है कि शोधकर्ताओं ने पाया कि कंप्यूटर से बनाए छात्र को सामग्री पढ़ाने वाले दूसरे समूह के छात्रों ने केवल टेस्ट के लिए अध्ययन करने वाले पहले समूह के छात्रों की तुलना में ज़्यादा बेहतर सीखा। समान परिस्थितियों में, समान सामग्री के साथ, जिन लोगों को किसी विषय के बारे में

दूसरों को पढ़ाना था, वे ख़ुद सामग्री को बेहतर तरीक़े से सीखेंगे। शोधकर्ताओं ने इस घटना को 'शिष्य प्रभाव' नाम दिया।

इसके बाद के सालों में, मानव बुद्धि के क्षेत्र में शोधकर्ताओं ने सुझाव दिया है कि शायद बड़े भाई-बहनों का औसत आईक्यू ज़्यादा होता है और वे इसी वजह से अपने छोटे भाई-बहनों की तुलना में स्कूल में बेहतर प्रदर्शन करते हैं। बड़े भाई-बहन अपने भाई-बहनों के लिए शिक्षक या सलाहकार की भूमिका भी निभाते हैं : मेरे जैसे बड़े भाई-बहन अक्सर अपने छोटे भाई-बहनों (मेरे भाई की तरह) की होमवर्क में मदद करते हैं, दुनिया के बारे में उनके सवालों के जवाब देते हैं, और अपने ख़ुद के अनुभव और समझ साझा करते हैं, भले ही वे अनुभव और समझ कितने भी संदिग्ध क्यों ना हों।

शिष्य प्रभाव में एक और तरीक़ा बताया जाता है जिससे हम अपने जीवन में सीखने के अनुभवों की संख्या बढ़ा सकते हैं। दार्शनिक सेनेका ने कहा भी है, *क्वि डोसेट डिस्किट* – 'जो सिखाता है, वह सीखता है'। और एक बार जब आप शिष्य प्रभाव की पावर को समझ जाते हैं, तो आमतौर पर किसी भी भूमिका में 'शिक्षक' की भूमिका निभाना आश्चर्यजनक रूप से आसान हो जाता है।

मान लीजिए कि आप सॉफ़्टवेयर डेवलपमेंट का काम करते हैं; आप किसी जूनियर डेवलपर या इंटर्न को मेंटर करने की पेशकश कर सकते हैं। किसी और को जटिल कोडिंग अवधारणाओं और सर्वोत्तम तरीक़ों को समझाकर, आप ख़ुद उनके बारे में ज़्यादा गहराई से सोचने के लिए मजबूर होंगे, जिससे आपकी समझ और बेहतर कौशल स्तर विकसित होगा।

अथवा, मान लीजिए कि आप सेल्स का काम करते हैं। आप अपनी टीम के लिए नए सेल्स रेप्रेजेंटेटिव्स को ट्रेनिंग देने या कार्यशाला करने की पेशकश कर सकते हैं। अपनी तकनीकों और रणनीतियों को दूसरों के साथ साझा करके, आप अपने कौशल को निखारने तथा बिक्री प्रक्रिया में नई समझ हासिल करने में सक्षम होंगे। और आप अपने सहकर्मियों के कौशल को विकसित करने में भी मदद करेंगे, जिससे आख़िरकार पूरी टीम को ही लाभ होगा।

आपको गुरु बनने की ज़रूरत नहीं। बस गाइड होना ही काफ़ी है।

और अगर आपको लगता है कि आप किसी और को सिखाने के लिए पर्याप्त 'योग्य' नहीं हैं, तो याद रखिए कि हम जिन लोगों से सबसे बेहतर सीखते हैं, वे अक्सर वही लोग होते हैं जो इस यात्रा में हमसे बस एक क़दम ही आगे होते हैं। इसलिए शिक्षक कोई भी शिक्षक बन सकता है।

आपको गुरु बनने की ज़रूरत नहीं है। गाइड होना ही काफ़ी है।

अपने काम की ज़िम्मेदारी लीजिए

1970 के दशक के आरंभ में, मनोवैज्ञानिक एडवर्ड डेसी एक मामूली सवाल से चिंतित हो गए थे। लोगों को कठिन काम करने के लिए क्या प्रेरित करता है?

इस विषय में उन्हें अपने करियर की शुरुआत से ही आकर्षण था। 1970 में कार्नेगी मेलन यूनिवर्सिटी में पीएचडी पूरी करने के ठीक एक साल बाद, उन्होंने एक प्रभावशाली आलेख प्रकाशित किया जिसमें उन्होंने लोगों से सोमा क्यूब (रूबिक क्यूब जैसा) नाम की एक पहेली को हल करने के लिए कहा। उनका निष्कर्ष विचित्र था कि जिन लोगों को पहेली हल करने के लिए वित्तीय इनाम की पेशकश की गई थी, उनके बिना इनाम वाले लोगों की तुलना में उस काम का आनंद लेने की संभावना कम थी और इनाम हटा दिए जाने के बाद ऐसे लोग पहेली हल करना ज़्यादा छोड़ देते थे।

भौतिक पुरस्कार लोगों को किसी कार्य में ज़्यादा नहीं, बल्कि कम व्यस्त बनाता है। इससे डेसी इस निष्कर्ष पर पहुँचे कि भौतिक पुरस्कार की पेशकश, अजीब तरह से, प्रेरणा को कम कर सकती है।

जब 1977 में डेसी की मुलाक़ात एक अन्य युवा मनोवैज्ञानिक रिचर्ड रयान से हुई, तो दोनों ने एक ऐसे पेशेवर रिश्ते की शुरुआत की जिसने प्रेरणा के बारे में दुनिया की सोच को ही बदल दिया। अगले बीस सालों में रयान और डेसी ने इस बारे में सोचने का एक निहायत ही नया तरीक़ा विकसित किया कि हम कठिन काम क्यों करते हैं। उनका योगदान 1981 में 'आत्म-निर्धारण सिद्धांत' के उनके कथन तक पहुँचा।

उस समय तक, ज़्यादातर वैज्ञानिकों का मानना था कि प्रेरणा मुख्य रूप से पुरस्कार और दंड जैसे प्रोत्साहनों से मिलती है। लेकिन डेसी और रयान ने इसके विपरीत दिखाया।

उन्होंने पाठकों को प्रेरणा को एक स्पेक्ट्रम पर गिरते हुए देखने के लिए प्रोत्साहित किया, जिसमें एक छोर पर 'बाह्य' और दूसरे पर 'आंतरिक' थी। आंतरिक प्रेरणा अंदर से आती है : आत्म-पूर्ति, जिज्ञासा और सीखने की वास्तविक इच्छा से प्रेरित होती है। बाह्य प्रेरणा बाहर से आती है : वेतन-वृद्धि, भौतिक पुरस्कार और सामाजिक स्वीकृति से प्रेरित होती। हालांकि प्रेरणा के ये रूप समान नहीं थे।

आत्म-निर्धारण सिद्धांत के मुताबिक़, आंतरिक प्रेरणा बाह्य प्रेरणा से काफ़ी ज़्यादा शक्तिशाली होती है। स्थायी प्रेरणा अंदर से ही आती है।

प्रेरणा स्पेक्ट्रम

बाह्य प्रेरणा	**आंतरिक प्रेरणा**
☐ पुरस्कार और दंड	☑ आत्म-पूर्ति
☐ सामाजिक मान्यता	☑ जिज्ञासा और सीखना
☐ प्रदर्शन लक्ष्य	☑ निजी विकास

हालाँकि डेसी और रयान का सिद्धांत यहीं समाप्त नहीं हुआ। उन्होंने यह भी दिखाया कि आंतरिक प्रेरणा ऐसी चीज़ है जिसे तैयार किया जा सकता है। 1980 के दशक के आरंभ में, वे यह प्रदर्शित कर रहे थे कि आंतरिक प्रेरणा को मुट्ठी भर ताक़तों से बढ़ाया जा सकता है, और उनमें से सबसे प्रमुख हमारी 'स्वायत्तता' की भावना है। आम लोगों की भाषा में, यह स्वामित्व की भावना है। और यह पावर की भावना में हमारी अंतिम योगदानकर्ता है जो हमें तथा हमारे काम को ऊर्जा देती है।

डेसी और रयान ने तर्क दिया कि जब लोगों को लगता है कि उनके पास अपने कार्यों की पावर है, तो उनके कार्यों में शामिल होने के लिए आंतरिक रूप से प्रेरित होने की ज़्यादा संभावना होती है। यही कारण है कि सोमा क्यूब प्रयोग में पाया गया कि नक़द पुरस्कार लोगों की प्रेरणा को कम करते हैं। उन्हें ऐसा नहीं लगता कि वे काम के पूरी तरह से 'मालिक' हैं - बल्कि उन्हें ऐसा लगता है कि वे इसे किसी बाहरी पुरस्कार के लिए कर रहे हैं। उनके नियंत्रण की भावना कम हो जाती है, और उनकी प्रेरणा की भावना भी घट जाती है।

यह हमारे अपने जीवन में भी सच है। नियंत्रण की अपनी ज़रूरत के कारण ही हम अपने बॉस और माता-पिता के नियंत्रित किए जाने से नफ़रत करते हैं। नियंत्रण की अपनी जरूरत के कारण ही हम बचपन में अपने बेडरूम को सजाना पसंद करते हैं (या वयस्क होने पर अपने घर को डिज़ाइन करते हैं)। और जब हमारे जीवन पर हमारा नियंत्रण छीन लिया जाता है - अगर हम जेल चले जाते हैं, या किसी ऐसी

नौकरी में बँधे होते हैं जिसका हम आनंद नहीं लेते – तो इसका हमारे शारीरिक और मानसिक स्वास्थ्य पर विनाशकारी असर हो सकता है।

समस्या यह है कि नियंत्रण लेना हमेशा सीधा-सादा नहीं होता। ये ज़रूर है कि, हममें से कुछ लोगों की नौकरियाँ ऐसी होंगी जिनमें हमारे दैनिक जीवन पर हमारा बहुत स्वामित्व होता है। सफल उद्यमियों के पास अपने व्यवसाय की दिशा पर स्वायत्तता होती है। डिजिटल खानाबदोश दुनिया भर में घूमने के लिए स्वतंत्र होते हैं, और वे जिस भी कैफ़े में आते हैं, वहीं से काम कर सकते हैं। दूसरे लोग ना तो ऐसा करते हैं और ना ही कर सकते हैं। एक होटल के रिसेप्शनिस्ट को मेहमानों का अभिवादन करने और उनका स्वागत करने के लिए डेस्क पर खड़ा होना पड़ता है – वह घर से काम करने का विकल्प नहीं चुन सकता है। अस्पताल के वार्ड में जूनियर डॉक्टर को सूची में शामिल सभी मरीज़ों को देखना होता है – वह असभ्य व्यवहार करने वाले मरीज़ों को अनदेखा करने का फ़ैसला नहीं कर सकती है।

हालाँकि ज़िम्मेदारी की अवधारणा को इतना शक्तिशाली बनाने वाली बात यह है कि आप इसे लगभग किसी भी स्थिति में शामिल कर सकते हैं। अक्सर, जब हम ख़ुद को ऐसी स्थिति में पाते हैं, जो हमें पसंद नहीं है, तो हम भाग्यवादी महसूस करने लगते हैं। 'मुझे वह जगह पसंद नहीं है, जहाँ मैं रहता हूँ, लेकिन वहाँ से हटना मेरे बस में नहीं है।' 'जिस दिशा में मुझे यह रिश्ता जा रहा है, मुझे वह पसंद नहीं है, लेकिन इसे बदल पाना मेरे बस में नहीं है।' 'मुझे यह काम उबाऊ लगता है, लेकिन इसे बदलना मेरे बस में नहीं है।'

कभी-कभी, हम सही होते हैं: हम कुछ नहीं कर सकते। हालाँकि अक्सर हमारे पास जितना हम समझते हैं, उससे कहीं ज़्यादा एजेंसी होती है – अगर पूरी स्थिति पर नहीं, तो उसके कुछ हिस्सों पर। हमारे पास तब भी नियंत्रण होता है, जब हमें इसका पता नहीं होता।

प्रयोग 5 :

प्रक्रिया का स्वामित्व लीजिए

बुरे हालात में ख़ुद को ढाल लेने की इंसानों की असाधारण क्षमता के मामले में मेरा पसंदीदा उदाहरण फ़िलेटऑफ़फ़िश1066 का है।

जून 2016 में, रेडइट अकाउंट फ़िलेटऑफ़फ़िश1066 के पीछे के सज्जन के नौकरी से निकाले जाने का मामले काफ़ी चर्चा में था। वह छह साल से अपनी कंपनी में सॉफ़्टवेयर डेवलपर का काम कर रहा था, जहाँ उसका ज़्यादातर काम क्वालिटी एश्योरेंस डिपार्टमेंट में सॉफ़्टवेयर की टेस्टिंग करना था। यह काम बेहद

नीरस था। वह बस वही पुराने सॉफ़्टवेयर पर वही पुराने टेस्ट करता रहता था, हर बार उसी पुरानी स्क्रिप्ट का पालन करता था।

ऐसे में फ़िलेटऑफ़फ़िश1066 ने एक योजना बनाई। अपने बॉस को सूचित किए बिना, उसने अपनी नौकरी के पहले आठ महीने अपने काम को स्वचालित करने के लिए सॉफ़्टवेयर प्रोग्रामिंग की। उसके बाद से, उसके लिखे गए कस्टम प्रोग्राम ऑटोपायलट पर काम करने लगे, और क्वालिटी एश्योरेंस टेस्ट को पूरी तरह से करने लगे। उनके बॉस ने कभी उनकी चेकिंग नहीं की, क्योंकि सब कुछ ठीक चल ही रहा था। जैसा कि उसने नौकरी से निकाले जाने के बाद रेडइट पर एक पोस्ट में लिखा : 'क़रीब छह साल पहले से लेकर अब तक, मैंने ऑफ़िस में कुछ भी नहीं किया है। मैं मज़ाक़ नहीं कर रहा हूँ। मैं हर सप्ताह चालीस घंटे के लिए ऑफ़िस में रहता हूँ, अपने ऑफ़िस में लीग ऑफ़ लीजेंड्स खेलता हूँ, रेडिट ब्राउज करता हूँ और जो भी मेरा मन करता है, वो करता हूँ। पिछले छह सालों में मैंने शायद 40 घंटे ही असली काम किया होगा। तो बुनियादी तौर पर मैंने कुछ भी नहीं किया। और किसी को वास्तव में परवाह भी नहीं थी।'

दुर्भाग्य से फ़िलेटऑफ़फ़िश1066 के लिए, उसकी चतुर योजना के आधे दशक से ज़्यादा समय बाद आईटी में किसी ने पता लगा लिया कि चल क्या रहा है और उसने अपने बॉस को इसकी सूचना दे दी। उसे अपनी नौकरी को स्वचालित करने का साहस दिखाने के लिए नौकरी से निकाल दिया गया।

मैं यह नहीं कह रहा हूँ कि फ़िलेटऑफ़फ़िश1066 के पास कोई त्रुटिहीन करियर रणनीति थी – ना ही यह कह रहा हूँ कि वह आदर्श तरीक़ा था। हालाँकि मुझे संदेह है कि फ़िलेटऑफ़फ़िश1066 के काम उस पहले तरीक़े की ओर संकेत करते हैं जिससे हम स्वामित्व की भावना विकसित कर सकते हैं। यहाँ तक कि उन स्थितियों में भी ये किया जा सकता है, जिनमें हमें स्वतंत्रता बहुत कम होती है। जब हम स्थिति का स्वामित्व नहीं ले सकते, तब भी हम प्रक्रिया का स्वामित्व ले सकते हैं।

जब हम स्थिति का स्वामित्व नहीं ले सकते, तब भी हम प्रक्रिया का स्वामित्व ले सकते हैं।

फ़िलेटऑफ़फ़िश 1066 को महसूस हुआ कि वह जो कुछ भी करता है, उस पर उसका स्वामित्व नहीं हो सकता, क्योंकि उसे वही करना होता है, जो उसका बास करने को कहता है। हालाँकि करना कैसे है, यह उसने ही तय किया। ऐसी बहुत सी चीज़ें थीं जिन पर उसका कोई प्रभाव नहीं था : वह जिस सॉफ़्टवेयर की टेस्टिंग कर

रहा था, उसके मैनेजर की प्राथमिकताएँ, उसे दिया गया काम, इन सब पर उसका कोई प्रभाव नहीं था। हालाँकि ऐसे बहुत से काम थे, जो पूरी तरह से उसके हाथ में थे : वह उस टु-डू सूची को कैसे पूरा करता है, समय का प्रबंधन कैसे करता है, दिए गए उपकरणों का इस्तेमाल कैसे करता है। इस तरह उसे समझ में आया कि उसका काम स्वचालित हो सकता है, और उसने ऐसा करने के लिए आठ महीने में सिस्टम और प्रक्रियाएँ बना डालीं।

यहाँ हम सब के लिए भी एक सबक़ है। हमारे पास किसी कार्य की प्रक्रिया को स्वामित्व देने का हमेशा लगभग एक तरीक़ा तो होता है, भले ही उसका परिणाम किसी और ने निर्धारित किया हो। अगर आप कस्टमर सर्विस में काम करते हैं, तो हो सकता है कि आपका कंपनी की नीतियों पर नियंत्रण ना हो। लेकिन आप ग्राहकों के साथ बातचीत करने के तरीक़े का स्वामित्व तो ले ही सकते हैं। आप उनकी परेशानियों को सुनने, उनकी कुंठाओं के साथ सहानुभूति रखने और उनकी समस्याओं के रचनात्मक समाधान खोजने की कोशिश कर सकते हैं।

अगर आप शिक्षक हैं, तो हो सकता है कि आपका पाठ्यक्रम पर नियंत्रण ना हो, लेकिन आप इस बात की ज़िम्मेदारी ले सकते हैं कि आप सामग्री को पढ़ाएँ कैसे। आप अपने छात्र-छात्राओं को शामिल करने के लिए नए-नए तरीक़े खोज सकते हैं, मज़ेदार गतिविधियाँ तैयार कर सकते हैं जो अवधारणाओं को मजबूत करती हों और व्यक्तिगत प्रतिक्रिया दे सकती हो और प्रत्येक छात्र को बेहतर बनाने में मदद करती हों।

और अगर आप किसी कारख़ाने या असेंबली लाइन में काम करते हैं, तो हो सकता है कि आपके पास उत्पादन लक्ष्यों पर नियंत्रण ना हो, लेकिन आप इस बात की ज़िम्मेदारी जरूर ले सकते हैं कि आपका प्रक्रिया में योगदान कैसे हो। आप अपने कार्यों को सुव्यवस्थित करने के तरीक़े खोज सकते हैं, समस्या बनने से पहले संभावित गुणवत्ता संबंधी समस्याओं की पहचान कर सकते हैं और प्रक्रिया में सुधार के लिए सुझाव दे सकते हैं।

इसे अपने तरीक़े से करने से असाधारण पावर भी प्राप्त होती है। सबसे निराशाजनक परिस्थितियों में भी ऐसा होता है।

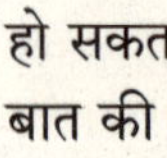

प्रयोग 6 :

अपनी मनोदशा का स्वामित्व लीजिए

आंतरिक प्रेरणा की भावना को विकसित करने का अंतिम तरीक़ा वही है जिसे मैंने जूनियर डॉक्टर के रूप में काम करते समय विकसित किया था। मुझे पहली बार

प्रसूति एवं स्त्री रोग वार्ड में एक लंबी शिफ़्ट के अंत में इसका सामना करना पड़ा था। जब मैं जाने के लिए तैयार हो रहा था, तभी एक नर्स ने मुझे रोककर पूछा, 'डॉक्टर अली, प्लीज आप बिस्तर 4 पर लेटी महिला को ये ड्रिप लगा सकते हैं?'

मेरा दिल बैठ गया। मुझे पता था कि मरीज़ की नसों को ढूँढ़ना मुश्किल होगा, और यह ड्रिप डालने की कोशिश करने पर मुझे अस्पताल से निकलने में कम से कम आधे घंटे की देरी होने जा रही थी। जब मैंने उपकरण इकट्ठा किए, तो मुझे नाराज़गी का अहसास हो रहा था। अगर मैं कुछ मिनट पहले निकल जाता, तो नाइट का डॉक्टर ही ड्रिप लगाता। मैं घर जा सकता था, रास्ते में मैकडॉनल्ड्स ले सकता था, ऑडियोबुक सुन सकता था। अब, मुझे यहीं रुककर ये तकलीफ़देह काम निपटाना था।

हालाँकि तभी मैंने दूसरे बे में एक मरीज़ को अपने पति से बात करते हुए सुना। वह अस्पताल में अपने अनुभव के बारे में बहुत उत्साह से बता रही थी और उसकी देखभाल करने वाले डॉक्टरों तथा नर्सों के प्रति बहुत आभारी जता रही थी। इसने मुझे रुकने पर मजबूर कर दिया। मैं अपनी मेडिकल ट्रेनिंग और व्यावहारिक कौशल का उपयोग करके IV लाइन लगाने वाला था, ताकि हम बारह सप्ताह की पहली बार गर्भवती हुई युवा महिला को रात भर तरल पदार्थ दे सकें, जिससे उसकी उल्टियाँ रोकने में मदद मिल सके। IV लाइन उसे बहुत बेहतर महसूस कराने के लिए थी। और यह उसके अंदर पल रहे बच्चे की भी मदद करने वाला था।

मैं इस बारे में शिकायत कैसे कर सकता था? यह मेरी ही चुनी नौकरी थी। मैंने आठ साल की मेडिकल ट्रेनिंग ली ही इसलिए थी कि मैं उस क़ाबिल बन सकूँ कि मैं अपने सामने पीड़ित मरीज़ की मदद कर सकूँ। और अब जब मुझे आख़िरकार कुछ अलग करने का मौक़ा मिला, तो मैं कुछ अतिरिक्त मिनटों के काम के बारे में शिकायत कर रहा था!

मुझे अहसास हुआ कि ड्रिप लगाने या नहीं लगाने का चुनाव मेरा नहीं हो सकता है, लेकिन मैं अपनी सोच तो बदल सकता था। मुझे एक विचार याद आया जो मुझे पहली बार लेखक सेठ गोडिन के साथ साक्षात्कार में मिला था। भौंहें सिकोड़कर इधर-उधर घूमना और यह सोचना था कि 'मुझे यह क्यों करना है?' एक निर्णय था। और मैं इसके बारे में दूसरे तरीक़े से सोचने का फ़ैसला कर सकता था। मसलन, 'मैं यह करना चुनता हूँ,' मैं ख़ुद से कह सकता था। 'मुझे यह करने का मौका मिला।' या यहाँ तक कि, 'मुझे यह करने का सौभाग्य मिला है।'

मानसिकता में 'करना ही है' से 'चुनना है' के इस बदलाव के साथ मैं अपने उछलते हुए चेहरे पर एक मुस्कान के साथ मरीज़ के कक्ष में चला गया, और ड्रिप लगाने के लिए तैयार हो गया।

मैं इस तरीक़े का इस्तेमाल करने वाला पहला व्यक्ति नहीं हूँ। 2021 में, शिक्षाविदों के एक समूह ने अध्ययनों का एक सुविचारित सेट तैयार किया, जिसका मक़सद यह पड़ताल करना था कि किसी के कार्य स्वीकार करने का विचार क्या उसकी धारणाओं और व्यवहारों को प्रभावित कर सकता है। आधे प्रतिभागियों को बेतरतीब तरीक़े से एक समूह में रखा गया, जहाँ उनसे पिछले दिन उनके चुने तीन विकल्पों के बारे में लिखने को कहा गया, उदाहरण के लिए : 'मैंने कल सुबह जल्दी उठने का विकल्प चुना'; 'मैंने दोपहर के भोजन के लिए इंस्टेंट नूडल्स खाने का विकल्प चुना'; 'मैंने अपने दूसरे अलार्म पर उठने और दिन शुरू करने का विकल्प चुना।' इसके बजाय प्रतिभागियों के दूसरे आधे हिस्से से केवल तीन चीज़ों के बारे में लिखने को कहा गया जो उन्होंने पिछले दिन की थीं : 'मैंने नाश्ता किया'; 'मैं ख़रीदारी करने गया'; 'मैं जिम गया।'

एक बार जब दोनों समूहों ने लिखने का टास्क पूरा कर लिया, तो उन्हें अपने जीवन के बारे में ज़्यादा व्यापक चिंतन करने के लिए कहा गया। अध्ययन के एक भाग में, प्रतिभागियों को शारीरिक शक्ति के बारे में 5-पॉइंट के स्केल पर ख़ुद की रेटिंग करने के लिए कहा गया, 'आप कितने तगड़े हैं?'; 'आप शारीरिक रूप से कितने मजबूत हैं?' और 'आप कितने सुडौल हैं?'। जिन लोगों ने अपनी पसंद याद रखी, उन्होंने बाद में नियंत्रण समूह की तुलना में ख़ुद को काफ़ी अधिक तगड़ा, मजबूत और सुडौल के रूप में रेटिंग दी। जैसा कि लेखकों ने कहा : 'पसंद की प्रमुखता बढ़ने से आत्म-मुग्धता की भावना पैदा हुई... दूसरों की तुलना में सकारात्मक रूप से अलग, बड़ा और मजबूत होने की भावना पैदा हुई'। अपनी मानसिकता को *'करना होगा'* से *'चुनना'* में बदलने से ही, वे अपने नियंत्रण, पावर और, बदले में, वे क्या करने में सक्षम थे, की अपनी भावना को बढ़ा सके।

ऐसा आप भी कर सकते हैं। 'करना ही है' एक ऐसी बाध्यकारी भाषा है जो आपको पावरलेस महसूस कराती है। 'चुनना' स्वायत्तता की पुष्टि करने वाली भाषा है जो आपको पावरफुल महसूस कराती है। जब भी आपको लगे कि आपको कुछ करना ही है, तो एक बार फिर। आपके विकल्पों ने आपको इस क्षण तक कैसे पहुंचा दिया? और क्या इस 'करना ही है' को 'चुनने' में बदलने का कोई तरीक़ा है? और अगर आप कुछ ऐसा कर रहे हैं जिसे आपने वास्तव में नहीं चुना है, तो आप अपने दृष्टिकोण के आसपास और क्या विकल्प चुन सकते हैं?

द्वितीय विश्व युद्ध के दौरान ऑशविट्ज़ यातना शिविर में रह चुके ऑस्ट्रियाई मनोचिकित्सक विक्टर फ्रैंकल ने सुंदर शब्दों में ये बात कही : 'एक इंसान से सब कुछ छीना जा सकता है, लेकिन किसी भी परिस्थिति में अपना दृष्टिकोण चुनने की, अपना रास्ता चुनने की स्वतंत्रता नहीं छीनी जा सकती जो कि मानवीय स्वतंत्रताओं में अंतिम होती है।'

सारांश

- 'पावर' एक डरावना शब्द है, लेकिन ऐसा होना ज़रूरी नहीं है। जब हम कहते हैं कि दूसरा ऊर्जा देने वाला तत्व पावर है, तो हमारा मतलब दूसरों पर नियंत्रण करना नहीं होता है। यहां तो हमारा मतलब बस इतना है कि आप अपनी नौकरी, जीवन और भविष्य को अपने हाथों में लेने के लिए सशक्त महसूस करें।
- अभी शुरू करें तो अपनी पावर की भावना को बढ़ाने के तीन तरीक़े हैं। शुरुआत आत्मविश्वास से कीजिए। हमें लगता है कि हमारा आत्मविश्वास स्थिर है, लेकिन वास्तव में बेहद लचीला होता है। तो क्यों ना 'आत्मविश्वास बदलने को पलटने' की कोशिश की जाए – और किसी ऐसे व्यक्ति की भूमिका निभाई जाए जो पहले से ही आत्म–विश्वास से भरा हुआ हो?
- इसके बाद, अपने कौशल को बढ़ाइए। स्वयं से पूछिए: अगर मैं इस टास्क में बिलकुल नया होता, तो यह कैसा लगता? और मैं ख़ुद ही विशेषज्ञ ना होने की स्थिति में भी दूसरों को कैसे सिखा सकता हूँ?
- आख़िर में, देखिए कि आप स्वामित्व लेने के लिए क्या कर सकते हैं, यहाँ तक कि उन क्षणों में भी जब आपके पास उतना नियंत्रण ना हो जितना आप चाहते हैं, तब क्या कर सकते हैं। याद रखिए, अगर आप यह ना चुन सकते हों कि आप किस पर काम करेंगे, तब भी आप यह चुन सकते हैं कि आप उस पर कैसे काम करेंगे। परिणाम तो हमेशा आपके हाथ में नहीं होता, लेकिन प्रक्रिया और निश्चित रूप से आपकी मनोदशा अक्सर आपके ही हाथ में होती है।

3

पीपुल (लोग)

क्या आपने कभी गौर किया कि कुछ ख़ास लोगों के साथ हैंग आउट करने या काम करने के बाद, आपको ऐसा महसूस होता है कि आप सारी दुनिया से निपट सकते हैं? ये वही लोग होते हैं जो आपकी आत्मा का उत्थान करते हैं, और आपको ऊर्जा से भर देते हैं। आप उनके आसपास रहना चाहते हैं।

दूसरी तरफ़, आपका सामना शायद ऐसे लोगों से भी हुआ होगा जो हर बातचीत के बाद आपको ख़ाली और थका हुआ महसूस कराते हैं। ऐसा लगता है, जैसे वे आपकी मनोदशा और प्रेरणा पर असर डालते हैं। लोग उनसे प्लेग की तरह बचना सीख जाते हैं, और जल्द ही सीख जाते हैं।

मेरा एक दोस्त इस बाद वाले समूह को 'ऊर्जा पिशाच' कहता है। वे सामाजिक स्थिति से जीवन-तत्व ही चूस लेते हैं और आस-पास के सभी लोगों को थका हुआ बनाकर छोड़ देते हैं। जब मैंने पहली बार 'ऊर्जा पिशाच' शब्द सुना, तो मुझे लगा कि यह थोड़ा कठोर और थोड़ा काल्पनिक है। लेकिन उसकी बात सही थी।

वैज्ञानिक 'संबंधपरक ऊर्जा' से लंबे समय से परिचित हैं, जिसका मतलब है : यह तथ्य कि दूसरों के साथ हमारी बातचीत हमारे मनोदशा पर गहरा प्रभाव डाल सकती है। 2003 में एक अध्ययन में, मनोविज्ञान के प्रोफ़ेसर रॉब क्रॉस, वेन बेकर और एंड्रयू पार्कर ने 'ऊर्जा मानचित्र' की अवधारणा पेश की। उन्होंने कुछ बड़ी फ़र्मों में सलाहकारों और प्रबंधकों के साथ काम किया और यह पता लगाया कि कौन किसके साथ काम करता है, और किसी ख़ास व्यक्ति का दूसरे लोगों के ऊर्जा स्तर पर क्या असर पड़ता है। उनकी खोज? इस बात पर प्रमुख सहमति थी कि

बड़े संगठनों के स्तर पर भी, कौन ऊर्जा देने वाला है (और कौन ऊर्जा चूसने वाला है)। कुछ लोग आस-पास वालों के लिए कतई भयावह सपने की तरह होते हैं।

बाद के सालों में, संबंधपरक ऊर्जा संगठनात्मक विज्ञान की सबसे चर्चित अवधारणाओं में शामिल हो गई। 'किसी और के साथ बातचीत के प्रत्यक्ष नतीजे के रूप में अनुभव की जाने वाली सकारात्मक भावना और बढ़ी हुई संसाधनशीलता की भावना' के रूप में मानी जाने वाली, संबंधपरक ऊर्जा जहाँ साल 2010 में केवल आठ अध्ययनों का विषय थी; जबकि 2018 तक यह संख्या अस्सी के क़रीब पहुँच चुकी थी।

तो, संबंधपरक ऊर्जा हमें हमारा अंतिम ऊर्जादाता यानी पीपुल (लोग) मुहैया कराती है। जैसा कि 2003 के उस अध्ययन से पता चला, लोग हमारी मनोदशा को बेहतर बना सकते हैं और हमें अधिक उत्पादक बना सकते हैं। हालाँकि यह कोई निश्चित बात नहीं है। इसके लिए इस बारे में गहन सोच-विचार की ज़रूरत है कि हम एक-दूसरे से किस तरह से कनेक्ट होते हैं। इस अध्याय में, हम तमाम तरीक़ों का पता लगाएँगे जिनसे हम अपने आप को उन लोगों के साथ रख सकते हैं ताकि हम ज़्यादा ऊर्जावान महसूस कर सकें और ज़्यादा बड़े काम कर सकें।

अपना दृश्य पहचानिए

लोगों के फ़ील-गुड प्रभावों के बारे में हमारी पहली समझ 1970 के दशक के ग्लैम रॉक की दुनिया से बनती है।

नए दशक की शुरुआत हो रही थी, और ब्रायन एनो संतुष्ट औसत दर्जे के जीवन की ओर बढ़ता दिख रहा था। हाल ही में विनचेस्टर स्कूल ऑफ़ आर्ट से स्नातक होने के बाद वह हाल के सालों में कुछ म्यूज़िक प्रोजेक्ट्स में शामिल रहा था। उसका काम ऑड आर्ट रॉक बैंड में ड्रम बजाना और अपने ख़राब हो चुके टेप रिकॉर्डर पर विचित्र गाने रिकॉर्ड करना था - लेकिन कुछ भी ख़ास नहीं हुआ। वह लंदन के रॉक वर्ल्ड में पसंद किए जाने वाले लेकिन किनारे खड़े प्लेयर के जीवन के लिए तैयार लग रहा था।

और तब, 1971 में एक दिन एक स्थानीय संगीतकार से हुई एक आकस्मिक मुलाक़ात ने सब कुछ बदल दिया। एनो ट्रेन का इंतज़ार कर रहा था, तभी उसकी मुलाक़ात एक परिचित, सैक्सोफ़ोनिस्ट एंडी मैके से हुई। एंडी मैके ने उसे एक स्थानीय क्लब में आमंत्रित किया, जहाँ उसका कार्यक्रम था। जब एनो कार्यक्रम में पहुँचा, तो माहौल उत्साह से भरा हुआ था : भीड़ बेहद जोश में थी और वहाँ की ऊर्जा ने एनो को जकड़ में ले लिया। बाद में, उसने मैके के साथ हुई इस आकस्मिक

मुलाक़ात के बारे में कहा था, 'अगर मैं प्लेटफ़ॉर्म पर दस गज आगे चला जाता, या ट्रेन छूट जाती, या अगली बोगी में होता, तो शायद मैं अब कोई आर्ट टीचर होता।'

इसके बजाय, एनो ने ख़ुद को एक जीवंत और रोमांचक संगीत के माहौल में पाया। उसके बाद के सप्ताह में, वह अपने मिलने वालों से संगीत के बारे में ही बात करता – और उसने पाया कि वह अपने जीवन की सबसे बेहतरीन कला का रचना कर रहा है। मैके के साथ मिलकर उसने प्रभावशाली ग्लैम रॉक बैंड रॉक्सी म्यूज़िक की स्थापना की – और पिछली सदी के सबसे प्रमुख संगीतकारों और निर्माताओं में शामिल हुए।

सालों बाद, एनो अपने करियर की शुरुआत के समय के संगीत प्रेमियों के उस अद्भुत समुदाय की अहमियत पर विचार कर रहा था। उसने देखा कि उसके समय के सभी सबसे नए और ज़मीनी संगीतकार अलग-थलग काम नहीं कर रहे थे; वे कलाकारों, निर्माताओं और प्रशंसकों के एक बड़े दृश्य का हिस्सा थे, जो सभी एक-दूसरे को नई आवाज़ों और विचारों की तलाश के लिए प्रेरित करते रहते थे। एनो ने सामूहिक दृश्य के जीनियर की खोज की थी, जिसे उसने *सीनियस* नाम दिया था।

मैंने सीनियस के प्रभावों का प्रत्यक्ष अनुभव किया है। मेडिकल स्कूल में एक बात मुझे पसंद नहीं थी, वह थी प्रतिस्पर्धा की भावना। हर कोई उच्चतम ग्रेड, अकादमिक पुरस्कार, रेजीडेंसी प्रोग्राम में बेस्ट स्लॉट पाने की कोशिश कर रहा था। कुछ लोगों ने इस प्रतिस्पर्धी मानसिकता को थोड़ा और आगे बढ़ा दिया था। मेरा एक परिचित लड़का लाइब्रेरी से एक ही पाठ्यपुस्तक की कई प्रतियाँ इश्यू करा लेता था ताकि कोई दूसरा उसका उपयोग ना कर पाए। ऐसे परिवेश लोगों को अपने जीवन को एक ज़ीरो-सम गेम के रूप में देखने के लिए प्रोत्साहित करते हैं : उनके जीतने के लिए, दूसरों को हारना पड़ता है।

हालाँकि अपने साथियों के साथ अपने रिश्ते के बारे में सोचने का एक तरीक़ा और भी है, जो आख़िरकार मैंने सीख लिया था। मेडिकल स्कूल में कोई प्रतिस्पर्धा नहीं थी। हम सभी एक ही दृश्य का हिस्सा थे। इस तथ्य को समझकर ही, हम वह सहयोग मिला, जो हमें अकेले कभी नहीं मिल सकता था।

प्रयोग 1 :

कॉमरेड मानसिकता

सीनियस की यह भावना हम अपने दैनिक जीवन में कैसे बना सकते हैं? इसका उत्तर एक बारीक़ बदलाव से शुरू होता है : टीमवर्क से हमारे तात्पर्य का फिर से मूल्यांकन करना।

जब कोई 'टीमवर्क' शब्द बोलता है तो हमारे मन में कुछ ख़ास व्यवहारों की छवियाँ बनती हैं, जैसे – काम का सही तरह से बँटवारा, या किसी के मुश्किल में फँसने पर उसकी मदद करना। यह निश्चित ही इसका हिस्सा है। हालाँकि टीमवर्क को समझने का एक तरीक़ा और भी है : इसे करने के तरीक़े के रूप में कम, बल्कि सोचने के तरीक़े के रूप में ज़्यादा समझना चाहिए।

टीमवर्क मनोवैज्ञानिक अवस्था होने के साथ–साथ कार्यों को विभाजित करने का भी तरीक़ा है।

वैसे, यह सुझाव स्टैनफ़ोर्ड के प्रोफ़ेसर ग्रेगरी वाल्टन और प्रियंका कार का है। उन्होंने तर्क दिया है कि टीमवर्क मनोवैज्ञानिक अवस्था है, साथ ही कार्यों को विभाजित करने का तरीक़ा भी है। 2014 में प्रकाशित एक अध्ययन में, उन्होंने पैंतीस प्रतिभागियों को तीन से पाँच के समूहों में विभाजित किया। प्रयोगकर्ताओं के मिलने और अपना परिचय देने के बाद, उन्हें अलग–अलग कमरों में ले जाया गया। फिर वैज्ञानिकों ने प्रत्येक प्रतिभागी को एक पहेली दी और उनसे कहा कि वे इसे हल करने के लिए जितना चाहें, कम या ज़्यादा उतना समय ले सकते हैं।

कई मिनटों तक अपनी पहेलियों पर काम करने के बाद, सभी प्रतिभागियों को उन्हें हल करने के तरीक़े के बारे में हाथ से लिखी एक टिप भी मिली। सभी टिप्स एक जैसी थीं (और वास्तव में मददगार थी)। लेकिन एक बड़ा अंतर था। जब कुछ प्रतिभागियों को टिप दी गई, तो उन्हें बताया गया कि यह उनके लिए अध्ययन संचालित करने वाले वैज्ञानिक ने लिखी थी। दूसरे प्रतिभागियों को बताया गया कि इसे उनके लिए एक साथी प्रतिभागी ने लिखा था, जिनसे वे पहले मिल चुके थे।

इस छोटे–से अंतर ने प्रयोग के बारे में प्रतिभागियों की भावनाओं पर अहम प्रभाव डाला। जिन लोगों को बताया गया था कि टिप वैज्ञानिकों ने लिखी थी, उन्हें ऐसा महसूस होने की संभावना ज़्यादा थी कि वे बाक़ी प्रतिभागियों से पूरी तरह अलग तरीक़े से काम कर रहे थे। जब उनसे पूछा गया कि उन्होंने अध्ययन में क्या किया, तो कुछ ने जवाब दिया, 'मैंने एक पहेली की, जबकि अन्य लोगों ने भी वही पहेली की।' वे एक साथ नहीं, बल्कि समानांतर रूप से काम कर रहे थे।

इसके विपरीत, जिन लोगों को बताया गया कि टिप उनके साथी छात्र ने लिखी थी, उन्हें ऐसा महसूस होने की संभावना ज़्यादा थी कि वे दूसरों के साथ उस टीम में थे। उन्हें लगा कि वे 'एक दूसरे को टिप भेजकर समस्या हल करने के लिए किसी अदृश्य साथी का सहयोग करने की कोशिश कर रहे थे'। जब उनसे पूछा गया कि अध्ययन के दौरान उन्हें कैसा लगा, तो कुछ प्रतिभागियों ने लिखा, 'मुझे

लगता था कि मैं पहेली पर कड़ी मेहनत करने के लिए बाध्य हूँ ताकि अन्य लोगों को निराश ना होना पड़े।' वे अब समानांतर नहीं, बल्कि एक साथ काम कर रहे थे।

मानसिकता में इस सूक्ष्म परिवर्तन का अहम प्रभाव पड़ा। 'एक साथ' समूह के प्रतिभागियों ने पहेली पर 48 प्रतिशत ज़्यादा समय तक काम किया। उन्होंने ऐसी मानसिकता विकसित की जिसे मैं कॉमरेड मानसिकता कहता हूँ। नतीजतन वे बेहतर काम कर रहे थे।

'समानांतर काम करने' और 'एक साथ काम करने' का ये सूक्ष्म अंतर मामूली लग सकता है, लेकिन यह उस पहले उपकरण की ओर संकेत करता है जिसका इस्तेमाल हम लोगों के ऊर्जावान प्रभावों का दोहन करने के लिए कर सकते हैं। भले ही हम किसी कार्य को करने में अकेले हों, लेकिन हम ख़ुद को यह विश्वास दिला सकते हैं कि हम एक टीम का हिस्सा हैं – और ऐसा बड़ी आसानी से कर सकते हैं।

ट्रिक यह है कि आप जानबूझकर उन लोगों के बारे में सोचिए जिनके साथ आप अपनी टीम के हिस्से के रूप में काम कर रहे हैं। नीचे दी गई सूची देखिए। अपना ध्यान बाएँ कॉलम से हटाकर दाएँ कॉलम की तरफ़ ले जाने के लिए क्या करना होगा? अगर ये लोग प्रतिस्पर्धी ना होकर साथी हों तो कैसा लगेगा। अगर आप कोई कर्मचारी हैं, तो क्या आप अपने साथ काम करने के लिए लोगों को भर्ती कर सकते हैं और नैतिक समर्थन के लिए एक-दूसरे पर भरोसा कर सकते हैं? अगर आप कोई छात्र हैं, तो क्या आप अपने नोट्स साझा कर सकते हैं या रिवीज़न करने के तरीक़े समूहों में खोज सकते हैं?

प्रतिस्पर्धा मानसिकता	**कॉमरेड मानसिकता**
'तुम जीतो, मैं हारता हूँ'	'तुम जीतो, मैं जीतता हूँ'
'मेरी सफलता'	'हमारी सफलता'
'मैं दूसरों से आगे निकलकर उठता हूँ।	'हम दूसरों को उठाकर उठते हैं'

वाल्टन ने भी निष्कर्ष निकाला था कि, 'केवल यह महसूस करना लोगों को चुनौतियों का सामना करने के लिए अधिक प्रेरित करता है कि आप किसी टास्क पर काम करने वाले लोगों की टीम का हिस्सा हैं।' जब हालात कठिन हो

जाते हैं, तो शत्रुओं पर हावी होने की तुलना में दोस्तों का सहारा लेना बेहतर होता है।

प्रयोग 2 :

समकालिकता खोजिए

निस्संदेह, ऐसे भी क्षण होते हैं जब सहयोग करने के लिए लोग नहीं मिलते। कभी-कभी, ख़ुद को कैंपस के दूसरी तरफ़ (दुनिया की तो बात ही छोड़िए) एक ही टीम के हिस्से के रूप में काम करने वाले लोगों के बारे में सोचने पर मजबूर करना मुश्किल हो सकता है। कभी-कभी, हमारे साथी ही परेशान करने वाले निकल आते हैं।

ऐसे क्षणों में, हम एक अन्य उपकरण का इस्तेमाल कर सकते हैं, जो मुझे पहली बार कैनेडा की रायर्सन यूनिवर्सिटी में तीन शिक्षाविदों के बेहद चतुर अध्ययन के जरिए मिला था। 2017 के एक शोधपत्र में, इन शिक्षाविदों ने टीम-वर्क के विज्ञान की पड़ताल करने के लिए 100 छात्रों का समूह बनाया। छह के समूहों में विभाजित करने के बाद, छात्रों को हेडफ़ोन दिए गए और उन्हें संगीत की धुन पर टेबल पर अपना हाथ थपथपाने के लिए कहा गया। छह के कुछ समूहों को संक्षेप में एक ही संगीत की धुन दी गई - इसलिए वे मिलकर ताल दे रहे थे। छह के अन्य समूहों में, तीन के दो उप-समूहों को ताल देने के लिए एक ही संगीत दिया गया। आख़िर में, कुछ लोगों को छह पूरी तरह से अलग साउंडट्रैक दिए गए, इसलिए उनमें बिलकुल भी तालमेल नहीं था।

उसके बाद, हेडफ़ोन हटा दिए गए, और कुछ नया सामान दिया गया। प्रत्येक प्रतिभागी को अब दस टोकन बाँटने के लिए दिए गए, जिसके बारे में उन्हें बताया गया कि बाद में उन्हें असली पैसों में बदल दिया जाएगा। वे उन्हें किसे देना चाहते हैं?

वैज्ञानिकों की दिलचस्पी इस बात की पड़ताल करने में थी कि 'तालमेल' वाले प्रतिभागियों के बीच भाईचारे की भावना कितनी थी। और उन्होंने पाया कि संगीत के तालमेल के स्तर ने सब कुछ बदल दिया था। जब प्रतिभागियों ने तीनों के साथ तालमेल में अँगुलियाँ थपथपाने में समय बिताया, तो वे तीनों को पैसे देना चाहते थे। हालाँकि कुछ मिनटों के लिए छह का एक समूह बनाने पर अगर इन तीनों में से दो ने तालमेल में थपथपाया था - तो सदस्यों के सभी छह को दान देने की संभावना ज़्यादा थी।

समकालिकता हमें दूसरों की मदद करने के लिए प्रेरित करती है। और यह हमें ख़ुद की मदद करने के लिए भी प्रेरित करती है।

इसका दूसरे लोगों के फ़ील-गुड प्रभावों से क्या वास्ता है? ख़ैर, यह हमें टीमवर्क की भावना पैदा करने के बारे में कुछ पावरफुल बातें बताता है। जब हम दूसरे लोगों के साथ संगत बनाकर काम करते हैं, तो हम ज़्यादा प्रोडक्टिव होते हैं। समकालिकता हमें दूसरों की मदद करने के लिए प्रेरित करती है। और यह हमें ख़ुद की मदद करने के लिए भी प्रेरित करती है।

इसके निहितार्थ सरल हैं : अगर हम लोगों के फ़ील-गुड प्रभावों का लाभ उठाना चाहते हैं, तो ऐसे लोगों को खोजने का प्रयास करना चाहिए जिनके साथ संगत में काम किया जा सके - भले ही हम एक ही कार्य पर सक्रिय रूप से सहयोग ना कर रहे हों। इस पुस्तक को लिखने के दौरान, मैं अक्सर लंदन राइटर्स सैलून जाता था, जो राइटर्स ऑवर नामक एक मुफ़्त और दूरस्थ सह-कार्य समूह चलाता है। हर साप्ताहिक दिन में चार बार, कुछ सौ लेखक (और कुछ ग़ैर-लेखक) जूम वीडियो कॉल पर मिलते हैं। सूत्रधार पाँच मिनट का कोई प्रेरक संदेश देता है और प्रतिभागियों से ऑनलाइन चैट में पोस्ट करने के लिए कहता है कि उनके लेखन सत्र के लिए उनका इरादा क्या होने वाला है। फिर, पचास मिनट तक, हर कोई अपनी जूम विंडो को छोटा करके अपने कंप्यूटर पर काम करने लगता है।

मुझे लगता है कि ये संगत सत्र ऊर्जा से भरपूर रहने के लिए अविश्वसनीय रूप से मददगार होते हैं। भले ही हम सभी अलग-अलग चीज़ों पर काम कर रहे हों, लेकिन दूसरों के साथ मिलकर काम करने से मेरी एकाग्र होने की क्षमता पर बहुत ज़्यादा फ़र्क़ पड़ता है, और इससे मुझे बेहतर महसूस करने में भी सहायता मिलती है।

सहायता करने वाले के उत्साह को महसूस कीजिए

मैंने उन वर्चुअल लेखन सत्रों में कुछ और भी नोटिस किया। समय के साथ-साथ, मैं अपने समूह के अन्य लोगों को जानने लगा; जल्द ही, हम जूम पर एक-दूसरे को सहायता के लिए मैसेज भेजने लगे। और इससे मैं आख़िरकार संबंधपरक ऊर्जा के दूसरे आयाम तक पहुँच गया, जो सहायता देने और लेने का प्रभाव था।

यह ऐसा प्रभाव है जिसे सबसे अच्छी तरह से एलन लुक्स समझते हैं। न्यू यॉर्क सिटी के बिग ब्रदर्स बिग सिस्टर्स के हेड के रूप में, लुक्स हज़ारों स्वयंसेवकों और कर्मचारियों के नेटवर्क के प्रभारी थे, जो न्यू यॉर्क सिटी में युवाओं के जीवन

को बेहतर बनाने के लिए समर्पित थे। काम मुश्किल था, और अक्सर परेशान करने वाला भी। उनका संगठन वयस्क परामर्शदाता को ऐसे बच्चों और किशोरों से मिलाता था, जो अक्सर बड़े पारिवारिक संकट झेल रहे होते थे – कारावास से लेकर नशे की लत और आत्महत्या तक की स्थिति में थे। लुक्स परामर्श के महत्त्व और युवा लोगों पर इसके प्रभाव को लेकर भावुक थे, लेकिन काम तो यह ही था।

और तब भी बिग ब्रदर्स बिग सिस्टर्स में काम करते-करते कई साल हो गए, तो लुक्स को कुछ अजीब लगने लगा। हाँ, उनके वॉलेंटियर जो कुछ अनुभव करते थे, उससे वे थक जाते थे, परेशान हो जाते थे। हालाँकि ज़्यादातर समय, वे सबसे कठोर परामर्श सत्रों से भी बेहद ऊर्जावान होकर निकलते थे। लुक्स को अहसास होने लगा था कि देने का काम ना केवल मदद पाने वाले लोगों के जीवन को बदल सकता है, बल्कि वॉलेंटियरों के जीवन को भी बदल सकता है।

इस घटना से प्रभावित होकर, अगले कुछ सालों में उन्होंने ऐसे हजारों वॉलेंटियरों का साक्षात्कार लिया, जिन्हें दूसरों की मदद करने का अनुभव था। उन सभी ने कहा कि उन्होंने यह काम इसलिए चुना था, क्योंकि, कुछ हद तक, इससे उन्हें बहुत अच्छा महसूस होता था। उन्होंने पाया कि 95 प्रतिशत वॉलेंटियरों ने अपनी सेवा के फलस्वरूप ज़्यादा ख़ुश, ज़्यादा संतुष्ट और ज़्यादा ऊर्जावान महसूस करना बताया।

ऐसा क्यों हो रहा था? लुक्स के रिसर्च से पता चला कि जब हम दूसरों की मदद करते हैं, तो हमारे दिमाग़ में रसायनों की बाढ़ सी आ जाती है जो प्राकृतिक उत्साह पैदा करते हैं। ऑक्सीटोसिन जैसे फ़ील-गुड हार्मोन हमारे शरीर में तेज़ी से बढ़ते हैं, जिससे सकारात्मक ऊर्जा की लहर पैदा होती है जो मदद ख़त्म होने के बाद भी घंटों या कई बार कई दिनों तक बनी रह सकती है।

लुक्स ने महसूस किया कि 'सहायता करने वाले का उत्साह' अहसास मात्र नहीं था। यह विकास, सामाजिक बदलाव और, मैं यह भी जोड़ना चाहूँगा कि, फ़ील-गुड प्रोडक्टिविटी के लिए पावरफुल उपकरण था। यह दूसरा तरीक़ा है जिससे हम दूसरे लोगों के फ़ील-गुड प्रभावों का इस्तेमाल अपने लिए कुछ ज़्यादा अहम करने के लिए कर सकते हैं।

प्रयोग 3 :

दया के कभी-भी किए जाने वाले कार्य

जब मैं डॉक्टरी करता था, तो जब भी मुझे मरीज़ों को देखने के बीच कुछ मिनट मिलते थे, तो मैं उठकर अपने लिए एक कप चाय बना लेता था।

एक स्तर पर तो, यह स्वार्थ का काम था; मैं, शायद ब्रिटेन का प्रमुख चाय प्रेमी हूँ। लेकिन मेरी आधी नजर अपनी बड़ी टीम पर भी रहती थी। रसोई में जाते समय भी मैं नर्सिंग ऑफ़िस में अपना सिर घुसाता और पूछता कि वहाँ मौजूद हर किसी से चाय के लिए पूछ लेता था। इस छोटे से काम का टीम के मनोबल पर अजीब तरह से बड़ा प्रभाव पड़ता था। मुझे अच्छी तरह से याद है कि कोविड महामारी के चरम पर मैंने एक सीनियर नर्स जूली को एक कप चाय ऑफ़र की थी तो वह ऐसी दिख रही थी जैसे मैंने उसे अभी-अभी लॉटरी का विनिंग टिकट ऑफ़र कर दिया हो। यह सब एक सामान्य टीबैग, थोड़े-से गर्म पानी और संकट के दौर में दुर्लभ हो चुके दूध की चंद बूँदों से संभव हुआ था।

दयालुता के ये कभी-कभी किए जाने वाले कार्य हमारे दैनिक जीवन में सहायक के उत्साह को शामिल करने का पहला तरीक़ा मुहैया कराते हैं। आप जो भी कर रहे हैं, उसे रोककर और कभी-कभी लोगों की सहायता करके, आप अपने एंडोर्फ़िन के स्तर को बढा सकते हैं और ज़्यादा मेहनत करने में ख़ुद की मदद कर सकते हैं।

निस्संदेह चाय ही दया का एकमात्र ऐसा काम नहीं है। आप अपनी स्थिति के हिसाब से दया को हर दिन अपना सकते हैं। मान लीजिए कि आप किसी ऑफ़िस में काम करते हैं। क्या आपने देखा है कि आपके आस-पास कोई इंसान ऊबा हुआ या थोड़ा थका-था दिख रहा है? तो क्यों ना आप उसे अपने डेस्क पर सैंडविच खिलाने के बजाय लंच के लिए बाहर ले जाएँ?

या शायद आप सुपरमार्केट में हैं और आपके पीछे कोई आदमी तनाव में दिख रहा है। शायद उसके छोटे बच्चे होंगे। तो क्यों ना आप उसे क़तार में अपने आगे जाने दें?

या मान लीजिए कि किसी ने आपके लिए दया का कोई छोटा-बड़ा काम किया है; उसने व्यस्त समय में आपकी टु-डू सूची में शामिल कोई टास्क कर दिया है। तो क्यों न उसे व्यक्तिगत रूप से थैंक-यू नोट लिख दें?

दया के ऐसे कई अनियोजित काम होते हैं। मसलन, किसी सहकर्मी को ड्रिंक देना, किसी दोस्त को थैंक-यू नोट लिखना, किसी अजनबी को लाइन में अपनी जगह देना आदि। ये सभी छोटी-मोटी बातें हैं, लेकिन सभी सूक्ष्म रूप से रूपांतरकारी भी हैं।

प्रयोग 4 :

दूसरों से सहायता माँगिए

सहायक का उत्साह हमें यह भी दिखाता है कि दूसरों से सहायता माँगना वास्तव में उनके लिए कोई उपहार हो सकता है, ना कि कोई बोझ है जैसा हम आमतौर पर मान लेते हैं।

अमेरिका के बहुविद संस्थापक जनक बेंजामिन फ्रैंकलिन की युवावस्था के अनुभव की समझ थी, जिन्होंने अपने 84 साल के जीवन में, शासन कला के स्वरूप को दार्शनिक रूप दिया, फ़िलाडेल्फ़िया का पहला अग्निशमन विभाग स्थापित किया, और अमेरिकी स्वतंत्रता की घोषणा पर हस्ताक्षर किए थे। हालाँकि, 1737 में, यह सब उनके लिए यह सब कर पाना बहुत दूर की बात थी। फ्रैंकलिन पेंसिल्वेनिया असेंबली का दोबारा चुनाव लड़ रहे थे। एक प्रतिद्वंद्वी विधायक उनके बारे में कुछ अप्रिय बातें कह रहा था। उसके विचार फ्रैंकलिन से बिलकुल विपरीत थे, और उनके बीच तनावपूर्ण और अक्सर ठंडा-सा रिश्ता था।

फ्रैंकलिन को उस व्यक्ति के अपने ख़िलाफ़ के प्रचार अभियान को रोकने की सख़्त ज़रूरत थी; इससे उनके फिर से चुनाव के दावे को नुक़सान पहुँचने का ख़तरा था। हालाँकि वह किसी ऐसे व्यक्ति को कैसे समझा सकते थे जो उनसे किसी भी बात पर सहमत नहीं था? उन्होंने अपनी आत्मकथा में बताया कि इसका जवाब उससे किताब माँगना था। फ्रैंकलिन ने लिखा, 'जब मैंने सुना कि उसकी लाइब्रेरी में एक बहुत ही दुर्लभ और रोचक पुस्तक है, तो मैंने उसे एक नोट लिखा, जिसमें मैंने उस पुस्तक को पढ़ने की इच्छा जताई और आग्रह किया कि वे मुझे कुछ दिनों के लिए वो पुस्तक देने का उपकार करें।' फ्रैंकलिन को तब बड़ा आश्चर्य हुआ जब उनके प्रतिद्वंद्वी ने वह पुस्तक तुरंत भेज दी। जब फ्रैंकलिन ने पुस्तक लौटाई, तो उन्होंने साथ में एक नोट भी दिया जिसमें उन्होंने बताया कि उन्हें यह पुस्तक कितनी पसंद आई।

इसका उनके रिश्ते पर आश्चर्यजनक रूप से गहरा प्रभाव पड़ा। फ्रैंकलिन ने लिखा, 'जब हम अगली बार सदन में मिले, तो उसने मुझसे बात की (जो उसने पहले कभी नहीं की थी), और बहुत ही शालीनता के साथ बात की।' 'और उसके बाद उसने हमेशा हर मौक़े पर मेरी सहायता करने की इच्छा दिखाई, जिससे हम अच्छे दोस्त बन गए और हमारी दोस्ती उसके निधन तक बनी रही।'

पुस्तक माँगने के इस छोटे-से काम ने फ्रैंकलिन के प्रतिद्वंद्वी और ख़ुद फ्रैंकलिन पर बहुत बड़ा प्रभाव डाला। वह व्यक्ति इस काम से इतना चकित हुआ कि उसने फ्रैंकलिन को नए तरीक़े से देखना शुरू कर दिया। वह इस तथ्य को

स्वीकार नहीं कर सका कि उसने किसी ऐसे इंसान की मदद की है जिससे वह असहमत था। नतीजतन, फ्रैंकलिन के प्रति उस आदमी का रवैया बेहतर होने लगा।

इस अवधारणा को आज 'बेंजामिन फ्रैंकलिन इफ़ेक्ट' के रूप में जाना जाता है। इसके मुताबिक़ जब हम किसी से मदद माँगते हैं, तो यह संभावना है कि वह हमारे बारे में बेहतर सोचेगा। यह दूसरों की सहायता करने के रूपांतरकारी प्रभावों का दूसरा पक्ष है : हम दूसरों से हमारी सहायता करने के लिए कह सकते हैं, जिससे उन्हें भी बेहतर महसूस करने में सहायता मिलेगी।

यह अफ़सोस की बात है कि हममें से ज़्यादातर लोग सहायता माँगने में कुशल नहीं होते हैं। हमें किसी सहकर्मी से कोई अहम जानकारी लेनी हो सकती है, लेकिन उसे 'परेशान' करने के बजाय, हम ख़ुद ही उसका पता लगाने की कोशिश करते रहते हैं, इस प्रक्रिया में समय बर्बाद करते रहते हैं। अथवा हम कक्षा में किसी ख़ास समस्या से जूझ रहे हों, लेकिन नासमझ दिखने के डर से अपने बगल वाले व्यक्ति या यहां तक कि शिक्षक से भी मदद नहीं लेना चाहते।

तो हम मदद माँगना कैसे सीखें – कोई तो ऐसा तरीक़ा हो जिससे लोग हमसे घुलमिल जाएँ, ना कि दूर हो जाएँ? चलिए, इसके भी कुछ तरीक़े हैं। सबसे पहले, हमें सहायता माँगने की अपनी अनिच्छा पर क़ाबू पाना होगा। ऐसा करने का सबसे आसान तरीक़ा बस एक कहावत को अपनाना है : लोग आपके अनुमान से ज़्यादा मदद करने के लिए उत्सुक होते हैं। हमने अब तक बार-बार देखा है कि दूसरों को हँसाना, कुछ सिखाना और मार्गदर्शन करना कितना ऊर्जाकारी हो सकता है। तब भी, हममें से बहुत से लोग यह बात ठीक से नहीं समझते है कि दूसरे लोग हमारी मदद करने के लिए कितने इच्छुक हैं। शिक्षाविदों फ्रांसिस फ़्लिन और वैनेसा बोन्स के मुताबिक़, लोग इस संभावना को 50 प्रतिशत तक कम मानकर चलते हैं कि दूसरे लोग हमारी मदद करने के लिए सहमत होंगे।

दूसरा, अनुरोध के तरीक़े पर सही तरह से विचार कीजिए। विशेष रूप से, आमने-सामने मदद माँगने की पूरी कोशिश कीजिए। वर्चुअली मदद माँगने से सब कुछ और मुश्किल हो जाता है। 2017 के एक अध्ययन में, बोन्स ने पाया कि 'सहायता चाहने वालों ने माना कि ईमेल के जरिए अनुरोध करना व्यक्तिगत रूप से अनुरोध करने जितना ही प्रभावी होगा; जबकि असल, व्यक्तिगत रूप से मदद माँगना लगभग चौंतीस गुना ज़्यादा असरकारक था'।

अंत में, सुनिश्चित कीजिए कि आप सही भाषा का इस्तेमाल करें। 'मुझे आपसे यह पूछते हुए बहुत बुरा लग रहा है...' जैसे नकारात्मक वाक्यों का इस्तेमाल करने से बचिए। 'अगर आप मेरी मदद करते हैं, तो मैं आपके लिए यह करूँगा' जैसी बातें कहकर इसे लेन-देन का मसला ना बनाएँ। इसके बजाय, सलाह

के लिए उस ख़ास व्यक्ति के पास जाने के सकारात्मक कारणों पर जोर दीजिए : 'मैंने X, Y, Z पर आपका काम देखा और वह मुझे सच में बहुत अच्छा लगा। मुझे यह सुनना अच्छा लगेगा कि आपने A, B, C कैसे किया।' जिस व्यक्ति की आप प्रशंसा करते हैं, उसके सकारात्मक पहलुओं पर जोर देंगे, तो उसे लगेगा कि आप सच में उसकी राय को महत्त्व देते हैं – और उसके आपकी मदद करने की संभावना ज़्यादा बनेगी।

यह अंतिम समझ काफी अहम है। जब मदद माँगने का तरीक़ा सही ढंग से तैयार किया जाता है, तो मदद माँगने से आप जिस इंसान से मदद माँग रहे हैं, वह भी उतना ही अच्छा महसूस करता है, जितना आप उसकी मदद से करते हैं। अगर आप बेंजामिन फ्रैंकलिन इफ़ेक्ट की पावर का लाभ उठाना चाहते हैं, तो आपको बिना किसी बदले की भावना के, मदद माँगने का हरसंभव प्रयास करना चाहिए।

अत्यधिक संवाद

जब मैंने पहली बार अपना व्यवसाय आरंभ किया था, तो मुझे संवाद की ज़रूरत से सबसे ज़्यादा जूझना पड़ा था। सटीक रूप से कहूँ तो, यह बेहद ज़रूरी था।

ज़ाहिर है कि मुझे मालूम था कि जानकारी शेयर करना ज़रूरी होता है। हालाँकि मुझे यह अहसास नहीं था कि मुझे कितना संवाद करने की ज़रूरत है। आख़िरकार मुझे अहसास हुआ जिसके लिए आमतौर पर लंबे समय से पीड़ित मेरी टीम का मददगार सुझावों के लिए धन्यवाद। मुझे अहसास हुआ कि बहुत ज़्यादा आत्मविश्वासी होने के मेरे भय ने मुझे पर्याप्त संवाद नहीं करने दिया। मैं वह सकारात्मक या नकारात्मक प्रतिक्रिया नहीं दे रहा था जो मेरी टीम के ज़्यादातर सदस्य वास्तव में चाहते थे। यह सामान्य घटना है। संवाद की ज़रूरत को कम आँकने की तुलना में इसे ज़्यादा आंकने की अधिक संभावना रहती है।

जब आपको लगता है कि आपने पर्याप्त संवाद कर लिया है, तो लगभग तय मानिए कि आपने ऐसा नहीं किया है।

तो, जहाँ लोगों को साथ लाने के बारे में बताने वाली ज़्यादातर पुस्तकें संवाद पर केंद्रित होती हैं, वहीं मैं अत्यधिक संवाद की पावर पर ध्यान केंद्रित करना चाहता हूँ। जब आपको लगता है कि आपने पर्याप्त संवाद कर लिया है, तो लगभग तय मानिए कि आपने ऐसा नहीं किया है। टीम के अलग-अलग सदस्य साझा की गई जानकारी को अलग-अलग तरीक़ों से समझ सकते हैं या उनके संदर्भ या समझ के

स्तर ही अलग-अलग हो सकते हैं। अत्यधिक संवाद का मतलब है जानबूझकर उस न्यूनतम सीमा से आगे जाना जो आपको ज़रूरी लगती, और नतीजतन बिलकुल सही मात्रा में बताना। लेकिन ये हो कैसे?

प्रयोग 5 :

अच्छी ख़बर का संप्रेषण ज़्यादा कीजिए

एक स्वीडिश कहावत है : 'साझा की गई ख़ुशी दोगुनी ख़ुशी होती है; साझा किया गया दुख आधा दुख होता है।' जब कोई इंसान दूसरे के साथ अच्छी ख़बर साझा करता है, तो दोनों ही लोग ख़ुश होते हैं। और जब एक इंसान दूसरे के साथ कुछ दुखद जानकारी साझा करता है, तो साझा करने से कुछ दुख दूर हो जाता है।

अच्छी बातों को ज़्यादा से ज़्यादा संप्रेषित करने की पहली रणनीति, सकारात्मक समाचार साझा करने की है – और सकारात्मक समाचार पर उत्साहजनक तरीक़े से प्रतिक्रिया देने की है। यह साझा करने वाले और प्रतिक्रिया देने वाले दोनों की सहायता करता है। साझा करने वाले के लिए, सकारात्मक समाचार साझा करने का सरल काम सकारात्मक भावनाओं और मनोवैज्ञानिक कल्याण को बढ़ाता है। प्रतिक्रिया देने वाले के लिए, दूसरे व्यक्ति की उपलब्धियों पर गर्व और ख़ुशी जताने से सकारात्मक बातचीत को बढ़ावा मिलता है और रिश्ते को भी मजबूती मिलती है।

आत्म-सुदृढ़ीकरण सकारात्मक संवाद के इस रूप को मनोविज्ञान में पूँजीकरण या कैपिटलाइजेशन कहा जाता है। इस विषय पर एक शोधपत्र में पूँजीकरण के दो घटक बताए गए हैं। पहले हिस्से में कोई व्यक्ति (साझा करने वाला) किसी सकारात्मक घटना और उससे जुड़ी सकारात्मक भावनाओं के जरिए किसी और से जुड़ने की कोशिश करता है। उदाहरण के लिए, आप किसी मित्र के पास जाकर कह सकते हैं, 'अरे, आख़िरकार मेरी सेलरी बढ़ ही गई जिसका मैं इंतज़ार कर रहा था!' दूसरे हिस्से में, ख़ुश खबरी पाने वाला इंसान उत्साह और उत्तेजना के साथ सकारात्मक तरीक़े से प्रतिक्रिया देता है। तो वह कह सकता है, 'अरे वाह, यह बहुत बढ़िया रहा। मुझे पता है कि तुमने सेलरी बढ़ाने के लिए सच में कड़ी मेहनत की थी!'

शायद ये आसान काम हो। हालाँकि ज़रूरी नहीं कि इतना सीधा भी हो। क्योंकि, कैलिफ़ोर्निया यूनिवर्सिटी के मनोविज्ञान के प्रोफ़ेसर शेली गेबल के मुताबिक़, अच्छी ख़बर पर प्रतिक्रिया देने के तरीक़े अनगिनत हैं – और उनमें से सभी तो सकारात्मक नहीं हैं। हम इन्हें दो अक्षों पर गिरना मान सकते हैं। पहला, आपकी प्रतिक्रिया सक्रिय है या निष्क्रिय, और दूसरा, आपकी प्रतिक्रिया रचनात्मक है या विनाशक।

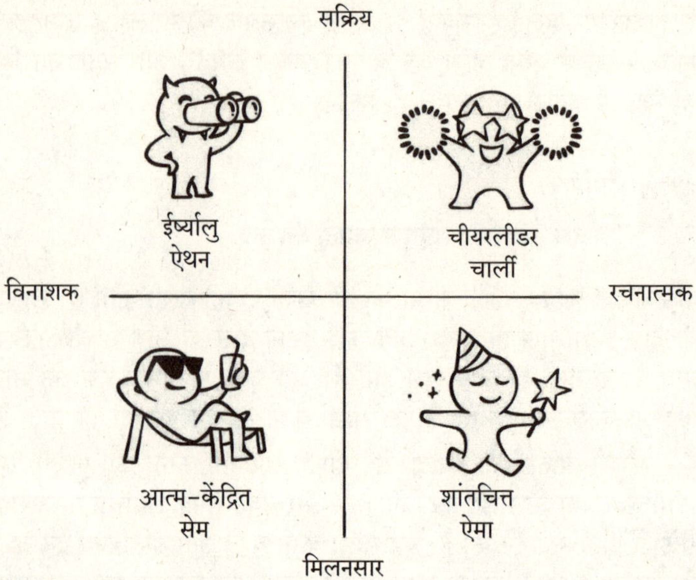

मान लीजिए कि आपका फ़्लैटमेट एक दिन घर लौटता है और आपको बताता है कि उसे एक नौकरी का ऑफ़र मिला है जिसके लिए वह कड़ी मेहनत कर रहा था। आगे बताया जा रहा है कि इस ख़बर पर चार अलग-अलग प्रतिक्रियाएँ कैसी लगेंगी:

- **चीयरलीडर चार्ली :** सक्रिय-रचनात्मक प्रतिक्रिया कुछ इस तरह होगी 'वाह, यह बहुत बढ़िया रहा! तुम इसके लिए बहुत लगे थे। मैं जानता था कि तुम ये मिल जाएगी!'
- **शांतचित्त ऐमा :** निष्क्रिय-रचनात्मक प्रतिक्रिया में कोई संयमित प्रतिक्रिया होगी, जैसे धीरे से सिर हिलाना और मुस्कराना, फिर कहना, 'गुड न्यूज़।'
- **ईर्ष्यालु ऐथन :** सक्रिय-विनाशक प्रतिक्रिया कुछ इस तरह की प्रतिक्रिया होगी जो आपके फ़्लैटमेट की सफलता को कमतर आँकेगी : 'अरे, इसका मतलब, तुम व्यस्त हो जाओगी और शाम को और वीकएंड पर बाहर घूमने नहीं जा सकोगे?'
- **आत्म-केंद्रित सैम :** निष्क्रिय-विनाशक प्रतिक्रिया मूल रूप से आपके फ़्लैटमेट की अच्छी ख़बर को अनदेखा करने की होगी : 'ठीक है, पर तुम्हें विश्वास नहीं होगा कि आज मेरे साथ क्या हुआ।'

गेबल और उसके सहयोगियों ने पाया कि सक्रिय-रचनात्मक तरीक़े से अच्छी ख़बर पर प्रतिक्रिया देने से अच्छी ख़बर साझा करने वाला ख़ुश होता है, और दोनों के बीच का रिश्ता मजबूत होता है। वास्तव में, 2006 के एक अध्ययन में, शोधकर्ताओं ने डेटिंग करने वाले उनहत्तर जोड़ों का वीडियो बनाया ताकि यह परखा जा सके कि उन्होंने एक-दूसरे के साथ अच्छी ख़बर और बुरी ख़बर पर चर्चा किस तरह से की थी। ऐसा पता चला कि प्रतिभागियों के अपने साथी की ख़ुशख़बरी पर प्रतिक्रिया देने के ढंग से इस बात का सबसे मजबूत पूर्वानुमान लगा कि वे कितने समय तक साथ रहेंगे और वे उन रिश्तों में कितने ख़ुश हैं।

इसलिए लोगों की जीत का जश्न मना सकना मायने रखता है। और ऐसा करने का सबसे अच्छा तरीक़ा, सभी अच्छी ख़बरों के लिए सक्रिय-रचनात्मक दृष्टिकोण अपनाने का है।

सौभाग्य से, यह ऐसी चीज़ है जिसे हम सीख सकते हैं। पहला क़दम दूसरे व्यक्ति की ख़ुशख़बरी पर अपनी ख़ुशी और आनंद को महसूस करने और दिखाने का होता है। 'यह बहुत अच्छी ख़बर है' और 'मैं इससे ज़्यादा ख़ुश नहीं हो सकता!' जैसे वाक्यों का इस्तेाल कीजिए।

इसके बाद, ख़ुशख़बरी साझा करने वाले को याद दिलाइए कि आपने उस प्रक्रिया को सक्रिय रूप से कैसे देखा था जिसके कारण ये ख़ुशख़बरी मिल सकी। आपने शायद देखा हो कि उसने उस नौकरी के साक्षात्कार की तैयारी के लिए कितनी मेहनत की थी, उसने क्वालिफ़ाइंग एक्ज़ाम के लिए कितने सप्ताह पढ़ाई की थी है, वह रिज़ल्ट का कितना वेट कर रहा था।

और सबसे बढ़कर, बिना उस पर उम्मीदों का बहुत ज़्यादा बोझ डाले, इस बात के लिए अपना आशावाद दिखाइए कि यह ख़ुशख़बरी उसके भविष्य को कैसे बदल सकती है। अगर किसी को तुरंत ही अपनी मनचाही नौकरी मिली है, तो उसे बताइए कि आप उसके आगे आने वाले अवसरों के लिए कितने उत्साहित हैं। अगर किसी ने अपना ख़ुद का व्यवसाय शुरू करने के लिए अपनी मामूली नौकरी छोड़ दी है, तो उसे बताइए कि आप उसके भविष्य के रोमांच को लेकर कितने उत्साहित हैं।

अत्यधिक संवाद ना केवल लोगों को प्रेरित करता है, बल्कि इससे आप भी प्रेरित होते हैं।

हर मोड़ पर अपने अत्यधिक संवाद को अच्छा और सकारात्मक बनाने तथा यथासंभव बेहतरी वाला बनाने की कोशिश कीजिए। अत्यधिक संवाद ना केवल लोगों को प्रेरित करता है, बल्कि इससे आप भी प्रेरित होते हैं।

प्रयोग 6 :

कम अच्छी ख़बरों का अत्यधिक संप्रेषण कीजिए

दूसरे लोगों के फ़ील-गुड इफ़ेक्ट्स का वास्तव में लाभ उठाने के लिए, हमें केवल अच्छी ख़बरें ही संप्रेषित नहीं करनी चाहिए। हमें बुरी ख़बरें भी बतानी चाहिए। दुर्भाग्य की बात है कि ये काम हम हमेशा अच्छी तरह से नहीं कर पाते।

समस्या यह है कि हम इंसान झूठ बहुत अच्छी तरह से बोल लेते हैं। ऐसा नहीं है कि हम हर दिन झूठ बोलते हैं; हम तो हर घंटे झूठ बोलते हैं। मैसाचुसेट्स यूनिवर्सिटी के मनोवैज्ञानिक रॉबर्ट फ़ेल्डमैन के 2002 में किए गए एक अध्ययन के अनुसार, 60 प्रतिशत लोग औसतन दस मिनट की बातचीत में कम से कम एक बार तो झूठ बोलते ही हैं।

निस्संदेह, ये सभी झूठ एक समान नहीं होते। ज़्यादातर झूठ तो मामूली होते हैं और अच्छे इरादों से बोले जाते हैं – जैसे किसी दोस्त से यह कहना कि आपको उसका नया ट्रेनर पसंद हैं, जबकि वह आपकी स्टाइल का है नहीं, या अपनी माँ को यह यक़ीन दिलाना कि रोस्ट चिकन क़तई *सूखा नहीं* है।

हालाँकि इसका एक नकारात्मक पहलू भी है। अच्छे इरादों से झूठ बोलना भी – शारीरिक रूप से प्रभावित करता है। झूठ बोलना लिंबिक सिस्टम की सक्रियता से जुड़ा होता है है, जो मस्तिष्क का वह क्षेत्र होता है जो फ़ाइट-ऑर-फ़्लाइट की प्रतिक्रिया शुरू करता है। जब हम ईमानदार होते हैं, तो मस्तिष्क का यह क्षेत्र न्यूनतम गतिविधि दिखाता है; जबकि हमारे झूठ बोलते समय, यह आतिशबाज़ी की तरह चमकने लगता है।

इस तरह के झूठ बोलने का कारण यह है कि ईमानदारी अक्सर लूज-लूज वाली स्थिति की तरह लगती है। अगर हम बहुत ईमानदार हैं तो हम हार जाते हैं क्योंकि हम मूर्ख लगते हैं। लेकिन अगर हम ईमानदार नहीं हैं तो भी हम हार जाते हैं क्योंकि हम असहज स्थिति में फँसने को लेकर नाराज़ महसूस करते हैं। यह उन लोगों के लिए मुश्किल होता है जिन्होंने अत्यधिक संवाद के सिद्धांत को अपनाया होता है : हमें बिना झूठ बोले बुरी बातें बताने की ज़रूरत है। क्या इसका कोई तरीक़ा है?

लेखक और सीईओ कोच किम स्कॉट के मुताबिक़, समाधान ईमानदार होना नहीं बल्कि *स्पष्ट* होना है। अपनी पुस्तक *रेडिकल कैंडर* में, स्कॉट लिखती हैं कि सख़्ती से स्पष्ट होने का मतलब व्यक्तिगत रूप से परवाह करने से है (यानी, जिस इंसान से आप बात कर रहे हैं उसकी सच में परवाह करने से है) और इसमें सीधे मुद्दे को चुनौती देना भी शामिल होता है। सख़्ती से स्पष्ट होने का मतलब किसी

मुद्दे को व्यक्तिगत बनाना नहीं है। इसका मतलब यह भी नहीं है कि आप सबसे बेहतर जानते हैं, और ना इसका मतलब यह है कि जो भी आपके दिमाग़ में आए, उसे बोल ही देना है। इसका मतलब है, अपनी राय सीधे साझा करना, लोगों की पीठे पीछे उनकी बुराई ना करना और अपने सहकर्मियों को यह बताना कि आपके दिमाग़ में क्या चल रहा है।

'ईमानदार' शब्द के बजाय 'स्पष्टवादी' शब्द चुनने कुछ बेहतर है। ईमानदार होने का मतलब होता है कि आप सच जानते हैं।

इसका अक्सर एक नैतिक अर्थ होता है जो लोगों को निराश कर सकता है (मेरे स्कूल के दोस्त जेम्स ने एक बार मेरी कार्ड ट्रिक्स की बेइज्जती करने के बाद कह दिया था कि 'मैं बस सच कह रहा हूँ, दोस्त'। ये बात आज भी मुझे परेशान करती है)। जब हम कहते हैं, 'मुझे सच बोलने दें,' तो यह लगभग ऐसा ही है, जैसे हम कह रहे हों, 'यह सच है, और मैं आपको बताने जा रहा हूँ कि क्या है ये।' हालाँकि जब पारस्परिक गतिशीलता की बात आती है, तो सच्चाई अक्सर अस्पष्ट होती है। आपका लाइन मैनेजर आपको थका देने वाला लग सकता है, लेकिन यह सच नहीं हो सकता है कि वह व्यक्ति एकदम ही बुरा मैनेजर हो। हम सभी जानते हैं कि वह अन्य लोगों के लिए अच्छा मैनेजर हो सकता है, या शायद वह अपने निजी जीवन में किसी ऐसी चीज़ से गुज़र रहा है जिसका असर उसके काम पर पड़ रहा हो।

इसके विपरीत, स्पष्टवादी होने का मतलब यह भी नहीं है कि हम सच जानते ही हैं। स्पष्टवादी होने की भावना कुछ इस तरह है : 'मैं क्या सोचता हूँ। क्या आप मेरी बात सुन सकते हैं या मेरी सहायता कर सकते हैं? हम इसे एक साथ भी कर सकते हैं।'

तो हम सभी लोग स्पष्ट प्रतिक्रिया की संस्कृति बनाना कैसे सीख सकते हैं, जिसमें किसी का दिन ख़राब किए बिना नकारात्मक प्रतिक्रिया दी जा सके? चलिए, कुछ क़दम तो उठाने ही होंगे। सबसे पहले, अपने विश्लेषण को वस्तुनिष्ठ, गैर-निर्णयात्मक शब्दों में रखिए। 'मैंने देखा कि आपने उस बैठक में कुछ बार हरमाइन की बात बीच में काटी थी', कहना 'आप बहुत असभ्य हैं' कहने से कहीं ज़्यादा प्रभावी है। इसी तरह, लोगों से 'आप ग़लत हैं' या 'आप अक्षम हैं' कहने से उस व्यक्ति को लग सकता है कि आप उस पर हमलावर हो रहे हैं, और वह अपना बचाव करने लगेगा – यह काफ़ी व्यक्तिपरक है (थोड़ा असभ्य भी है)। आपको केवल तथ्यों पर बात करनी चाहिए।

दूसरा, जो ग़लत हुआ है, उसके स्पष्ट नतीजों पर ध्यान दीजिए। एक बार फिर याद रखिए, व्यक्तिपरकता आपकी शत्रु है। इसलिए, आपने जो देखा, उसके नतीजे का खुलासा तथ्यात्मक रूप से कीजिए। उदाहरण के लिए, 'मैंने देखा कि मीटिंग में

रॉन की बात काटने के बाद चर्चा थोड़ी धीमी हो गई। यह वाक़ई शर्मनाक बात है, क्योंकि मैं वास्तव में सुनना चाहता था कि दूसरे लोग क्या कहते हैं।'

आख़िर में, अपना ध्यान समस्या से हटाकर समाधान की ओर लगाइए। आप जो देखना चाहते हैं, उसके विकल्प मुहैया कराइए। उदाहरण के लिए, 'अगली बार, प्लीज़ अपनी बात कहने से पहले लोगों के बोल लेने तक रुकें' या 'अगली बार, शायद आप लोगों से सवाल पूछकर दिखाइए कि उनके विचारों से सहमति हो या ना हो, लेकिन उनमें आपकी रुचि तो है। मुझे लगता है कि सवाल पूछने से शायद उनकी प्रतिक्रिया बेहतर होगी और शायद हम सहयोग की ओर बढ़ेंगे।' विकल्प देने से चर्चा समस्या के संभावित समाधानों पर केंद्रित होती है और दूसरे व्यक्ति का व्यक्तिगत रूप से आलोचना महसूस करने से बचाव हो जाता है।

ये तीन क़दम अप्रिय समाचारों को ज़्यादा संप्रेषित करने को थोड़ा आसान बनाने का एक सरल तरीक़ा है। ये सभी इस धारणा की ओर संकेत करते हैं कि लोगों को एक साथ लाना और उन्हें अच्छा महसूस कराना संभव है, और यह तब भी संभव है, जब आप बुरी ख़बर दे रहे हों। इसमें कोई झूठ नहीं है।

सारांश

- मित्रों के साथ रहने से जीवन और भी मज़ेदार हो जाता है। इसलिए हमारे तीसरे ऊर्जादाता पीपुल या लोग ही होते हैं। कुछ लोग ऐसे होते हैं जो स्वाभाविक रूप से हमारी ऊर्जा को बढ़ाते हैं – उनकी तलाश करना ट्रिक का काम है।
- इसकी शुरुआत किसी टीम का खिलाड़ी बनने से होती है। जिन लोगों के साथ आप काम कर रहे होते हैं, उनके साथ प्रतिस्पर्धियों की बजाय साथियों की तरह व्यवहार करने की कोशिश कीजिए।
- लोगों के साथ संबंध बनाने का मतलब ही है उनकी मदद करना। यह दोनों तरह से फ़ायदेमंद रहता है; ना केवल हम दूसरों की मदद बहुत कम ही करते हैं, बल्कि हम मदद माँगते भी बहुत ही कम हैं। इसलिए पूछने की कोशिश कीजिए : मैं किसी और का दिन अच्छा बनाने के लिए क्या कर सकता हूँ?
- आख़िर में, इंसानी मेलजोल के बारे में सबसे अक्सर भूल जाने वाली सच्चाई को याद रखिए : जब आपको लगता है कि आपने अत्यधिक संवाद कर लिया है, तो आपने शायद पर्याप्त संवाद नहीं किया होता है। क्या आपके पास कोई ऐसी जानकारी है जिसे आप अपने तक सीमित रखे हों जबकि वो किसी और का दिन बना सकती है?

खंड - 2

अनब्लॉक

4

स्पष्टता की तलाश कीजिए

मेरे देखे सबसे विचित्र वीडियो में से एक का नाम है 'हाउ बेड डू यू वॉन्ट इट?' इसे लगभग 5 करोड़ बार देखा गया है।

इस वीडियो में ऐसे युवक की कहानी बताई गई है जो एक अज्ञात 'गुरु' के पास जाता है और धनी बनने के लिए सलाह माँगता है। अगले दिन, वे समुद्र तट पर मिलने पर सहमत होते हैं ताकि गुरु उत्तर समझा सके।

अगली सुबह 4 बजे, वह आदमी समुद्र के किनारे पहुँच जाता है। वहाँ पर गुरु उससे कहता है, 'अंदर पानी में चलो।' युवक चलने लगता है। गुरु कहता है, 'थोड़ा आगे चलो।' युवक कुछ और आगे बढ़ता है। गुरु कहता है, 'चलते रहो।' युवक तब तक चलता रहता है, जब तक उसका सिर पूरी तरह डूब नहीं गया। अचानक, वह पाता है कि पानी के अंदर गुरु मौजूद है और युवक के सिर को पानी के अंदर पकड़े है। युवक जी-जान से छूटने की कोशिश करता है, लेकिन बुज़ुर्ग गुरु उसे पकड़कर रखता है, और जब युवक एक़दम डूबने ही वाला होता है, तभी उसे छोड़ता है। युवक छूटकर हाँफने लगता है। तब बुज़ुर्ग कहता है, 'साँस लेने के लिए जितनी बुरी तरह से तुम जूझ रहे थे, उसी तरह से जब तुम सफल होने की कोशिश करोगे, तभी तुम सफल हो पाओगे।'

इस वीडियो में बहुत कुछ है। वास्तव में वह गुरु कौन है (और किसी को यह ख़िताब सटीक रूप से कैसे मिलता है)? उक्त गुरु के कहने पर वह युवक समुद्र में जाने के लिए इतना इच्छुक क्यों है – क्या उनकी मुलाक़ात कुछ ही देर पहले की नहीं थी? सबसे अजीब बात यह है कि वीडियो के नीचे 20,000 कमेंट क्यों हैं जिनमें लोगों ने कहा है कि इसने उनका जीवन पूरी तरह से बदल दिया है?

इन दिनों, मुझे यह वीडियो वास्तविक भी लगता है और कुछ हद तक निराशाजनक भी लगता है। हालाँकि जब मैंने पहली बार देखा, तो मैं दुर्बल करने वाली टालमटोल की पीड़ा झेल रहा था – और मुझे लगा कि इससे मदद मिल सकती है। जब मैंने जूनियर डॉक्टर के रूप में पहली बार अपना काम शुरू किया, तो मुझे ऐसा लगा था कि चाहे मैंने कितनी भी कोशिश करूँ, मैं चीज़ों को टालने और थामने के लिए जूझने के चक्र से मुक्त नहीं हो पाऊँगा। मैं अकेला नहीं था; टालमटोल ने मेरे दिमाग़ से कहीं ज़्यादा बड़े दिमाग़ों को परेशान किया है। लियोनार्दो द विंची को ही लीजिए। लियोनार्दो को द *लास्ट सपर* पेंटिंग बनाते हुए देखने वाले उसके एक समकालीन ने लिखा था कि 'वह दो, तीन या चार दिनों तक ब्रश छूता ही नहीं था, लेकिन काम करते समय दिन में कई घंटे लगाता था, अपनी बाँहों को मोड़ता था, चित्रों की जाँच करता थे और ख़ुद उसकी आलोचना करता था।'

इन क्षणों में, तीन ऊर्जाकारक – प्ले, पावर और पीपुल – पर्याप्त नहीं होते हैं। पहले भाग में, हमने यह पता लगाया कि ये तीनों शक्तियाँ हमें अपने काम और जीवन में अच्छा महसूस करने में मदद कैसे कर सकती हैं, हमारी ऊर्जा को कैसे बढ़ा सकती हैं और हमारे लिए जो मायने रखती हैं उसे और ज़्यादा करने में कैसे मदद कर सकती हैं। हालांकि अपने आप में, ये पूरी कहानी नहीं हैं। जब मेरा व्यवसाय बढ़ा, तो मुझे अहसास हुआ कि मैंने ऊर्जावान लोगों को अपने जीवन में कितना भी शामिल कर लिया हो, फिर भी मैं एक और पी – यानी प्रोक्रेस्टिनेशन या विलंब के कारण अस्थिर हो सकता हूँ।

जब टालमटोल करना मेरी समस्या रही है, तो मेरा मन अक्सर उस अजीब वीडियो की तरह ही स्पष्ट 'हैक्स' की ओर जाने के लिए ललचाता है। वीडियो में कहा गया है कि अगर आप काम को टाल रहे हैं तो इसका कारण यह है कि आप पर्याप्त रूप से प्रेरित नहीं हैं। और अगर आपके पास पर्याप्त प्रेरणा होती, अगर आप उतना ही सफल होने की इच्छा उतनी ही तीव्र होती जितनी कि साँस लेने के लिए थी, तो आप काम नहीं टालते।

मैं टालमटोल के इस समाधान को 'प्रेरणा विधि' का नाम देता हूँ। यह बहुत आम है। और यह पूरी तरह से बकवास भी है।

प्रेरणा विधि की समस्या बहुत सामान्य है। हममें से बहुत से लोग वास्तव में वही काम करना चाहते हैं, जिसमें हमें संघर्ष करना पड़ता है। हमें लगता है कि हमारे पास पर्याप्त प्रेरणा है, लेकिन हमारे रास्ते में कई बाधाएँ होती हैं – समय और वित्तीय बाधाएँ, पारिवारिक दायित्व, शारीरिक और मानसिक स्वास्थ्य समस्याएँ, और भी बहुत सी अन्य बातें होती हैं। प्रेरणा स्पष्ट रूप से पर्याप्त तो नहीं ही है। और लोगों को केवल 'ज़्यादा प्रेरित महसूस करने' के लिए कहना ना केवल बेकार

है, बल्कि संभावित रूप से यह हानिकारक भी है, जो उस पक्षाघात की भावना में योगदान देता है, जो सबसे पहले टालमटोल का कारण बनी थी।

ऐसे में जब प्रेरणा असफल हो जाती है, तो हम कहाँ जाते हैं? जब आप इस बात पर ध्यान नहीं देते कि आप वास्तव में प्रेरित हैं या नहीं, तो काफ़ी सारी सलाह दूसरे सिद्धांत की ओर मुड़ जाती है, जो है : अनुशासन। सीधे शब्दों में कहें, तो अनुशासन तब होता है, जब हम वह काम करते हैं, जिसे करने का हमारा मन नहीं करता। यह प्रेरणा के विपरीत होता है; इसमें आपको एक्शन करना होता है, चाहे आप कितने भी अप्रेरित क्यों ना हों। अगर आप जॉगिंग करने की कोशिश कर रहे हैं, तो यह प्रेरित प्रतिक्रिया होगी : 'मुझे दौड़ने का मन कर रहा है, क्योंकि आज मेरा आराम करने से ज़्यादा मन मैराथन जीतने का है।' एक अनुशासित प्रतिक्रिया होगी : 'मैं दौड़ने जा रहा हूँ, चाहे मुझे इसके बारे में कैसा भी महसूस हो रहा हो।' यह काम करवाने का नाइकी स्कूल है – 'करना ही है।'

मैं प्रेरणा विधि की तुलना में अनुशासन विधि के प्रति कुछ ज़्यादा सहानुभूति रखता हूँ। अनुशासन उपयोगी हो सकता है। कभी-कभी मुझे सुबह काम पर जाने का मन नहीं करता, लेकिन मैं फिर भी जाता हूँ। शायद यही तो अनुशासन है।

हालाँकि ये कहानी अधूरी है। अगर आप अपने आने वाले भाषण को लिखने में टालमटोल कर रहे हैं, तो इसका मतलब ये नहीं कि आप इसके लिए पर्याप्त रूप से तैयार नहीं हैं। हो सकता है कि अंदर ही अंदर कुछ और चल रहा हो जो आपको रोक रहा हो, और अनुशासन की कहानी को तो इस बात की परवाह है नहीं कि वह क्या चल रहा है। वह तो आपको अपने बारे में बुरा महसूस कराता है। मनोविज्ञान के प्रोफ़ेसर जोसेफ़ फ़ेरारी के शब्दों में, 'क्रोनिक टालमटोल करने वाले को सामान्य रूप से *यह करने के लिए कहना*, चिकित्सकीय रूप से अवसादग्रस्त व्यक्ति से *ख़ुश होने के लिए कहने जैसा* होगा।'

प्रेरणा और अनुशासन उपयोगी रणनीतियाँ हैं, लेकिन वे गहरे घावों को ढँकने वाले बैंड-एड की तरह होती हैं। ये कभी-कभी तो लक्षणों का इलाज करने के लिए काम कर सकती हैं, लेकिन वे अंदर की स्थिति को नहीं बदलती हैं।

ऐसे में टालमटोल के ख़िलाफ़ सदियों पुरानी लड़ाई में कैसे जीत हासिल की जाए? यहीं पर हमारा तीसरा तरीक़ा आता है जिसे मैं 'अनब्लॉक विधि' कहता हूँ।

जहाँ प्रेरणा विधि हमें सलाह देती है कि हम ख़ुद को वह काम करने के लिए प्रेरित करें, और अनुशासन विधि हमें सलाह देती है कि हम जो महसूस करते हैं, उसकी अनदेखी करें और फिर भी वही काम करें। अनब्लॉक विधि हमें यह समझने के लिए प्रोत्साहित करती है कि हम काम के बारे में बुरा क्यों महसूस कर रहे हैं – और कहती है कि हम समस्या का सीधे सामना करें।

अनब्लॉक विधि हमें यह समझने के लिए प्रोत्साहित करती है कि हम काम को लेकर पहले से ही बुरा क्यों महसूस कर रहे हैं।

कल्पना कीजिए कि आपके जूते में कोई कंकड़ घुसा है जिसकी वजह से दौड़ते समय काफ़ी दर्द हो रहा है, लेकिन आपको अपने दोस्त के घर डिनर के लिए समय पर पहुँचना है। आप उलझन में हैं; आप समय पर पहुँचना भी चाहते हैं, लेकिन आप यह भी जानते हैं कि चलना शुरू करते ही दर्द होने लगेगा। आप क्या करेंगे?

पहला उपाय तो सबसे आसान है। कुछ भी मत कीजिए। शाम ख़राब होने तक टालते रहिए। डिनर पर मत पहुँचिए और अगली बार आमंत्रित किए जाने की संभावना ख़त्म कर दीजिए।

अगला उपाय प्रेरणा विधि पर आधारित है। इसमें ख़ुद को यह यक़ीन दिलाना होगा कि डिनर शानदार होने वाला है और उसके लिए चलने में होने वाला दर्द झेला जा सकता है। आप दर्द को अनदेखा करते हुए अपनी मंज़िल की ओर दौड़ पड़ते हैं, लेकिन आधे रास्ते में ही सड़क के किनारे गिर पड़ते हैं। हालाँकि आप चिंतित नहीं हैं, और आप अपने तेज़ी से सूज रहे पैर को देखते हैं। जब आप ठीक से प्रेरित होते हैं, तो आप किसी भी बाधा को पार करने में सक्षम हो जाते हैं। तीसरा उपाय अनुशासन विधि का है। आपने डिनर पर पहुँचने का वादा किया है, और आप वादा निभाने वाले इंसान हैं। इसलिए आप अपने दोस्त के घर भागते हैं, कंकड़ आपके तलवे की नाजुक त्वचा में चुभता है और – लीजिए, आप पहुँच जाते हैं! दुर्भाग्य से, डिनर नहीं किया जा सकता है क्योंकि आपका दोस्त आपके घायल पैर का इलाज कराने आपको अस्पताल ले जाता है। 'अनुशासन स्वतंत्रता है,' आप इलाज का इंतज़ार करते हुए ख़ुद से कहते हैं।

मेरा अस्थायी सुझाव तो यही है कि ऊपर बताए तीनों ही समाधान ग़लत हैं। चौथे (और सबसे अच्छे) समाधान में कुछ ज़्यादा आलोचनात्मक सोच शामिल होगी। अगर आप एक मिनट रुककर यह सोचें तो क्या होगा कि, 'मुझे दोस्त के घर जाना इतना कठिन क्यों लगता है?' आप अपना जूता उतारेंगे, कंकड़ निकालेंगे और उसे फेंक देंगे। और फिर आप भागते हुए चले जाएँगे।

यही 'अनब्लॉक विधि' है – और अगले तीन अध्यायों में इसी पर ध्यान केंद्रित किया गया है। हम जानेंगे कि आमतौर पर टालमटोल नकारात्मक भावनाओं के कारण की जाती है – भाग 1 में हमने जिन फ़ील-गुड ऊर्जाकारकों का सामना किया था, उनके विपरीत ऐसा होता है।

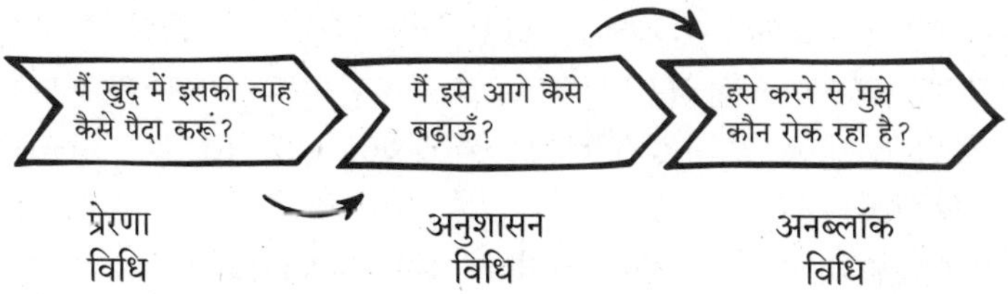

जब भ्रम, भय और जड़ता जैसी नकारात्मक भावनाएं हमारे रास्ते में आती हैं, तो हम काम को टाल देते हैं। इससे और भी बुरी भावनाएँ पैदा होने लगती हैं, और फिर और भी ज़्यादा टालमटोल होने लगता है। यह कमज़ोर मनोदशा और ठहराव का नकारात्मक चक्र है।

क़िस्मत से, तीनों भावनात्मक अवरोधकों की पावर कम की जा सकती है। आगे के पृष्ठों में, हम यह पता लगाएँगे कि ये नकारात्मक भावनाएँ हमें कैसे प्रभावित करती हैं और हमारी ऊर्जा को किस तरह से ख़त्म कर देती हैं। और हम उनमें से प्रत्येक पर रणनीतिक रूप से क़ाबू पाने के लिए फ़ील-गुड प्रोडक्टिविटी के विज्ञान का इस्तेमाल करेंगे।

अनिश्चितता की धुंध

फ़ील गुड प्रोडक्टविटी में सबसे पहला अवरोधक सबसे ज़्यादा सहज है। लेकिन इस पर ध्यान देना सबसे कठिन भी होता है। यह इतना आम है कि हमें इसका अहसास तक नहीं होता है।

खुद को धुंध वाली शाम के समय गाड़ी चलाते हुए कल्पना कीजिए। आगे की सड़क देखने के लिए आप आँखें सिकोड़ रहे होते हैं। आप सामने की लाइट को और ज़्यादा तेज़ करने की कोशिश कर रहे होते हैं, लेकिन कोहरा छँटता ही नहीं है। आख़िरकार, आपको अहसास होता है कि धुंध के आगे आप कमज़ोर पड़ रहे हैं, और आपको गाड़ी रोक देनी चाहिए।

यह कुछ हद तक टाल-मटोल करने की भावना की तरह ही है। अक्सर तो, हम इसीलिए शुरुआत नहीं कर पाते क्योंकि हम जानते ही नहीं कि हमें सबसे पहले क्या करना - हमारे चारों ओर एक रहस्यमय धुंध छा चुकी होती है। मैं इसे अनिश्चितता की धुंध कहता हूँ।

इस परिघटना पर अच्छी तरह से अध्ययन किया गया है; जिसे वैज्ञानिक 'अनिश्चितता पक्षाघात' कहते हैं। यह तब होता है, जब हम किसी स्थिति की

अपरिचितता या जटिलता से बहुत ज़्यादा प्रभावित हो जाते हैं, जिससे काम करने में असमर्थता हो जाती है। यह पक्षाघात हमें कार्यों, परियोजनाओं या निर्णयों पर प्रगति करने से रोकता है। यह फ़ील गुड करने और काम पूरा करने के रास्ते में बाधा डालता है।

अनिश्चितता हमें फ़ील बैड कराती है, और इसलिए इसके कारण हम कम हासिल कर पाते हैं। मनुष्य में जन्मज़ात विद्वेष निहित होता है जिसका हमें पता नहीं होता है। स्वाभाविक रूप से हम पूर्वानुमान और स्थिरता पसंद करते हैं, जिससे हमें निर्णायक और प्रभावी होने का मौक़ा मिले। हालाँकि, इसके साथ ही, हममें से कुछ लोग दूसरों की तुलना में अनिश्चितता से बेहतर तरीक़े से निपट लेते हैं। मनोवैज्ञानिक और मनोचिकित्सक इसे 'अनिश्चितता की सूची के प्रति असहिष्णुता' (इनटॉलरेंस ऑफ़ अनसर्टेनिटी इनवेंटरी- आईयूआई) नाम की किसी चीज़ का इस्तेमाल करके मापते हैं। 1990 के दशक में मिशेल डुगास और उनके सहयोगियों द्वारा विकसित, इस सूची में कई कथन शामिल हैं जो अनिश्चितता के प्रति सहिष्णुता प्रकट करते हैं। एक कथन में लिखा है : 'क्या होगा, ये पहले से ना जानना, अक्सर मेरे लिए अस्वीकार्य है।' यह मापने के लिए कि आप अनिश्चितता के प्रति कितने सहनशील हैं, मनोवैज्ञानिक इस बात को देखते हैं कि आप प्रत्येक कथन से किस सीमा तक सहमत हैं और आपके जवाबों को मिलाकर समग्र स्कोर तैयार करते हैं।

आईयूआई इस बात का पहला संकेत देता है कि अनिश्चितता कैसे और क्यों टालमटोल को बढ़ावा देती है। अनिश्चितता के प्रति कम सहनशीलता वाले लोग अनिश्चित स्थितियों को ख़तरनाक और चिंताजनक मानते हैं, जिससे वे काम टाल देते हैं - ख़ास तौर पर अस्पष्टता वाले किसी भी काम को तो टाल ही देते हैं। क्यों? चिंता और अनिश्चितता के बीच संबंधों की समीक्षा के अनुसार, ऐसी कुछ प्रक्रियाएँ होती हैं जो अनिश्चितता, चिंता और पक्षाघात के बीच के चक्र को मजबूत बनाती हैं।

1. जो दाँव पर लगा होता है, हम उसका अनुमान बहुत ज़्यादा लगा लेते हैं। जो व्यक्ति पहले से ही चिंतित हो, उसे तो लगेगा ही कि अनिश्चित घटना पहले से भी ज़्यादा बुरी होने वाली है।
2. हम बहुत ज़्यादा सतर्क हो जाते हैं। यह महसूस करते हुए कि कुछ नकारात्मक हो सकता है, हमारे सुरक्षा एंटीना किसी भी संभावित ख़तरे के संकेत को पहचान लेते हैं।
3. हम सुरक्षा संकेतों को पहचानना ही बंद कर देते हैं। चूँकि हम ख़तरों के प्रति बहुत ज़्यादा सतर्क रहते हैं, इसलिए जब कोई ख़तरा नहीं होता, तब भी हम शांत नहीं हो पाते।

4. हम परहेजी बन जाते हैं। हमारा मस्तिष्क हमें बचने की व्यावहारिक और संज्ञानात्मक रणनीतियाँ अपनाने के लिए प्रोत्साहित करता है, ताकि हम जल्द से जल्द वहाँ से निकल सकें।

जिसने भी कभी किसी काम टाला होगा, वह इनमें से कम से कम कुछ कारकों को तो ज़रूर पहचान लेगा। अनिश्चितता के एक सामान्य स्रोत पर विचार कीजिए, जैसे कि करियर के रास्ते का चयन। मान लीजिए कि आप किसी स्थिर नौकरी में हैं, लेकिन आप कम स्थिर लेकिन संभावित रूप से ज़्यादा संतोषजनक करियर के लिए इस नौकरी छोड़ने का सोच रहे हैं। कम स्थिर मार्ग के आसपास की अनिश्चितता इस प्रक्रिया को इस प्रकार शुरू कर सकती है :

1. **अति पूर्वानुमान :** आप करियर का 'ग़लत' रास्ता चुनने के नकारात्मक परिणामों को बहुत ज़्यादा अनुमान लगाते हैं, जैसे कि पर्याप्त धन नहीं कमा पाएंगे।
2. **अतिसतर्कता :** आप उन संकेतों के प्रति बहुत ज़्यादा सतर्क हो जाते हैं जो किसी विशेष करियर विकल्प की सफलता या असफलता की तरफ़ इशारा कर सकते हैं, मसलन, नौकरी बदलने पर पछताने वाले लोगों की संख्या।
3. **अनदेखी :** आप उन कारकों की पहचान करना ही बंद कर देते हैं जो सफल नतीजे में योगदान दे सकते हैं। मसलन, उस कंपनी के बारे में रिसर्च करना ही बंद कर देते हैं जिसे आप ज्वाइन करने का सोच रहे हैं।
4. **परहेज :** आप इस करियर संबंधी निर्णय को पूरी तरह से स्थगित करने का निर्णय ले डालते हैं। आख़िरकार, अपनी वर्तमान नौकरी में एक और साल तक टिके रहना कोई इतना ज़्यादा बुरा तो नहीं हो सकता।

परिणाम : आप चिंता या डर जैसी भावनात्मक प्रतिक्रियाओं का अनुभव करते हैं – और यह आपको करियर के फैसले लेने में और भी ज़्यादा समय तक टालमटोल करने पर मजबूर कर देता है। आप फ़ील बैड करते हैं, और इसलिए आप कम काम करते हैं। हममें से ज़्यादातर लोगों ने इस तरह के संघर्षों को अनुभव किया है। हालाँकि ख़ुशख़बरी यह है कि इस चक्र को तोड़ा जा सकता है, और अनिश्चितता की धुंध को ख़त्म किया जा सकता है।

यह सही जगह पर रखे गए कुछ सवाल पूछने का एक आसान मामला है। एक बार जब उनका जवाब मिल जाता है, तो आगे का रास्ता बहुत स्पष्ट हो जाता है।

'कारण' पूछिए

अनिश्चितता के कारण टालमटोल की भावना सबसे ज़्यादा तो हमारे अंतिम उद्देश्य के बारे में अस्पष्टता पैदा कर देती है। अगर हमें पता ही ना हो कि हम किसी परियोजना पर काम क्यों कर रहे हैं, तो उसे पूरा करना तक़रीबन असंभव ही होता है।

अमेरिकी सेना ने 1982 में तो यही निष्कर्ष निकाला था। उस साल अमेरिकी सेना ने अपने आधिकारिक फ़ील्ड मैनुअल (एफ़एम) 100-5, ऑपरेशंस का अपडेटेड संस्करण प्रकाशित किया था। सेना के मुख्य गाइड 'कैसे लड़ें' में, एफएम ने अधिकारियों को युद्ध के मैदान में सफलता दिलाने के सबसे ज़्यादा संभावित तरीक़ों के बारे में बताया था। इसके मूल में एक नई अवधारणा : 'कमांडर का इरादा' थी।

कमांडर का इरादा जर्मन सैन्य परंपरा से आया है, जो उन्नीसवीं सदी के उत्तरार्ध की प्रशिया सेना से जुड़ी है। जर्मन सैन्य रणनीतिकारों ने महसूस किया कि कोई भी युद्ध योजना युद्ध की अराजक वास्तविकताओं का अनुमान नहीं लगा सकती। फ़ील्ड मार्शल मोल्टके द एल्डर ने कहा भी था, 'कोई भी प्लान दुश्मन के साथ पहले मुकाबले में नहीं टिक पाती'। (सटीक रूप से कहें तो, उन्होंने कहा था, 'कोई भी ऑपरेशन प्लान दुश्मन की मुख्य ताक़त के साथ पहली मुठभेड़ के बाद निश्चित रूप से आगे नहीं बढ़ पाता है।' हालाँकि यह उतना आकर्षक नहीं है।) इसलिए युद्ध के मैदान में अपने सैनिकों के हर क़दम पर ध्यान देने के बजाय, जर्मन अधिकारियों ने मिशन प्रकार की रणनीति-*ऑफ़्ट्रैगस्टाटिक* (निर्देशात्मक नियंत्रण) की अवधारणा को अपनाया। यह ऐसा दर्शन है जिसमें अत्यधिक विस्तृत तरीक़े से कैसे की तुलना में *क्यों* की स्पष्ट समझ को प्राथमिकता दी जाती है। फ़ील्ड मैनुअल में बताए अनुसार, कमांडर का इरादा तीन महत्त्वपूर्ण घटकों से मिलकर बना है – ये तीनों मिशन के मूल बिंदु के आसपास निर्मित हैं :

1. ऑपरेशन के पीछे का **उद्देश्य**।
2. कमांडर के उद्देश्य के अनुसार **अंतिम अवस्था**।
3. उस उद्देश्य को पूरा करने के लिए किए जाने वाले **मुख्य कार्य**।

कमांडर के इरादे से पता चलता है कि जनरलों का लक्ष्य केवल उच्चतम स्तर के 'क्यों' सवालों का जवाब देना होता है : ऑपरेशन के पीछे के उद्देश्य की पहचान करना, और, कुछ आगे बढ़ने पर, अस्पष्ट रूप से उन चरणों की रूपरेखा तैयार

करना होता है, जो आवश्यक हो सकते हैं। फिर सैनिकों को मोर्चे पर बदलती परिस्थितियों के अनुसार अपने फ़ैसले बदलने की छूट दी जाती है।

यह दृष्टिकोण युद्ध के मैदान से परे है। कमांडर के इरादे को समझना आपके किए जा रहे कार्य के पीछे के उद्देश्य की पहचान करके अनिश्चितता की धुंध दूर करने में मदद कर सकता है। यह 'क्यों' पर प्रकाश डालता है।

प्रयोग 1 :

कमांडर के इरादे का इस्तेमाल

हम अपने जीवन में कमांडर के इरादे को कैसे अपना सकते हैं? पहला जवाब डी-डे के नाम से जाने जाने वाले 6 जून 1944 को उत्तरी फ्रांस में हुई घटनाओं से मिलता है।

क़ब्ज़े वाले फ्रांस पर मित्र देशों के आक्रमण की योजना बहुत ही जटिल तरीक़े से बनाई गई थी। पहले हमले में, 133,000 सैनिकों को नॉरमैंडी के समुद्र तटों पर एक़दम सटीक स्थानों पर उतरना था। उन्हें पैराशूट रेजिमेंट से सहायता मुहैया कराई जानी थी, जिन्हें विशिष्ट शहरों और गाँवों में उतरना था, उन्हें नाजियों से आज़ाद कराना था और प्रमुख पुलों तथा सड़कों को सुरक्षित करना था। लेकिन एक़दम शुरू में ही बहुत कुछ ग़लत हो गया।

पैराट्रूपर्स के जमीन पर उतरने के कुछ ही मिनटों में ही ज़्यादातर को पता चल गया कि वे पूरी तरह से ग़लत स्थान पर उतर गए हैं। अगले कुछ घंटों में, यह और भी स्पष्ट हो गया कि कई रेजिमेंट रात भर बेवजह उलझी रहीं। सैनिक उन इकाइयों के साथ नहीं उतरे थे जिन्हें वे जानते थे और जिन पर भरोसा करते थे, और इसके बजाय वे उन सैनिकों के साथ लड़ रहे थे, जिनसे उन्होंने पहले कभी बात तक नहीं की थी। सामरिक लेखक चाड स्टोर्ली के शब्दों में, यह 'सैन्य आपदा' थी।

और इसके बावजूद भी चमत्कारिक रूप से, कुछ ही घंटों में, डी-डे वापस पटरी पर आ गया। मित्र राष्ट्रों ने उन गाँवों पर तो क़ब्ज़ा नहीं किया जिनकी वे उम्मीद कर रहे थे – लेकिन उन्होंने उन गाँवों पर कब्ज़ा ज़रूर कर लिया जो उनके सामरिक उद्देश्यों को पूरा करते थे। और नॉरमैंडी के समुद्र तटों पर उतरने वाले सैनिक प्लान के अनुसार अंतर्देशीय इलाक़े में आगे बढ़ने में सक्षम हो गए थे।

पूरी कहानी कमांडर के इरादे की जीत की कहानी है। सैन्य जनरलों के विस्तृत आदेश काम नहीं आए। उन्होंने जो विशिष्ट योजनाएँ बनाई थीं, वे गड़बड़ा गई थीं। हालाँकि उन्होंने अपने कमांडर के इरादे बता दिए थे, इसलिए ऑपरेशन में शामिल

हर सैनिक को उद्देश्य पता था। 'कारण' स्पष्ट था, और इससे वैकल्पिक 'कैसे' के लिए काम करना संभव हो सका था।

आज, मैं इस समझ को हर दिन अपने जीवन में लागू करता हूँ। पहले, जब मैं किसी परियोजना पर काम शुरू करता था, तो मेरा रुझान तुरंत आगे बढ़ने का होता था, हर क़दम की योजना बनाने का होता था और अपनी इच्छित अंतिम स्थिति के बारे में नहीं सोचता था। हालाँकि जुनूनी योजना का यह स्तर बाधा साबित हो सकता है। मैं विशिष्ट कार्यों को पूरा करने में इतना उलझ जाता था कि मैं यह भूल ही जाता था कि अंतिम बिंदु क्या है। तो अब, किसी नई परियोजना पर काम शुरू करने से पहले, मैं ख़ुद से पहले कमांडर का इरादा वाला सवाल पूछता हूँ : 'इसके पीछे उद्देश्य क्या है?' और मैं वहीं से अपनी टु-डू सूची बनाता हूँ।

मैंने पाया कि यह सरल प्रश्न पूछने से उल्लेखनीय प्रभाव हो सकता है। सालों से, मैं 'सिक्स-पैक एब्स' के अपने लक्ष्य को प्राप्त करने में असफल रहा हूँ। हर जनवरी में, मैं जिम जाने के लिए उत्साहित हो जाता था, और फिर कुछ सप्ताह में ही मेरी प्रेरणा कम हो जाती और मैं फिर से पहले जैसी स्थिति में आ जाता था। जब मैंने कमांडर के इरादे की अवधारणा को लागू किया, तब मुझे अहसास हुआ कि ऐसा इसलिए होता था, क्योंकि मैं - बड़ा 'क्यों' - उद्देश्य को पूरी तरह से ग़लत समझ रहा था। मैं वास्तव में वॉशबोर्ड एब्स चाहता ही नहीं था। मेरा असली लक्ष्य तो स्वस्थ और संतुलित शरीर और जीवनशैली बनाए रखने का था। हाँ, कुछ सौंदर्य प्रेरणा जरूर थी - लेकिन स्वस्थ, फ़िट और मजबूत होने की इच्छा की तुलना में यह महत्त्वहीन थी।

आप इस दृष्टिकोण को तक़रीबन किसी भी सवाल पर लागू कर सकते हैं। फ्रेंच सीखने का ही उदाहरण लीजिए। अपने आप से पूछिए, आपका उद्देश्य क्या है? क्या आप उन्नीसवीं सदी के जटिल और यथार्थवादी उपन्यासों को समझने की कोशिश कर रहे हैं? या आप महज पेरिस की अपनी आगामी यात्रा से बचने की कोशिश कर रहे हैं? इसके बाद, इस प्रक्रिया के लिए इसके निहितार्थों पर काम कीजिए। आप ये भाषा सीखेंगे कैसे - क्या आप डुओलिंगो का इस्तेमाल करेंगे या भाषा की कक्षाएँ अटेंड करेंगे या 1950 के दशक की बहुत सारी फ्रेंच फ़िल्में मात्र देखेंगे?

इसी तरह, मान लीजिए कि आप कोई कारोबार शुरू करना चाहते हैं। इसका अंतिम उद्देश्य क्या है? क्या आप छुट्टी पर जाने के लिए हर महीने कुछ सौ डॉलर अतिरिक्त कमाने की कोशिश कर रहे हैं? या क्या आप जल्दी रिटायर होने के लिए कई करोड़ डॉलर कमाने का लक्ष्य बना रहे हैं? या क्या आप कुछ ऐसा बना रहे हैं, जो आपको लगता है कि लोगों की सहायता करेगा और आपका जीवन बदल

देगा? अब सोचिए कि आपके अगले क़दमों के लिए इसका मतलब क्या है। क्या आपको वाक़ई अपनी नौकरी पूरी तरह से छोड़ने की ज़रूरत है, या बस शाम को कुछ घंटे निकालने की ही ज़रूरत है? क्या कारोबार शुरू करने में जल्दबाजी करना सबसे अच्छा रहेगा, या आपको पहले अपने कौशल विकसित करना चाहिए?

प्रयोग 2 :
पाँच कारण

आपको हर दिन और हर घंटे ख़ुद को इस बड़े 'कारण' की याद दिलाने की ज़रूरत है। आपका भेजा गया हर ईमेल, छोटे और बड़े तरीक़ों से, आपकी हर मीटिंग, हर कॉफ़ी चैट आपको उस अंतिम उद्देश्य को हासिल करने के थोड़ा और निकट ले जाने चाहिए।

हालांकि, ऐसा हमेशा आसान नहीं होता। क्या आपने कभी पाया है कि किसी परियोजना के बीच में, आप छोटी-छोटी डेडलाइन और परेशान करने वाले छोटे-छोटे कार्यों में इतने उलझ जाते हैं कि आप अपने अंतिम उद्देश्य को ही भूल जाते हैं? मैंने तो इस पुस्तक को लिखते समय यह फिर से खोजा है कि आप अप्रासंगिक लेकिन ज़रूरी कामों पर ध्यान केंद्रित करते हुए महीने – साल – बिता सकते हैं! आपका अंतिम उद्देश्य (मान लीजिए, कोई समूचा ड्राफ़्ट पूरा करना) शर्मनाक तरीक़े से उपेक्षित हो जाता है।

तो हम यह कैसे सुनिश्चित कर सकते हैं कि हमारी हर पसंद के केंद्र में हमारा सबसे 'बड़ा कारण' हो? बीसवीं सदी के आरंभ में जापान की प्रोडक्शन लाइनों से एक सुझाव आता है। पश्चिम में, साकिची टोयोडा उस कंपनी की स्थापना के लिए जाना जाता है जिसका नाम उनके नाम पर है : टोयोटा। हालाँकि जापान में, उनकी प्रतिष्ठा और भी ज़्यादा है : पहले तो उन्नीसवीं सदी के उत्तरार्ध में देश के कपड़ा उद्योग में क्रांति लाने वाले व्यक्ति के रूप में उनकी ख्याति है – और दूसरे जापानी औद्योगिक क्रांति के जनक के रूप में उन्हें जाना जाता है।

सबसे बढ़कर, टोयोडा अपने कारख़ानों में त्रुटियों को दूर करने पर अपने जुनून के लिए मशहूर हैं। वह यह सुनिश्चित करती कि हर कोई उन चीज़ों पर ध्यान केंद्रित करे जो मायने रखती हैं। टोयोडा को समय और संसाधनों का दुरुपयोग कभी पसंद नहीं था : उसने सबसे पहले एक हाथ से चलने वाला ऐसा करघा डिज़ाइन करके अपना नाम बनाया जो धागा टूटने पर अपने आप बंद हो जाता था, जिससे कपड़े की और बर्बादी नहीं होती थी। बर्बादी को ख़त्म करने पर उसके इस ज़ोर ने उन्हें 'पाँच कारण' नाम की एक विधि विकसित करने के लिए प्रेरित किया जो अब एक

प्रसिद्ध विधि है। अपने मूल रूप में, पाँच कारणों ने यह पता लगाने का सरल तरीक़ा प्रस्तुत किया कि कुछ ग़लत क्यों हुआ था। जब भी प्रोडक्शन लाइन में कोई ग़लती होती थी, तो टोयोटा के कर्मचारी पाँच बार उसका 'कारण' पूछते थे।

मान लीजिए कि कोई मशीन ख़राब हो गई है। क्यों? पहला उत्तर उन्हें तात्कालिक कारण बताता था। 'क्योंकि करघे में कपड़े का कोई टुकड़ा फँस गया है।' अगला उत्तर कुछ और गहराई समझाता था। क्यों? 'क्योंकि हर कोई थोड़ा थका हुआ था और ध्यान नहीं दे पा रहा था।' पाँचवीं बार तक, कर्मचारी समस्या के असली स्रोत तक पहुँच चुके होते थे। 'क्योंकि हमारे बॉस के कारण इस समय संस्कृति बड़ा दुःस्वप्न हो चुकी है।'

टोयोडा की विधि में मेरा परिवर्तन यह है कि पाँच कारणों का इस्तेमाल ना केवल ग़लतियों को समझाने के लिए किया जाता है, बल्कि यह निर्धारित करने के लिए भी किया जाता है कि कोई कार्य पहले करने योग्य है या नहीं। जब भी मेरी टीम में कोई आदमी किसी नई परियोजना शुरू करने का सुझाव देता है, तो मैं पाँच बार 'क्यों' पूछता हूँ। पहली बार, उत्तर आमतौर पर अल्पकालिक उद्देश्य को पूरा करने से संबंधित होता है। हालाँकि अगर वह परियोजना वास्तव में शुरू करने योग्य है, तो यह सब कारण आपको आपके अंतिम उद्देश्य तक वापस ले जाने वाले होने चाहिए, जैसा कि आपके कमांडर के इरादे में बताया गया है। अगर ऐसा नहीं होता है, तो आपको शायद परेशान नहीं होना चाहिए।

मुझे यह विधि मेरे और मेरी टीम का ध्यान महत्त्वपूर्ण बातों पर रखने में सहायक लगती है। बार-बार 'कारण' पूछने से हमें याद आता है कि हमें वास्तव में किस पर ध्यान केंद्रित करना चाहिए – और हमें उस पर ध्यान केंद्रित करने का मौक़ा भी मिलता है। अचानक, वे अप्रासंगिक दबाव वाले काम कम महत्त्वपूर्ण लगने लगते हैं। सबसे बड़ा उद्देश्य यानी बड़ा 'कारण' स्पष्ट रूप से उभरकर आता है।

पूछिए 'क्या?'

एक बार जब आप अपने 'कारण' की पहचान कर लेते हैं, तो आपको इसे कुछ ज़्यादा ठोस रूप में बदलने की भी ज़रूरत है। आख़िरकार, कोई परियोजना शुरू करने के लिए केवल कोई अस्पष्ट उद्देश्य ही काफ़ी नहीं होता है; आपको एक विस्तृत कार्य योजना की भी तो जरूरत होती है, वरना आप ख़ुद यह नहीं समझ पाएँगे कि कहाँ से शुरू करना है। हालाँकि, व्यवहार में, इसकी पहचान करना हमेशा सीधा-सादा नहीं होता कि आपको क्या करना चाहिए।

कार्यस्थल का एक उदाहरण लीजिए। जिम और उसके नए बॉस चार्ल्स के बीच पेशेवर संबंध ठीक नहीं चल रहे थे। जिम चाहे जो भी करे, चार्ल्स उसे आलसी, अगंभीर और ग़ैर-पेशेवर ही मानता था। वह किसी तरह से अच्छा प्रभाव नहीं डाल पा रहा था।

एक दिन सुबह, चार्ल्स ने जिम से उसके सभी ग्राहकों का 'रन-डाउन' लाने के लिए बोला। दुर्भाग्य से, जिम को पता ही नहीं था कि रन-डाउन क्या होता है। पूरे दिन जिम ऑफ़िस में इधर-उधर घूमता रहा और किसी तरह यह पता लगाने की कोशिश करता रहा कि उससे क्या पूछा गया है, लेकिन उसने चार्ल्स को यह बात बताई नहीं। दिन के आख़िर में, जिम के पास कुछ भी नहीं था। वह चार्ल्स के ऑफ़िस गया, और वहीं बैठ गया और आख़िरकार, उसने अपने बॉस की प्रतिक्रिया की परवाह किए बिना, पूछ ही लिया, 'रनडाउन होता क्या है?'

मैं निश्चित रूप से, द ऑफ़िस के अमेरिकी संस्करण के पाँचवें सीजन के 23वें एपिसोड की कहानी याद कर रहा हूँ। यह अब तक की सबसे ज़्यादा देखी जाने वाली फ़िल्मों में शामिल है क्योंकि इसमें आधुनिक कार्यस्थल की रोज़मर्रा के डरावनेपन को बहुत सही रूप में दिखाया गया है : बॉस को माइक्रोमैनेज करना, ऑफ़िस की पॉलिटिक्स, और सबसे बढ़कर, यह विनाशकारी अहसास कि आपको क़तई पता नहीं है कि आपके सामने क्या काम है।

'क्या' को लेकर अनिश्चितता से मेरा मतलब यही है। कल्पना कीजिए कि आप कोई छात्र हैं जिसे असाइनमेंट समझने में दिक्कत आ रही है, कोई कर्मचारी हैं जो अपने बॉस के अस्पष्ट निर्देशों से परेशान है, या शायद आप गिटार बजाना सीखने जैसा कोई निजी काम शुरू करने की कोशिश कर रहे हैं, लेकिन आप यह नहीं जानते हैं कि शुरू कहाँ से करना है। इनमें से प्रत्येक परिदृश्य में, आपको वास्तव में क्या करना चाहिए, इस बारे में शुरू करने में भी अनिश्चितता एक कठिन बाधा का काम कर सकती है – ऐसी बाधा जो आपकी ऊर्जा को ही ख़त्म कर देती है और आपको शुरू करने से पहले ही थका हुआ महसूस कराने लगती है।

इसका समाधान? अपने अमूर्त उद्देश्य को ठोस लक्ष्यों और कामों के समूह में बदलिए। 'क्यों' से 'क्या' की ओर बढ़िए।

प्रयोग 3 :

नाइस (NICE) लक्ष्य

अपने किसी उद्देश्य को योजना में बदलने के लिए पहला क़दम कुछ लक्ष्य-निर्धारण करना होता है। हो सकता है कि आप जानते हों कि आपका अंतिम 'क्यों' क्या

है; लेकिन स्पष्ट अंतिम लक्ष्य के बगैर आपको यह पता लगाने में दिक़्क़त आएगी कि वहाँ पहुँचना कैसे है।

हालँकि ये लक्ष्य-निर्धारण पेंचीदा हो सकता है। निस्संदेह, हर कोई इस बात पर सहमत हो सकता है कि लक्ष्य महत्त्वपूर्ण होते हैं। समस्या यह है कि इस बात पर कोई भी सहमत नहीं हो सकता कि लक्ष्यों को किस रूप में लेना चाहिए।

1981 में, वॉशिंगटन वाटर पावर कंपनी के लिए कॉरपोरेट प्लानिंग के कंस्ल्टेंट और पूर्व डायरेक्टर जॉर्ज टी डोरन ने *मैनेजमेंट रिव्यू* के एक अंक में स्मार्ट (SMART) लक्ष्यों की अवधारणा पेश की थी। इस संक्षिप्त नाम का अर्थ था स्पेशल (विशिष्ट), मेजरेबिल (मापनीय), असाइनेबिल (असाइन करने योग्य), रेलेवेंट (प्रासंगिक), टाइम रिलेटिड (समय-संबंधित)। यह सरल और यादगार फ़ॉर्मूला है जो मैनेजमेंट और व्यक्तिगत विकास के दायरों में तेज़ी से लोकप्रिय हुआ। जैसे-जैसे साल बीतते गए, अनगिनत अन्य संक्षिप्त नाम भी इस क्षेत्र में शामिल होते गए, और प्रत्येक ने लक्ष्य को प्रभावी बनाने के लिए अपने-अपने तरीक़े अपनाए। इनमें फ़ोकस्ड (FOCUSED)-फ़्लेक्सिबिल (लचीला), ऑब्जर्वेबिल (प्रेक्षणीय), कनसिस्टेंट (सुसंगत), यूनिवर्सल (सार्वभौमिक), सिंपल (सरल), डायरेक्टिड (निर्देशित), हार्ड (HARD) - हार्टफ़ेल्ट (दिल से महसूस किया गया-, एनीमेटिड, रिक्वार्यर्ड (ज़रूरी), डिफ़ीकल्ट (कठिन), और यहाँ तक कि बनाना (BANANA) - बैलेंस्ड (संतुलित), एबसर्ड (बेतुका), नॉट अटेनेबिल (ना पाया जा सकने वाला), नटी (मनमौजी), एंबिशस (महत्त्वाकांक्षी) शामिल हैं। (ओके, आख़िर वाला मैंने अभी-अभी बनाया है)। इन सभी संक्षेपाक्षरों में कुछ बातें समान हैं। सबसे पहले, तो इनमें हर लक्ष्य के स्पष्ट और मात्रात्मक होने के महत्त्व पर ज़ोर दिया गया है। आपके लक्ष्य चाहे 'विशिष्ट' हों या 'स्पष्ट', उनकी निगरानी और पड़ताल आसानी से की जानी चाहिए। दूसरा, ये नतीजों पर बहुत ज़्यादा केंद्रित हैं : 'मापनीय' और 'प्रेक्षणीय' जैसे शब्दों का कार्य यह है कि आप वस्तुनिष्ठ रूप से बता सकते हैं कि आप वांछित अंतिम स्थिति तक कब पहुँच गए हैं।

तो अगर यह पता चले कि बेहद निगरानी योग्य, परिणामोन्मुखी लक्ष्य-निर्धारण अप्रभावी रहा तो यह तो दुख की बात होगी। कभी-कभी, इस तरह के लक्ष्य प्रोडक्टिविटी की चाबी के बजाय बाधा बन जाते हैं।

दुर्भाग्य से, यह ठीक वही है जो रिसर्च की एक नई लहर संकेत करती है। अध्ययनों से पता चला है कि विशिष्ट और चुनौतीपूर्ण लक्ष्य कुछ प्रकार के लोगों और कार्यों के तो प्रदर्शन बढ़ा सकते हैं, लेकिन उनके अनपेक्षित नकारात्मक नतीजे भी हो सकते हैं।

जब पहली बार इस तर्क से मेरा सामना हुआ तो मुझे यक़ीन ही नहीं हुआ। मैंने स्मार्ट लक्ष्य निर्धारित करने में कई साल ख़र्च किए थे। अचानक मुझे बताया गया कि वे तो उतने उपयोगी थे ही नहीं जितना सभी ने मुझे आश्वासन दिया था।

NICE लक्ष्य

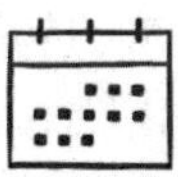		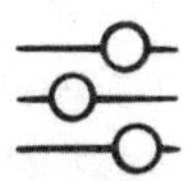	
नियर टर्म (निकट अवधि)	इनपुट बेस्ड (इनपुट आधारित)	कंट्रोलेबिल (नियंत्रण योग्य)	एनर्जाइजिंग (ऊर्जाकारक)

हालाँकि विज्ञान तेज़ी से स्पष्ट हो रहा है। एक मुद्दा सुरंग-दृष्टि का है – जब हम किसी बहुत विशिष्ट अंतिम लक्ष्य को हासिल करने पर बहुत ज़्यादा ध्यान केंद्रित करते हैं, तो हम अपने मूल्यों के प्रति सच्चे रहने जैसे अन्य बड़े कारकों को भूल सकते हैं। हालाँकि इससे भी बड़ा मुद्दा यह है कि वे हमारी प्रेरणा पर क्या प्रभाव डालते हैं : यदि हम किसी लक्ष्य को लेकर जुनूनी हो जाते हैं, तो हम उस अंतर्निहित आनंद को भूल जाते हैं जो किसी कार्य से मिल सकता है। 2009 में, हार्वर्ड, नॉर्थवेस्टर्न, पेनसिल्वेनिया यूनिवर्सिटी और एरिजोना यूनिवर्सिटी के शोधकर्ताओं ने 'बेक़ाबू हुए लक्ष्य : लक्ष्य निर्धारण के अत्यधिक सुझावों के व्यवस्थित दुष्प्रभाव' शीर्षक से एक शोधपत्र में सहयोग किया। उन्होंने लक्ष्य-निर्धारण को व्यसनी और विस्फोटक प्रक्रिया, और एक 'प्रेस्किप्शन-ग्रेड दवा' के रूप में बताया जिसे 'प्रेरणा के लिए सौम्य, ओवर-द-काउंटर ट्रीटमेंट' नहीं मानना चाहिए।

मेरा कहना यह नहीं है कि सभी लक्ष्य-निर्धारण बुरे ही होते हैं, या फिर स्मार्ट या तकरीबन स्मार्ट लक्ष्य प्रभावी नहीं होते हैं। निश्चित ही ये कुछ प्रकार के लोगों में और कुछ कार्यों के लिए प्रदर्शन को प्रेरित करने का काम करते हैं। हालाँकि उनके अपने हानिकारक दुष्प्रभाव भी हैं। और अगर आप टालमटोल की आदत से जूझ रहे हैं, तो आपको वैकल्पिक दृष्टिकोण से फ़ायदा हो सकता है।

मेरी पसंदीदा विधि में किसी बाहरी नतीजे या गंतव्य पर ध्यान केंद्रित करना शामिल नहीं है, बल्कि इसके बजाय फ़ील गुड कराने वाली यात्रा पर ज़ोर दिया जाता है। यह जिन बातों पर आधारित है उन्हें मैं नाइस (NICE) लक्ष्य कहता हूँ।

- **नियर टर्म :** नियर टर्म के लक्ष्य यह सुनिश्चित करते हैं कि हम अपनी यात्रा के दौरान तत्काल उठाए जाने वाले क़दमों पर ध्यान केंद्रित करें। वे हमें बड़ी तसवीर से बहुत ज़्यादा प्रभावित होने से बचने में सहायता करते हैं। मुझे लगता है कि दैनिक या साप्ताहिक उद्देश्य सबसे सहायक समय क्षितिज होता है।
- **इनपुट बेस्ड :** इनपुट-आधारित लक्ष्यों में प्रक्रिया पर ज़ोर दिया जाता है, ना कि किसी दूर के, अमूर्त और अंतिम लक्ष्य पर। जहाँ आउटपुट-आधारित लक्ष्य अंतिम नतीजे पर केंद्रित होगा, मसलन – 'साल के अंत तक 5 किलो वजन कम करना', 'अपनी पुस्तक को बेस्टसेलर लिस्ट में शामिल कराना', वहीं इनपुट-आधारित लक्ष्य इस बात पर ध्यान केंद्रित करेगा कि हम अभी और यहाँ क्या कर सकते हैं, मसलन – 'हर दिन दस मिनट की सैर पर जाना', 'हर सुबह अपने उपन्यास के लिए 100 शब्द लिखना'।
- **कंट्रोलेबिल :** हम उन लक्ष्यों पर ध्यान केंद्रित करना चाहते हैं जो हमारे नियंत्रण में होते हैं। 'अपने उपन्यास के लिए हर दिन आठ घंटे लगाना' शायद ऐसा कोई काम नहीं है जो आप वास्तव में कर सकते हो, क्योंकि इस तरह के इनपुट को संभव बनाने के लिए कई बाहरी कारकों को एक साथ लगाना होगा। ज़्यादा वास्तविक रूप से नियंत्रित लक्ष्य निर्धारित करना ही कहीं ज़्यादा व्यावहारिक है (मसलन, किसी टास्क के लिए प्रतिदिन बीस मिनट देना) ।
- **ऊर्जाकारक :** हम अपनी परियोजनाओं, कार्यों और कामों को ज़्यादा ऊर्जावान बनाने के लिए बहुत सारे सिद्धांतों और रणनीतियों पर पहले ही चर्चा कर चुके हैं। क्या आपके निर्धारित लक्ष्यों में प्ले, पावर और पीपुल को शामिल करने का कोई तरीक़ा है?

आप अपने दीर्घकालिक उद्देश्य के लिए किसी स्मार्ट लक्ष्य का भी इस्तेमाल कर सकते हैं, लेकिन यहाँ और वर्तमान के लिए नाइस लक्ष्य ही बेहतर होगा। कुछ उदाहरणों पर विचार कीजिए :

	स्मार्ट लक्ष्य	**नाइस लक्ष्य**
फ़िटनेस	अगले तीन महीनों में 20 पाउंड वज़न घटाना	हर दिन 30 मिनट व्यायाम करना, मज़ेदार और प्रबंधनीय गतिविधियों पर ज़ोर देना।

करियर	दो साल के अंदर सीनियर मैनेजमेंट के पद पर पदोन्नति पाना	हर सप्ताह एक घंटा किसी प्रमुख कौशल या इंडस्ट्री के लोगों के साथ नेटवर्किंग सुधारने में लगाना।
शिक्षा	दो साल में मास्टर्स डिग्री पूरी करना	प्रबंधनीय समय के अनुसार पाठ्यक्रम सामग्री को दोहराना और असाइनमेंट पूरे करने के लिए हर दिन 30 मिनट लगाना।

इसका नतीजा यह होगा कि आपको ऐसे लक्ष्य मिलेंगे जो आपकी ऊर्जा और आपकी प्रोडक्टिविटी को बढ़ाएँगे, लेकिन अगर आप उन्हें हासिल करने में नाकाम भी रहते हैं तो ये आपके जीवन को बर्बाद नहीं करेंगे।

प्रयोग 4 :
क्रिस्टल बॉल विधि

अपने NICE लक्ष्य को ध्यान में रखते हुए, आपको इस बात का स्पष्ट ज्ञान होना चाहिए कि आपको करना क्या है – ताकि शुरुआत करना आसान हो जाए। हालाँकि अपनी यात्रा आरंभ करने से पहले, आपको समस्या निवारण से कुछ फ़ायदा हो सकता है।

अब से एक सप्ताह बाद ख़ुद की कल्पना कीजिए। आपने स्पष्ट कर चुके हैं कि आप क्या करना चाहते हैं और आप ऐसा क्यों कर रहे हैं। फिर भी, इतनी सारी तैयारी के बावजूद, आपने अभी तक शुरुआत भी नहीं की है। क्या गड़बड़ हुई है?

मैं इसे 'क्रिस्टल बॉल विधि' कहता हूँ, वैसे इसे कभी-कभी 'प्री-मॉर्टम' के रूप में भी जाना जाता है। इससे पहले कि आपके लक्ष्य की ओर आने वाली बड़ी बाधाएँ आपकी योजनाओं को पटरी से उतार दें, ये उन बाधाओं को पहचानने का तरीक़ा मुहैया कराता है।

ये आइडिया सरल है। अपने दिमाग़ में यह सोचकर कि क्या ग़लत हो सकता है, आप नाटकीय रूप से इस संभावना को कम कर देते हैं कि वास्तव में ऐसा होगा ही। वास्तव में, व्हार्टन प्रोफ़ेसर डेबोरा मिशेल के एक प्रभावशाली अध्ययन के मुताबिक़, किसी घटना के पूर्व में ही घटित हो चुकने की कल्पना करने की प्रक्रिया– 'संभावित पूर्वानुमान' यह पहचानने की हमारी क्षमता को 30 फ़ीसदी तक बढ़ा देती है कि चीज़ें सही (या ग़लत) क्यों होंगी। मेरे लिए, क्रिस्टल बॉल विधि

सबसे मजबूत है, जब आप कुछ सरल प्रश्नों पर गहराई से विचार करते हैं – जिन्हें मैंने अपनी टीम से पूछना शुरू किया है, और जिनके लिए मैं उन्हें भी प्रोत्साहित करता हूँ कि वे उन्हें मुझसे भी पूछें।

1. कल्पना कीजिए कि एक सप्ताह गुज़र चुका है और आपने वास्तव में वह टास्क शुरू नहीं किया है जिसे आप करना चाहते थे। आपके इसे पूरा ना कर पाने के तीन मुख्य कारण क्या हैं?
2. आप उन मुख्य तीन कारणों के जोख़िम को कम करने के लिए क्या कर सकते हैं जो आपको पटरी से उतार सकते हैं?
3. इस प्रतिबद्धता पर टिके रहने में आप किससे सहायता माँग सकते हैं?
4. आप अभी क्या क़दम उठा सकते हैं जिससे इस संभावना को बढ़ाने में मदद मिले कि आप वास्तव में टास्क पूरा कर लेंगे?

यह तरीक़ा तक़रीबन हर उस लक्ष्य के लिए काम करता है जिसे पाने के लिए हमें जूझना पड़ सकता है, क्योंकि एक बात जिसके बारे में आप निश्चित हो सकते हैं, वह यही है कि कुछ योजनाएँ प्लान के अनुसार नहीं चलेंगी। इसीलिए आपको उसके लिए भी प्लान बनाने की ज़रूरत है। जनरल आइजनहावर ने कहा भी था, 'कोई भी लड़ाई कभी भी योजना के अनुसार नहीं जीती जाती, लेकिन बिना योजना के कोई भी लड़ाई कभी नहीं जीती जाती।'

पूछिए 'कब?'

आपने किसी काम को शुरू करने के बारे में कितनी बार सोचा है और कितनी बार ये सोचा है, 'मुझे नहीं पता कि मुझे समय कैसे मिलेगा'?

दर्शनशास्त्र के लेखक ओलिवर बर्कमैन के शब्दों में, समय 'हमेशा पहले से ही ख़त्म हो रहा है'। हममें से कुछ लोगों के लिए यह दूसरों की तुलना में ज़्यादा तेज़ी से ख़त्म होता है। जहाँ हमें अक्सर बताया जाता है कि हम सभी के पास एक दिन में 24 घंटे होते हैं, लेकिन यह स्पष्ट रूप से सत्य नहीं है। हर दिन में 24 घंटे हो सकते हैं, लेकिन उनमें से कितने घंटे आपके नियंत्रण में हैं, यह बहुत सारी बातों पर निर्भर करता है। कोई सेलिब्रिटी, जिसके पास शेफ़, ड्राइवर, दो फुलटाइम नैनी और तीन निजी सहायक हैं, उसके पास अपने 24 घंटे में से ज़्यादा समय होता है, जिसे वह अपनी पसंद से बिता सकता है। हममें से बाक़ी लोगों को हर दिन सामान्य जीवन के रखरखाव में भी कई घंटे बिताने पड़ते हैं, मसलन – काम

पर आना-जाना, काम पर रहना, वापस आना, बच्चों की देखभाल, खाना बनाना, सफ़ाई करना, ख़रीदारी करना, कपड़े धोना।

इसका मतलब यह है कि समय की कमी लगातार महसूस होती है। ऐसे में, समय प्रबंधन के सवाल अनिश्चितता की धुंध को दूर करने का अंतिम चरण होते हैं।

अब तक हमने यह पड़ताल की है कि 'क्यों' पूछकर, अपने समग्र उद्देश्य को कैसे पूरा किया जाए - और 'क्या' पूछकर, विशिष्ट अंतिम लक्ष्यों और कार्यों की पहचान कैसे की जाए। हालाँकि एक और प्रश्न है जिसका हमने जवाब नहीं दिया है। अगर आपको पता नहीं कि आप कब कुछ कर रहे हैं, तो संभावना यही है कि आप इसे नहीं करेंगे।

अगर आप नहीं जानते कि आप कुछ कब कर रहे हैं, तो संभावना यही है कि आप उसे करेंगे नहीं।

एक स्तर पर, 'कब' के बारे में पूछना अपनी सीमाओं को स्वीकार करना है। अगर आपके पास सप्ताह में केवल कुछ ही ख़ाली घंटे हैं, और आप 'प्रोडक्टिविटी' के निर्देशों के मुताबिक़ उनका हर संभव फ़ायदा उठाने के लिए इस्तेमाल नहीं करते हैं, तो यह ज़रूरी नहीं कि आप टालमटोल ही कर रहे हों; हो सकता है कि आप केवल प्राथमिकता तय कर रहे हों।

हालाँकि जब उन परियोजनाओं की बात आती है, जिन्हें हम सच में पूरा करना चाहते हैं, तो हमें 'कब' के सवाल का कुछ कठिन जवाब खोजने की ज़रूरत है। और ऐसा करने का हमारा पहला तरीक़ा 2010 के दशक के मध्य में बोस्टन यूनिवर्सिटी में शुरू हुआ था।

प्रयोग 5 :

अमल के इरादे

2015 की शरद ऋतु में, बोस्टन के आसपास ऐसे लोगों को संबोधित करते हुए पायलट दिखाई देने लगे, जिन्हें 'ऐसा नहीं लगता था कि उनके पास व्यायाम करने के लिए पर्याप्त समय है'। ज़िम्मेदार रिसर्च ग्रुप लोगों को अधिक व्यायाम करने के लिए प्रेरित करने के सबसे प्रभावी तरीक़ों को समझना चाहता था।

जवाब देने वाले लोगों को एक अध्ययन में भाग लेने के लिए आमंत्रित किया गया, जिसमें उन्हें हर सप्ताह अपने उठाए जाने वाले क़दमों की संख्या बढ़ाने का लक्ष्य दिया गया। उनमें से हरेक को एक फ़िटबिट दिया गया, जो ऐसा उपकरण

होता है, जो दैनिक क़दम गिनती जैसे स्वास्थ्य मीट्रिक की निगरानी करता है। उन्हें इसे पाँच सप्ताह तक पहनने का निर्देश दिया गया।

प्रतिभागियों को पता चले बिना, उन्हें पहले से ही दो समूहों में विभाजित कर दिया गया था। पहले समूह को बिना किसी और निर्देश के बस फ़िटबिट दिया गया। दूसरे समूह को फ़िटबिट और साथ में संकेतों की एक श्रंखला दी गई, जिसमें यह बताने का अनुरोध किया गया कि वे दिन में कब अपने क़दम बढ़ाएँगे। उसके बाद से हर शाम, उन्हें अगले दिन के लिए अपने शेड्यूल की समीक्षा करने और उस टाइम-स्लॉट की पहचान करने के अनुरोध का ईमेल किया गया, जब वे गतिविधि के लिए प्रतिबद्ध हो सकते हैं।

इस छोटे से हस्तक्षेप के नतीजे रूपांतरकारी थे। पाँच सप्ताह के आख़िर तक, पहले समूह (जिन्हें बिना किसी निर्देश के फ़िटबिट दिया गया था) ने अपने मूल क़दमों की संख्या में तक़रीबन कोई बदलाव नहीं देखा। इसके विपरीत, दूसरे समूह (जिन्हें विशिष्ट संकेतों के साथ फ़िटबिट दिया गया था) ने अपने क़दमों की संख्या औसतन 7,000 प्रति दिन से बढ़ाकर लगभग 9,000 तक कर ली थी।

कार्रवाई के लिए इन छोटे-छोटे प्रेरकों को 'अमल के इरादे' कहा जाता है। और व्यवहार परिवर्तन का विज्ञान बताता है कि ये क्रांतिकारी हो सकते हैं।

अमल के इरादे न्यू यॉर्क यूनिवर्सिटी के मनोविज्ञान के प्रोफ़ेसर पीटर गोलवित्ज़र की रिसर्च का केंद्र रहे हैं। वे एक ऐसी विधि मुहैया कराते हैं जो आपकी रोज़ की दिनचर्या में आपके नए व्यवहार के क्षण बनाती है, ठीक उसी तरह जैसे बोस्टन अध्ययन में संकेत दिए गए थे। अगर आप पहले से तय कर लें कि आपको कब कुछ करना है, तो आपके उसे करने की संभावना बहुत ज़्यादा हो जाती है। गोलवित्जर के मुताबिक, अमल के इरादों का सबसे अच्छा फ़ॉर्मूला एक सशर्त कथन है : 'अगर X होता है, तो मैं Y करूँगा।'

अगर आप मानसिक सतर्कता का अभ्यास करना चाहते हैं, लेकिन सुनिश्चित नहीं हैं कि इस अभ्यास को अपने शेड्यूल में फ़िट कैसे किया जाए, तो एक प्रेरक बनाइए : 'जब मैं आज दोपहर की नियमित चाय के कप के लिए उठूँगा, तो मैं स्टाफ़ किचन में जाने से पहले पाँच बार गहरी साँस लूँगा।'

अगर आप फल खाने की अपनी एक बार की क्रिया को दीर्घकालिक व्यवहार परिवर्तन में बदलना चाहते हैं, तो ऐसा प्रेरक बनाइए : 'जब भी मैं रसोई में जाऊँगा, तो मैं एक सेब खाऊँगा।'

अगर आप लंबे समय तक अपने परिवार के साथ ज़्यादा समय बिताना चाहते हैं, तो ऐसा प्रेरक बनाइए : 'जब मैं काम से घर आऊँगा, तो मैं अपनी माँ को फ़ोन करूँगा।'

ये छोटे प्रेरक बड़ा प्रभाव डाल सकते हैं। 2006 में, गोलवित्ज़र ने 94 अलग-अलग अध्ययनों में 8,000 से ज़्यादा प्रतिभागियों को शामिल करते हुए अपने साथियों के साथ मिलकर एक मेटा-विश्लेषण तैयार किया, जिसमें दिखाया गया कि ये 'अगर ... तो...' लोगों के दीर्घकालिक व्यवहार को मौलिक रूप से बदल देता है। यह निष्कर्ष निकाला गया कि जब हम जानबूझकर ख़ुद के लिए 'अगर... तो...' कथन निर्धारित करते हैं, तो हम पहले से ही किसी स्थिति के बारे में अपने मानसिक प्रतिनिधित्व को मजबूत कर रहे होते हैं। जब प्रेरक होता है, तो इसे अनदेखा करना मुश्किल हो जाता है। आपने इसे पहले से ही उस मानसिक मॉडल का हिस्सा बना लिया है जिसका इस्तेमाल आप किसी स्थिति से निपटने के लिए करते हैं।

आपको ये सोचने की अब कोई ज़रूरत नहीं कि कोई काम आपको कब करना है। आप तो बस उसे कर डालिए।

इसका नतीजा उल्लेखनीय होता है। आपको ये सोचने की अब कोई ज़रूरत नहीं कि कोई काम आपको कब करना है। आप तो बस उसे कर डालिए।

प्रयोग 6 :
टाइम ब्लॉकिंग

जो काम आपके लिए मूल्य रखते हैं, उन्हें करने के लिए समय निकालने का एक तरीक़ा और भी स्पष्ट है। हालाँकि यह तरीक़ा शायद सबसे कम इस्तेमाल किया जाता है। ये तरीक़ा है : टाइम ब्लॉकिंग।

टाइम ब्लॉकिंग यह कहने का एक शानदार तरीक़ा है : 'अगर आप कुछ करना चाहते हैं, तो उसे अपने कैलेंडर में शामिल कर लें।' हालांकि मैं केवल मीटिंगों की बात नहीं कर रहा हूँ; मैं गहन काम के लिए टाइम, एडमिन के लिए टाइम, दौड़ने के लिए टाइम की बात कर रहा हूँ। यह बहुत स्पष्ट है। और फिर भी यह एक ऐसा सरल साधन है, जिसका हममें से बहुत से लोग इस्तेमाल करने में नाकाम रहते हैं।

मैं हमेशा उन लोगों की संख्या जानकर आश्चर्यचकित होता हूँ जिन्हें मैं जानता हूँ कि वे बहुत व्यवस्थित, बेहद प्रेरित और स्पष्ट जीवन लक्ष्य रखते हैं, लेकिन उन्होंने अपने कैलेंडर में उन चीज़ों को शामिल करने का कोई प्रयास नहीं किया है जिन्हें वे सबसे ज़्यादा मूल्यवान मानते हैं। यह मुझे आश्चर्यचकित करता

है। मैंने काफ़ी मुश्किल से ये जाना है कि अगर आप उन चीज़ों को अपने कैलेंडर में नहीं शामिल करते हैं, जिन्हें आप करना चाहते हैं, तो वे नहीं हो पाएँगी।

मैंने अक्सर सोचा है कि लोग कैलेंडर का पूरा इस्तेमाल करने के लिए इतने प्रतिरोधी क्यों होते हैं। मुझे लगता है कि लोगों को अपने दिन को इस हद तक संरचित करने के विचार के प्रति थोड़ा प्रतिरोध महसूस होता है। 'जिम जाना है' या 'एक घंटे अपना उपन्यास लिखना है' लिखना उन कामों के लिए बहुत कठोर और बेहद संरचित लग सकता है, जिन्हें हम 'काम' मानते ही नहीं।

हालाँकि सच्चाई यह है कि संरचना आपकी आज़ादी कम नहीं करती बल्कि बढ़ाती है। अलग-अलग गतिविधियों के लिए टाइम के विशिष्ट हिस्से निकालकर, आप यह सुनिश्चित कर रहे होते हैं कि आपके पास हर उस काम के लिए टाइम है जो आपके लिए महत्त्वपूर्ण है, मसलन : काम, शौक़, आराम, रिश्ते। आप दिन भर में जो कुछ भी आता है या आपके सामने आता है, केवल उसी पर प्रतिक्रिया नहीं दे रहे होते हैं। इसके बजाय, आप अपनी प्राथमिकताओं के मुताबिक़ अपने जीवन को डिज़ाइन कर रहे हैं।

टाइम ब्लॉकिंग को अपने टाइम के बजट की तरह समझिए। जैसे आप अपनी आमदनी को किराए, किराने का सामान, मनोरंजन और बचत जैसी अलग-अलग मदों में आवंटित करते हैं, वैसे ही आप अपने 24 घंटे अलग-अलग गतिविधियों के लिए आवंटित करते हैं। और जिस तरह से मौद्रिक बजट आपको वित्तीय आज़ादी दे सकता है, वैसे ही टाइम ब्लॉकिंग आपको टाइम की आज़ादी दे सकता है।

अगर आप टाइम ब्लॉकिंग शुरू करने के इच्छुक हैं, तो मैंने आपकी मदद करने के लिए एक त्रि-स्तरीय प्रणाली बनाई है।

लेवल 1 में उन ख़ास कामों के लिए टाइम निर्धारित करना होता है, जिन्हें आप टालते आ रहे हैं। इस लेवल पर, आप वे काम करना शुरू करते हैं, जो आपकी टु-डू लिस्ट में बहुत लंबे समय से पड़े हुए हैं। ये आपका ईमेल इनबॉक्स ख़ाली करने से लेकर, आपके वर्कस्पेस की सफ़ाई करने या आख़िरकार उस रिपोर्ट को पूरा करने तक कुछ भी हो सकते हैं, जिसे आप टालते आ रहे हैं। और अपने कैलेंडर में इन कामों के लिए एक ख़ास समय निर्धारित करें। आप अपने ईमेल इनबॉक्स को साफ़ करने के लिए मंगलवार को सुबह 9 से 10 बजे तक का समय निर्धारित कर सकते हैं। इस समय को किसी अन्य अपॉइंटमेंट की तरह ही लें। जब आवंटित समय आ जाए, तो सिर्फ़ अपने काम पर ध्यान दें।

लेवल 2 में अपने दिन के ज़्यादातर दिन की टाइम ब्लॉकिंग होती है। जब आप अलग-अलग कामों के लिए टाइम ब्लॉकिंग करने का अभ्यास कर लें, तो आपको पूरे दिन के लिए टाइम ब्लॉक करके अपनी सुबह शुरू करनी चाहिए।

कल्पना कीजिए कि आप सुबह उठकर अपने दिन की योजना इस प्रकार बनाते हैं : सुबह 7–8 बजे व्यायाम, 8–9 बजे नाश्ता और परिवार के साथ टाइम बिताना, 9–11 बजे अपने सबसे अहम प्रोजेक्ट पर गहन काम करना, 11–11:30 बजे ईमेल, इत्यादि।

आप अनिवार्य रूप से अपनी टु-डू लिस्ट को शेड्यूल में बदल रहे हैं। प्रत्येक टास्क के लिए विशिष्ट टाइम स्लॉट आवंटित करके, आप अपने दिन के काम को कब और कैसे पूरा करने की स्पष्ट योजना बना रहे हैं।

अंत में लेवल 3 आता है, अपने 'आदर्श सप्ताह' के लिए टाइम-ब्लॉकिंग। यहाँ, आप केवल एक दिन की योजना नहीं बना रहे हैं, बल्कि अपने आगे के पूरे सात दिनों की प्लानिंग बना रहे हैं। सुनिश्चित कीजिए कि अपने जीवन के सभी पहलुओं पर उतना ध्यान दें जिसके वे हक़दार हैं। उन सभी चीज़ों की पहचान कीजिए जो आपके लिए महत्त्वपूर्ण हैं : काम, परिवार, शौक़, व्यायाम, विश्राम, व्यक्तिगत विकास आदि। फिर, उनमें से हरेक के लिए सप्ताह में विशिष्ट टाइम निकालिए।

उदाहरण के लिए, आप तय कर सकते हैं कि प्रत्येक सप्ताह के दिन शाम 6 से 7 बजे तक व्यायाम का, शाम 7 से 8 बजे तक परिवार के साथ भोजन करने का और शाम 8 से 9 बजे तक व्यक्तिगत पढ़ाई का टाइमब्लॉक करें। इसी तरह, आप सोमवार और मंगलवार की सुबह को गहन कार्य के लिए, बुधवार की दोपहर को टीम मीटिंग के लिए और शुक्रवार की दोपहर को व्यक्तिगत विकास के लिए ब्लॉक कर सकते हैं। मुख्य बात यह है कि आप ऐसा संतुलन बनाएँ जो आपके काम आए – आपका आदर्श सप्ताह आपकी प्राथमिकताओं, महत्त्वाकांक्षाओं और निजी हालात को दर्शाने वाला हो।

हो सकता है कि आप वास्तव में अपने आदर्श सप्ताह पर कभी टिक ही ना पाएँ; और मेरा 'आदर्श' कहने का मतलब यही है। अनिवार्य रूप से, ऐसी चीज़ें भी सामने आएँगी जो आपको पटरी से उतार देंगी – और यह ठीक है। टाइम ब्लॉकिंग का मतलब कोई इतना कठोर शेड्यूल बनाना नहीं है जो आपको तनाव में ही डाल दे। इसका मतलब है संरचना मुहैया कराना और यह सुनिश्चित करना कि आपके लिए सबसे महत्त्वपूर्ण कामों के लिए अलग अलग टाइम हो।

एक बार जब आप ऐसा कर लेंगे, तो अनिश्चितता की धुंध थोड़ी सी साफ़ हो जाएगी।

सारांश

- हम टालमटोल को ग़लत तरीक़े से समझते हैं। अक्सर, हम टालमटोल के मूल कारणों के बजाय लक्षणों का उपचार करके टालमटोल का मुकाबला करते हैं। और अक्सर, वे कारण हमारी मनोदशा से संबंधित होते हैं : जब हम फ़ील बेड करते हैं, तो हम कम हासिल कर पाते हैं। इसलिए अनब्लॉक विधि यह पता लगाने के लिए है कि वास्तव में आपकी अच्छी मनोदशा को बाधा कौन पहुँचा रहा है – और उसे ख़त्म करने का तरीक़ा क्या है।
- पहली भावनात्मक बाधा सबसे सरल है : अनिश्चितता। इसका समाधान? आप वास्तव में क्या कर रहे हैं, इसके बारे में स्पष्टता हासिल करना। इसमें 'क्यों?' पूछना और फिर इसका इस्तेमाल करके अपने 'कैसे' का पता लगाना होता है।
- इसके बाद, 'क्या?' पूछिए। इसका मतलब है लक्ष्य-निर्धारण के लिए कोई वैकल्पिक दृष्टिकोण। स्मार्ट लक्ष्यों को भूल जाइए। आपको ऐसे लक्ष्यों की जरूरत है जो नाइस लगें (नियर-टर्म, इनपुट-बेस्ड, कंट्रोलेबिल और एनर्जाइजिंग)।
- आख़िर में पूछिए, 'कब?' अगर आपको पता नहीं है कि आप कब कुछ करने जा रहे हैं, तो संभावना यही है कि आप वह काम नहीं करेंगे। एक समाधान अमल के इरादों का इस्तेमाल करने का है – जिसमें आपकी सामान्य दैनिक आदतें उन कामों के लिए प्रेरक बन जाती हैं जिन पर आप काम करना चाहते हैं : उदाहरण के लिए, अगर मैं अपने दाँतों को ब्रश करता हूँ, तो मैं अपने पैरों की नस हैमस्ट्रिंग को खींचूँगा।

5

साहस जुटाइए

एलेक्स होनॉल्ड अपनी अँगुलियों के पोरों से चट्टान को पकड़े हुए था। हज़ारों फुट नीचे, योसेमाइट घाटी की जंगली ढलानों पर, उसके दोस्त उसे तकलीफ़ में देख रहे थे। एल कैपिटन 3000 फुट ऊँची चट्टान की उस दीवार पर चढ़ने की कोशिश कर रहा था, जिसे उसे कोई लगाव नहीं था। वैसे वह वापस जा भी नहीं सकता था, अब तो क़तई नहीं। एकमात्र विकल्प चढ़ते रहने का था।

होनॉल्ड के बिना रस्सी के एल कैपिटन पर चढ़ने के रिकॉर्ड ब्रेकिंग के प्रयास को दर्शाती डॉक्यूमेंट्री *फ़्री सोलो*, 2018 में रिलीज होने पर एक बड़ी घटना बन गई। ये फ़िल्म हमें ऐसे सवाल पर विचार करने के लिए आमंत्रित करती है जो हम सभी ने पूछा है: कुछ लोग ऐसे काम करने का साहस क्यों करते हैं जिनके बारे में हममें से ज़्यादातर लोग कभी सपने में भी नहीं सोच पाते?

इस मामले में, जवाब होनॉल्ड की शारीरिक रचना के एक ख़ास पहलू से संबंधित हो सकता है। उसके पास विशेष रूप से कुछ ऐसा है जो हममें से बाक़ी लोगों के पास नहीं है – या बल्कि ऐसा कहिए कि, उसके पास क़ुछ ऐसा नहीं है जो हममें से बाक़ी लोगों के पास है। एक दृश्य में, डॉक्यूमेंट्री क्रू एलेक्स का पीछा करते हुए डॉक्टर के ऑफ़िस जाते हैं, जहाँ उसका एमआरआई स्कैन होता है। उसके डॉक्टर बताते हैं कि एलेक्स के मस्तिष्क का एक हिस्सा ज़्यादातर लोगों की तुलना में कम सक्रिय है। मस्तिष्क के इस हिस्से को एमिग्डला कहते हैं।

एमिग्डला 'थ्रीट डिटेक्टर' होता है, जो हमें जीवित रहने में सहायता करने वाली डर जैसी भावनाओं को पैदा करने के लिए ज़िम्मेदार है। जिन लोगों के एमिग्डला में कोई दोष होता है, उन्हें बिलकुल भी डर नहीं लगता, ना तो सार्वजनिक

रूप से बोलने में, ना ही किसी भीड़ भरी सड़क के बीचोंबीच चलने में। यह हॉनॉल्ड की 3,000 फुट की ऊँचाई पर चिकनी चट्टान के ऊर्ध्वाधर स्लैब को बिना किसी घबराहट के पकड़ने की क्षमता को दर्शाता है।

एमिग्डला के बारे में अच्छी बात यह है कि यह हमें जीवित रहने में सहायता करता है। अगर हमारे मस्तिष्क में वह हिस्सा नहीं होता जो हमें बाघों और साँपों और तेज़ रफ़्तार वाले वाहनों से बचने के लिए प्रेरित करता है, तो शायद मानव प्रजाति इतनी लंबी अवधि तक बच ही नहीं पाती। बुरी ख़बर यह है कि एमिग्डला कथित लेकिन भ्रामक ख़तरों की भी पहचान कर सकता है। शोधकर्ता इसे 'एमिग्डला हाईजैक' कहते हैं। ऐसा तब होता है जब हमारी सुरक्षा को कोई गंभीर ख़तरा ना भी हो, तब भी एमिग्डला हमें बचने और भागने के लिए कहता है।

एमिग्डला हाईजैक हमारे दूसरे प्रमुख अवरोधक, डर का महत्त्व बताता है। जब ऐसी चुनौतियाँ सामने आती हैं जो हमारी सुरक्षा की भावना को ख़तरे में डालती हैं – जैसे अजनबियों के समूह से मिलना, या कोई ऐसा टास्क करना जिसे जल्द ख़त्म हो रही समय सीमा में पूरा करना है, या कोई महत्त्वपूर्ण परीक्षा पास करनी है – तो एमिग्डला उस टास्क को ख़तरा समझता है। भले ही हम तर्कसंगत रूप से जानते हों कि टास्क को टालने से भविष्य में ज़्यादा तनाव पैदा होगा, फिर भी हमारा मस्तिष्क वर्तमान के ख़तरे को दूर करने के लिए ज़्यादा चिंतित रहता है। इसे हासिल करने का सबसे सरल तरीक़ा? कुछ भी मत कीजिए।

क्या आपने कभी रिजेक्ट होने के डर से नौकरी या प्रमोशन के लिए आवेदन करने में संकोच किया है? या किसी ऐसे सामाजिक कार्यक्रम में भाग लेने से परहेज किया है जहाँ आप बहुत से लोगों को नहीं जानते हैं? या आप किसी रचनात्मक परियोजना पर काम शुरू करने में असफल रहे, क्योंकि आपको चिंता थी कि आपके पास उसके लिए जरूरी कौशल नहीं था? हर बार आपका एमिग्डला यही कहता है।

प्रतिभा या प्रेरणा की कमी आपको पीछे नहीं खींच रही होती है। पीछे तो आपको डर खींच रहा है।

डर एक और ऐसी नकारात्मक भावना है जो हमारी प्रोडक्टिविटी को ब्लॉक करती है। यह हमारे फ़ील गुड कराने वाले हार्मोन को बाधित करता है और हमारी सोच और समस्या-समाधान को धुँधला कर देता है। डर सामने होने पर टालमटोल करना स्वाभाविक है।

और इसका समाधान? समाधान है, साहस जुटाना। अपने डर को देखना, उसे स्वीकार करना और उससे आगे बढ़ना।

अब मुझे ग़लत मत समझिए। इस अध्याय का लक्ष्य जादुई तरीक़े से आपकी चिंताओं और आत्म-संदेहों को 'दुरुस्त' करने या 'उबरने' में आपकी सहायता करना है ही नहीं। जब तक आप एलेक्स होनॉल्ड ना हों, तब तक आपका डर कभी भी पूरी तरह से ख़त्म नहीं हो सकता। हालाँकि अपने डर का सामना करने और उसे समझने का साहस विकसित करके, हम भावनात्मक बाधाओं को दूर कर सकते हैं, जो जीवन भर हमें टालमटोल करने की ओर ले जा सकती हैं। जब डर हमारी क्षमताओं पर ताला लगा देता है, तो साहस ही चाबी का काम करता है।

अपने डर को जानिए

मुझे अपना व्यवसाय शुरू करने में सात साल लग गए थे।

मैं 2010 से ही एक यूट्यूब चैनल शुरू करना चाहता था, लेकिन जब भी मैं उसके लिए पहला वीडियो शूट करने के बारे में सोचता था, हमेशा ऐसा लगता था कि कोई ताक़त मुझे ऐसा करने से रोक रही है। जब मैंने इसे अपने कैलेंडर में ब्लॉक कर दिया था और फ़िल्माने के लिए बैठ गया था, तब भी ऐसा ही लगा। पहले तो मुझे लगा कि मैं अपने परफ़ेक्शनिस्म के कारण इसे टाल रहा हूँ। आख़िरकार, मेरे मानक बहुत ऊँचे थे। मैं ऐसे वीडियो नहीं बनाना चाहता था जो बिलकुल ही बेकार हों।

हालाँकि अब पीछे मुड़कर देखता हूँ, तो अहसास होता है कि मैं ग़लत था। मैं बहुत सी बातों – परीक्षाएँ, दोस्त बनाना, मेरी मैजिक ट्रिक्स – के बारे में परफ़ेक्शनिस्ट था, लेकिन इसने मुझे उन्हें शुरू करने से नहीं रोका। कुछ और भी था, जो मुझे रोक रहा था, और वह था : डर। असफलता का डर, निर्णय का डर, पर्याप्त अच्छा ना होने का डर। सालों तक मेरे दिमाग़ में डर की आवाज़ कहती रही, 'यह किसी तरह से चलने वाला नहीं है' और 'तुम इसे करने लायक़ हो ही नहीं, तो कोशिश ही क्यों कर रहे हो?' आख़िरकार, मैंने 2017 तक कोई वीडियो नहीं बनाया।

शायद इस डर पर क़ाबू पाने में मुझे लगभग एक दशक लगा तो इसका मुख्य कारण यही था कि मैं इसे समझ ही नहीं पाया था। मेरे पास यह समझाने के लिए शब्द नहीं थे कि मुझे उन वीडियो को फ़िल्माने से कौन रोक रहा है। मुझे लगा कि मैं बस आलसी हो रहा हूँ, या ठीक से प्रतिबद्ध नहीं हूँ, और इसने मेरे आत्म-संदेह और नकारात्मक आत्म-संवाद को बढ़ावा दिया। हालाँकि एक बार जब मैंने अपने जीवन में डर की भूमिका को समझना शुरू किया, तो मैं इसे अपने और अपनी महत्त्वाकांक्षाओं के बीच खड़ी मुख्य बाधा के रूप में पहचानने में सक्षम हो गया।

अपने डर को जानना, उस पर क़ाबू पाने की दिशा में पहला क़दम होता है।

ज्ञान ही शक्ति है। अपने डर को जानना, उस पर क़ाबू पाने की दिशा में पहला क़दम होता है। अगर सही तरीक़े से सँभाला जाए, तो इसमें सात साल से भी कम लगता है।

प्रयोग 1 :

भावनात्मक लेबल

अपने डर को जानने का पहला तरीक़ा 2016 में अराकानोफ़ोबिया से ग्रस्त 88 लोगों, कई वैज्ञानिकों और एक चिली के गुलाबी बालों वाले मकड़े (टारेंटयुला) ने अच्छी तरह से प्रदर्शित किया था। धड़कते दिलों और पसीने से तर हथेलियों के साथ, भयभीत वॉलेंटियरों का समूह पृथ्वी पर मौजूद सबसे बड़े मकड़ों में से एक से मिलने के लिए क़तार में खड़ा था। एक-एक करके, वे छह इंच के टारेंटयुला के पास पहुँचे, जिसकी फैली हुई टाँगें इसके कंटेनर की दीवार पर अपशकुन भरी छाया डाल रही थीं। आख़िरकार, सबसे दिल दहला देने वाला क्षण भी आ गया : उन्हें आगे बढ़ने और अपनी तर्जनी की नोक से मकड़े को छूने के लिए कहा गया।

ये लोग आत्मपीड़ावाद से प्रेरित नहीं थे। वे डर के विज्ञान पर किए जा रहे एक अभूतपूर्व अध्ययन के प्रतिभागी थे। ख़ास तौर पर, वे हमारे डर को दूर करने में हमारी सहायता करने के लिए हमारे डर को नाम देने की रहस्यमय शक्ति का पता लगाने के लिए वहाँ गए थे।

टारेंटयुला से मिलने से पहले, प्रतिभागियों को कई समूहों में विभाजित किया गया था। प्रयोग करने वाले यूनिवर्सिटी ऑफ़ कैलिफ़ोर्निया, लॉस एंजेलिस वैज्ञानिक ने प्रत्येक प्रतिभागी को कुछ सरल युक्तियों के साथ तैयार किया था। कुछ लोगों को अपना ध्यान भटकाने या मकड़े के बारे में कम नकारात्मक तरीक़े से सोचने के लिए कहा गया था। हालाँकि एक समूह को कुछ और ख़ास करने का निर्देश दिया गया था : टारेंटयुला का सामना करते समय अपनी भावनाओं को लेबल करना, मसलन, 'मुझे चिंता है कि घिनौना टारेंटयुला मुझ पर कूद पड़ेगा।'

अध्ययन के अंत में, सभी समूहों ने अनुभव के बारे में व्यथित महसूस करने की बात बताई। हालाँकि कुछ दूसरों की तुलना में बेहतर थे। और सबसे अच्छा प्रदर्शन करने वाला समूह वह था जिन्होंने अपने डर को शब्दों में व्यक्त किया था। उनके मकड़े के क़रीब जाने की काफ़ी ज़्यादा संभावना थी। और उन्होंने महसूस

किया कि उनका डर धीरे-धीरे कम हो रहा था, और उसकी जगह नियंत्रण की एक नई भावना ने ले ली थी। यह अनुभव शुरुआती टेस्ट के एक सप्ताह बाद तक बनी रही।

यह अध्ययन हमारे डर को देखने का एक शक्तिशाली तरीक़ा बताता है कि वह वास्तव में है क्या। यहां लक्ष्य आपके एमिग्डला को पूरी तरह से काम करने से रोकना नहीं है (तब तो आपके ट्रक से टकराने की संभावना नाटकीय रूप से बढ़ जाएगी)। इसके बजाय, यह पहचानना है कि एमिग्डला हाईजैक कब हो रहा है।

इस तकनीक को 'भावात्मक लेबलिंग' कहा जाता है। सरल शब्दों में कहें तो यह आपकी भावनाओं को शब्दों का रूप देने का काम है, जिससे आप उन संवेदनाओं को पहचानने और जानने के लिए मजबूर होते हैं जो आप अनुभव कर रहे होते हैं। यह दो प्रकार से काम करता है। सबसे पहले तो, यह हमारी आत्म-जागरूकता को बढ़ाता है। अपने डर को नाम देने और स्वीकार करने से, हम गहरी आत्म-जागरूकता विकसित करते हैं जो हमें अपने भावनात्मक पैटर्न को ज़्यादा अच्छी तरह से समझने में सहायता करती है। दूसरा, यह हमारे चिंतन को कम करता है। हमारे डर के बारे में चक्रीय विचार हमें डर के उचित होने के बारे में और भी ज़्यादा आश्वस्त कर सकते हैं। जब हम अपनी भावनाओं को लेबल करते हैं, तो हम उन्हें संसाधित करने और छोड़ने में बेहतर तरीक़े से सक्षम हो जाते हैं – और इस तरह हम चीज़ों को टालने पर मजबूर करने वाले चक्रीय विचारों से बच जाते हैं।

समस्या यह है कि हमारी भावनाओं को लेबल करना हमेशा सरल नहीं होता है। अगर आप मेरे जैसे हैं, तो आपको उन डर और भावनाओं की पहचान करना भी बेहद कठिन लग सकता है जो आपको रोक रहे हैं। हम काम ना करने के लिए 'उचित' कारणों को तर्कसंगत बहुत अच्छी तरह से बना लेते हैं। 'मैं अपना बिज़नेस शुरू करने में देरी नहीं कर रहा हूँ क्योंकि मुझे किसी बात का डर है, मुझे अभी तक सही आइडिया ही नहीं मिला है।' 'मैं डर के कारण अपना उपन्यास लिखने में आगे नहीं बढ़ पा रहा हूँ, मेरे पास समय ही नहीं है।'

ऐसे में हम अपने डर को नाम देने की आदत कैसे डाल सकते हैं – और कैसे उसे संसाधित करना सीख सकते हैं? एक तरीक़ा तो है ख़ुद से कुछ सवाल पूछने का। जब आप टालमटोल कर रहे हों, तो ख़ुद से पूछिए, 'मुझे किस बात का डर है?' हमारी मूल कमज़ोरियाँ और असुरक्षाएँ ही अक्सर टालमटोल का मूल कारण होती हैं। उनसे निपटने के लिए, पहले हमें उन्हें पहचानना होगा।

इसके बाद, एक क़दम आगे बढ़िए और ख़ुद से पूछिए, 'यह डर आता कहाँ से है?' क्या यह कारण 'मैं' है या 'वे' है? 'मैं' कारण आपकी क्षमता के बारे में आपकी धारणा से जुड़े डर होते हैं। उदाहरण के लिए, इस बात का डर कि आप

पर्याप्त अच्छे नहीं हैं या शुरू करने के लिए पूरी तरह से तैयार नहीं हैं। 'वे' कारण इस बात से जुड़े डर होते हैं कि दूसरे लोग आपके काम पर कैसी प्रतिक्रिया देंगे। उदाहरण के लिए, इस बात से डरना कि लोगों को आपका काम पसंद नहीं आएगा या वे आपकी दूसरों से तुलना करेंगे। हर मामले में, अपने अंदर यह स्पष्ट करने की कोशिश कीजिए कि आपका डर असल में किस बारे में है और कहाँ से आ रहा है।

और अगर आप अब भी अपने डर को निष्पक्ष रूप से समझने के लिए जूझ रहे हैं, तो क्या होगा? मुझे एक रणनीति मददगार लगती है और वह है, ख़ुद को वह अनुभव किसी और के बारे में कहानी के रूप में बताना जिससे मैं गुज़र रहा हूँ। निस्संदेह, मैं स्वयं से कहता हूँ कि मैं डरा हुआ नहीं हूँ। हालाँकि अगर मैं अपने जैसे और मेरी जैसी स्थिति के किसी आदमी के बारे में कोई काल्पनिक कहानी लिखूँ, जो किसी बात के डर के कारण इस काम को टाल रहा है, तो वह किससे डर सकता है? कौन-सा डर इस काल्पनिक किरदार को अपना कार्य शुरू करने से रोक रहा होगा?

प्रयोग 2 :

पहचान लेबल

कभी-कभी, हमारे डर किसी बहुत ही ख़ास चीज़ के बारे में होते हैं, मसलन : किसी परियोजना शुरू करने के बारे में या उस विशालकाय टारेंटयुला का सामना करने के बारे में। हालाँकि कभी-कभी, हमारे डर व्यापक भी होते हैं, जो विशिष्ट समस्याओं के बारे में कम, और हमारी व्यापक पहचान के बारे में ज़्यादा होते हैं। हम ख़ुद को ऐसे लेबल देते हैं जो हमें शुरू करने से बहुत डराते हैं: 'मैं धावक नहीं हूँ।' 'मुझे गणित से डर लगता है।' 'मुझे रचनात्मक टास्क पसंद ही नहीं हैं।'

ये पहचान हमें शुरू करने से उसी तरह से डरा सकती हैं जिस तरह से ज़्यादा विशिष्ट डरा सकते हैं। 1960 के दशक में, मनोवैज्ञानिक हॉवर्ड बेकर ने सुझाव दिया कि समाज के हम पर लगाए लेबल हमारे व्यवहार को गहराई से प्रभावित करते हैं। उस समय, बेकर आपराधिकता के संदर्भ में लेबल पर लगे हुए थे : उन्होंने पाया कि जिन लोगों को पहले अपराध के बाद 'अपराधी' के रूप में लेबल किया जाता है, उनके फिर से आपराधिक व्यवहार में शामिल होने की संभावना ज़्यादा होती है।

1990 के दशक तक, अध्ययनों की एक श्रृंखला ने दिखाया था कि यह समस्या केवल आपराधिकता को ही प्रभावित नहीं करती है। स्कूलों से लेकर किशोर सुधार केंद्रों और सेना तक, हर जगह, जिन लोगों को नकारात्मक लेबल दिए जाते हैं, उनके परेशान करने वाले व्यवहार को दोहराने की ज़्यादा संभावना

होती है। बेकर ने दिखाया कि हम ख़ुद को जो लेबल देते हैं, वे हमारे व्यवहार को भी प्रभावित करते हैं।

बेकर ने अपनी इस समझ को 'लेबलिंग सिद्धांत' का नाम दिया, जो बताता है कि लेबल एक स्व-पूर्ति भविष्यवाणी बन जाते हैं। आपने शायद ख़ुद भी इसका अनुभव किया हो। आपका कोई एक रिश्ता ख़राब है और आप निष्कर्ष निकालते हैं कि आप रिश्ते निभाने में बिलकुल भी अच्छे नहीं हैं। आप किसी एक परीक्षा में असफल होते हैं और आप ख़ुद को हमेशा के लिए अकादमिक असफलता का लेबल दे बैठते हैं। आप कभी कोई समय सीमा चूक गए और ख़ुद को टालू का लेबल दे दिया।

अच्छी ख़बर यह है कि लेबलिंग दूसरी तरह से भी काम कर सकती है। जिस तरह से कोई नकारात्मक लेबल हमारे डर को बढ़ा सकता है, उसी तरह कोई सकारात्मक लेबल उस पर क़ाबू भी पा सकता है। उदाहरण के लिए, जब मैं आत्म-संदेह का अनुभव कर रहा होता हूँ, तो मेरा पसंदीदा लेबल 'आजीवन सीखने वाला' होता है। यह लेबल सीखने और बढ़ने की मेरी इच्छा को प्रकट करता है। यह मेरा ध्यान टालमटोल के शर्म और पछतावे जैसे नकारात्मक पहलुओं से हटा देता है, और इसके बजाय मुझे आगे बढ़ने और सीखना जारी रखने का आत्मविश्वास देता है। आजीवन सीखने वाला व्यक्ति ख़ुद को बेहतर बनाने के नए-नए तरीक़े लगातार खोजता रहता है। आजीवन सीखने वाला इंसान कभी भी ज़्यादा समय तक टालमटोल की आदत में नहीं फँसता।

आप स्वयं भी इस तरीक़े का इस्तेमाल कर सकते हैं। जब आपको लगे कि आप किसी काम को टाल रहे हैं, तो अपने इस्तेमाल किए जाने वाले लेबल को देखिए। क्या आप समस्या को बहुत ज़्यादा ही पहचान रहे हैं? आप कितनी बार ऐसा कहते हैं, 'मैं हमेशा टालमटोल करने वाला इंसान हूँ' या 'मैं वादा नहीं कर सकता कि मैं समय पर काम पूरा कर ही लूँगा, मैं वाकई टालमटोल करता हूँ'? और पहचानने का इससे ज़्यादा सकारात्मक तरीक़ा क्या हो सकता है? कोई ऐसा इंसान जो कड़ी मेहनत करता है? कोई ऐसा इंसान जिसने पहले बहुत कुछ हासिल किया हो? कोई ऐसा इंसान जो दी गई समयसीमा में काम पूरा कर लेता हो?

यह छोटा-सा बदलाव लगता है, लेकिन ऐसा है नहीं। लेबल मात्र निष्क्रिय ठप्पा नहीं हैं जो दूसरे लोग हम पर लगा दें, और हम पर लग जाए। ये तो ऐसे उपकरण हैं जो हमें यह समझने में मदद करते हैं कि हम हैं कौन। अगर हम अपना लेबल बदल सकें, तो आखिरकार हम अपना व्यवहार भी बदल सकते हैं।

अपने डर को कम कीजिए

जब पीटर डिलियो कैलिफ़ोर्निया के ओलानचा में रैंच हाउस कैफ़े पहुँचा, तब थकान के कारण उसे पहचानना मुश्किल हो गया था। वह नौ दिनों से चल रहा था।

लगभग दो सप्ताह पहले उनका सिंगल-इंजन विमान सिएरा नेवादा में दुर्घटनाग्रस्त हो गया था। चमत्कारिक रूप से, सभी तीन यात्री बच गए थे, लेकिन केवल डिलियो ने मदद की तलाश शुरू की। खरोंच और चोटों के साथ, वह किसी की तलाश करने के लिए मलबे से दूर चलने लगा। वहाँ चलना आसान नहीं था : विमान तक़रीबन 9,000 फुट की ऊँचाई पर दुर्घटनाग्रस्त हुआ था, और डिलियो को सिएरा पहाड़ों की बर्फ़ से ढँकी चोटियों पर पैदल चलना पड़ा। आख़िरकार, उसे एक टीले से रोशनी दिखी और अंधेरे में लड़खड़ाते हुए वह हाईवे पर नीचे उतरा, और उसने वहाँ से गुज़र रही एक कार को रोका।

जब वह कैफ़े पहुँचा, डिलियो ने चिकित्सा उपचार लेने से इंकार कर दिया। उसे अपने दो यात्रियों की खोज के लिए बचाव दल को बुलाना ज़्यादा ज़रूरी लगा। वह एक विमान में सवार हुआ और बचाव दल को वहीं मलबे के पास ले गया। लेकिन तब तक बहुत देर हो चुकी थी – उसके दोस्त मर चुके थे।

डेलियो को मदद की तलाश में लगे हुए कैसे जीवित बना रहा, जबकि उसके दो साथी यात्री वहीं इंतज़ार करते-करते मर गए? यही वह प्रश्न है जिसका उत्तर देने की कोशिश में उत्तरजीविता मनोवैज्ञानिक जॉन लीच ने कई साल बिताए। जॉन लीच ने एक बार लिखा था, 'उसके दो मृत साथियों के लिए मलबे में दबा होना किसी सजा से ज़्यादा तो नहीं था।' 'फिर, इनमें से एक व्यक्ति को तो दुर्घटना के बाद मामूली खरोंचे ही आई थीं। तो वह क्यों मर गया? आग जलाई जा सकती थी, पानी मौजूद था ही और वह ग्यारह दिनों में भूख से तो नहीं मरता।'

आपदाओं में लोगों की प्रतिक्रिया के तरीक़े के बारे में लीच की रिसर्च से इंसानी स्वभाव के बारे में एक मुख्य सच्चाई सामने आती है : जब हम डरे हुए होते हैं, तो हम पंगु हो जाते हैं। आपदाओं के दौरान, पीड़ित आमतौर पर संज्ञानात्मक पक्षाघात दिखाते हैं, जिसका मतलब है कि वे सोचने, निर्णय लेने या कार्रवाई करने में असमर्थ हो जाते हैं। अच्छी ख़बर यह है कि संज्ञानात्मक पक्षाघात कम किया जा सकता है। आख़िरकार, हर कोई डर के अक्षमकारी प्रभावों को महसूस नहीं करता है। पीटर डिलियो जैसे लोग एड्रेनालाइन को बदलने में सक्षम लगते हैं जो हममें से कुछ को कुछ ज़्यादा शक्तिशाली रूप में जमा देता है, और पहाड़ चढ़ने,

मदद माँगने, चलते रहने की क्षमता बढ़ा देता है। सही उपकरणों के साथ, हम अपने ऊपर डर के प्रभाव को कम कर सकते हैं।

प्रयोग 3 :

10/10/10 नियम

डर की ताक़त को कम करने का पहला तरीक़ा है कुछ परिप्रेक्ष्य हासिल करना।

डर इतना पंगु इसलिए कर देता है क्योंकि हम आपदा के बारे में सोचते हैं। हमारे दिमाग़ में, कोई छोटी सी असफलता बहुत बड़ी हो जाती है। हर संभावित असफलता में हमारे पूरे जीवन को नष्ट करने और हमें हमेशा के लिए परिभाषित करने की क्षमता होती है। नीचे बताई बातों पर गौर कीजिए :

- आपको कोई ऐसा व्यक्ति अस्वीकार कर देता है जिसे आप पसंद करते हैं। नतीजतन, आप तय कर लेते हैं कि आप प्यार करने लायक़ ही नहीं हैं और अपना जीवन अकेले बिताएँगे।
- आपको नौकरी नहीं मिलती। नतीजतन, आप तय कर लेते हैं कि आप किसी भी कंपनी में काम करने लायक़ नहीं हैं और आप बेरोज़गार तथा बेघर हो जाएँगे।
- आप अपने पहले ड्राइविंग टेस्ट में फ़ेल हो जाते हैं। नतीजतन, आप तय कर लेते हैं कि आप ख़राब ड्राइवर हैं और आगे कभी गाड़ी नहीं चलाएँगे।

जब आप ख़ुद को इस तरह से आपदा के बारे में सोचते हुए पाएं, तो एक क़दम पीछे हटिए और बड़ी तसवीर देखिए। सही टूलकिट की मदद से, हम यह महसूस कर सकते हैं कि चीज़ें उतनी बुरी हैं नहीं, जितनी बुरी वे लगती हैं – और इसलिए डर की तीव्रता कम हो जाती है।

इस प्रक्रिया का वैज्ञानिक नाम 'संज्ञानात्मक पुनर्मूल्यांकन' है, यानी किसी स्थिति की व्याख्या को बदलना ताकि हम भावनात्मक रूप से बेहतर महसूस करें। संज्ञानात्मक पुनर्मूल्यांकन का मुख्य लक्ष्य किसी घटना, विचार या भावना पर हमारे दृष्टिकोण को बदलना है, जिससे हम ज़्यादा सकारात्मक भावनात्मक प्रतिक्रिया का अनुभव कर सकें।

संज्ञानात्मक पुनर्मूल्यांकन को व्यवहार में लाने का एक आसान तरीक़ा यह है कि आप ख़ुद को याद दिलाएँ कि जिस बात के बारे में आप अभी बहुत बुरा महसूस कर रहे हैं, वह शायद भविष्य में उतनी मायने रखेगी ही नहीं। आप अपने

आप से नीचे बताए तीन प्रश्न पूछकर ऐसा कर सकते हैं, जो मेरे 10/10/10 नियम के अनुसार हैं।

खुद से पूछिए:

क्या यह 10 मिनट बाद मायने रखेगा?

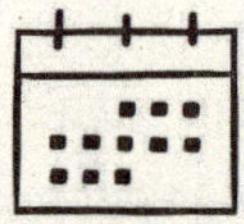

क्या यह 10 सप्ताह बाद मायने रखेगा?

क्या यह 10 साल बाद मायने रखेगा?

आइए देखते हैं कि पिछले उदाहरणों में यह कैसे काम करेगा।

- **प्रेरक :** जिसे आप पसंद करते हैं, वह आपको ख़ारिज कर देता है। क्या यह बात 10 मिनट बाद मायने रखेगी? हो सकता है मैं अब भी निराश महसूस करूँ और किसी को अपना चेहरा ना दिखाना चाहूँ। *क्या यह बात 10 सप्ताह बाद भी मायने रखेगी? हो सकता है, लेकिन मेरी मायूसी पहले की तुलना में तो कुछ कम ही होगी। क्या यह बात 10 साल बाद मायने रखेगी?* संभवत: बिलकुल नहीं – तब तक मेरी मुलाक़ात कई लोगों से हो चुकी होगी जो मेरा जीवन बदल चुके होंगे।
- **प्रेरक :** आपको नौकरी नहीं मिलती। क्या ये बात 10 मिनट बाद मायने रखेगी? शायद रखेगी। मैं पूरे दिन काफ़ी निराश महसूस करता रहूँगा। क्या यह बात 10 सप्ताह बाद मायने रखेगी? शायद नहीं, क्योंकि तब तक मैं ढेर सारी नौकरियों के लिए आवेदन कर चुका होऊँगा। क्या यह बात 10 साल बाद मायने रखेगी? बिलकुल नहीं। कुछ लोग तो करियर में बिना किसी झटके के कामयाब हो जाते हैं और मैं इसे किसी हल्की सी बाधा के तौर पर ही देखूँगा।
- **प्रेरक :** आप अपने पहले ड्राइविंग टेस्ट में फ़ेल हो जाते हैं। *क्या ये बात 10 मिनट बाद मायने रखेगी?* हो सकता है। मुझे ये ख़बर अपने प्रशिक्षक को देनी होगी और कुछ शर्मिंदगी झेलनी पड़ेगी। *क्या यह बात 10 सप्ताह बाद मायने रखेगी?* शायद नहीं। मैं एक और टेस्ट के लिए बुकिंग करा चुका होऊँगा, और उम्मीद है कि उसमें पास भी हो चुका होऊँगा। *क्या यह बात 10 साल बाद मायने रखेगी?* क़तई नहीं। बहुत संभावना है कि

मेरी सारी शर्मिंदगी भुला चुका होऊँगा – अगर कुछ याद भी होगा तो बस एक मज़ाक़िया कहानी के रूप में ही इसकी याद बची होगी।

10/10/10 नियम हमें उस समस्या की गंभीरता को पहचानने में मदद करता है जिसको लेकर हम तनाव में होते हैं। आम तौर पर, हम पाते हैं कि जिन असफलताओं के बारे में हम अभी चिंतित हैं, वे हमेशा हमारी पहचान नहीं बनी रहेंगी। और यह भी है कि हमारे पास अभी जो डर है, उसका हमेशा इतना महत्त्व तो रहेगा नहीं।

प्रयोग 4 :

विश्वास का समीकरण

डर हमेशा ऐसे नाटकीय रूपों में निस्संदेह नहीं आता है कि 'मेरा जीवन हमेशा के लिए तबाह हो जाएगा'। हम जो डर अनुभव करते हैं, उसका एक हिस्सा आत्म-संदेह की ही कम कर्कश भावना होती है जो हमारे और हमारे लक्ष्यों के बीच खड़ी होती है, मसलन यह डर कि हम उतने बढ़िया हैं ही नहीं।

मैं अक्सर इस तरह के आत्म-संदेह को एक तरह के निलंबित एनीमेशन मानता हूँ। हम दो परस्पर विशिष्ट मान्यताओं के बीच लटके होते हैं। हमारा एक हिस्सा सोचता है, 'मैं वास्तव में यह करना चाहता हूँ', लेकिन हमारा दूसरा हिस्सा कहता है, 'ऐसा करने का मेरे पास कोई तरीक़ा ही नहीं है।' इसका परिणाम निष्क्रियता होती है।

उदाहरण के लिए, जब मैं लिखने में टालमटोल करता हूँ (जो अक्सर होती है), तो ऐसा इसलिए होता है क्योंकि मैं दो आदर्शों के बीच लटका हुआ हूँ। एक तरफ़, मेरी किताब लिखने की सच्ची इच्छा है – *कुछ सुंदर बनाने की सच्ची इच्छा है! लोगों की मदद करने की सच्ची इच्छा है!* – और दूसरी तरफ़, मेरे दिमाग़ में कोई छोटी-सी आवाज़ कह रही है, 'मैं जो कुछ भी लिखूँगा, वह वैसे भी कचरा ही होगा, इसलिए ऐसा करने का कोई मतलब ही नहीं है!' या, 'मैं अच्छा लेखक नहीं हूँ, तो मैं यह कोशिश क्यों कर रहा हूँ?'

निश्चित रूप से कुछ मामले ऐसे होते हैं जिनमें संदेह उपयोगी और वाजिब होता है। मुझे विमान चलाने या रॉकेट डिज़ाइन करने की अपनी क्षमता के बारे में बहुत सारे आत्म-संदेह हैं। लेकिन हमारे ज़्यादातर संदेह आमतौर पर तर्कसंगत कम ही होते हैं। आमतौर पर, जब टालमटोल का कारण आत्म-संदेह होता है, तो ऐसा इसलिए नहीं होता, क्योंकि वहां कुछ वास्तविक है। यह धारणा का नतीजा होता है : मेरी अपनी क्षमता में मेरा विश्वास उस क्षमता से कम है जो मुझे ज़रूरी लगती

है। अगर आपकी दिलचस्पपी गणितीय संकेतों में हैं, तो आप इसे इस तरह लिख सकते हैं :

आत्म-विश्वास = क्षमता की धारणा - मानकों की धारणा

अगर हम मानते हैं कि हमारी क्षमता आवश्यक मानक से ज़्यादा है, तो हम आश्वस्त हैं। अगर हम मानते हैं कि हमारी क्षमता आवश्यक मानक से कम है, तो हम संदेहयुक्त हैं।

आत्म-संदेह के प्रभाव कम करने के लिए इन सबका मतलब क्या है? ख़ैर, सही उपकरणों के साथ आप आत्मविश्वास के समीकरण को इस तरह से संतुलित कर सकते हैं कि एक्शन को प्रोत्साहन मिले। हमने पावर के अध्याय में अपने आत्मविश्वास को बढ़ाने के बारे में बात की थी, और उसके सुझाव आत्म-संदेह को दूर करने में काफ़ी मददगार हो सकते हैं। हालाँकि एक स्व-घोषित प्रोडक्टिविटी गुरु के रूप में भी, मैं दैनिक आधार पर आत्म-संदेह के कारण होने वाले विलंब से निपटना जारी रखता हूँ। इस पुस्तक को लिखने के दौरान, आत्म-संदेह लेखक के अवरोध का प्राथमिक चालक रहा है : ऐसे दिन (यहाँ तक कि सप्ताह!) भी आए हैं जब मुझे लगा कि मुझसे नहीं होगा।

ऐसे क्षणों में, अपना आत्मविश्वास बढ़ाना सबसे आसान समाधान नहीं हो सकता है। आत्मविश्वास होना निश्चित रूप से अच्छा तो होता है, और निश्चित रूप से किसी टास्क को शुरू करना आसान बनाता है, लेकिन अगर आप ख़ुद को टालमटोल करना बंद करने के लिए प्रेरित करना चाहते हैं, तो आपको एक सरल तरीक़े की ज़रूरत हो सकती है। मेरे मामले में, इसमें अक्सर ये सरल तरीक़ा शामिल होता है : अपने कम आत्मविश्वास पर चमत्कारिक रूप से क़ाबू पाना नहीं, बल्कि इसे एक ग़ैर-मुद्दे में बदलना। मेरा पसंदीदा तरीक़ा सरल है।

बस ख़ुद से पूछिए: 'इस काम को शुरू करने के लिए मुझे वास्तव में कितना आत्मविश्वास महसूस करने की ज़रूरत है? क्या मैं बिना आत्मविश्वास के भी शुरू कर सकता हूँ?' ज़्यादातर मामलों में, जवाब हमेशा 'हाँ' ही होता है। निस्संदेह, अगर मुझे न्यूरोसर्जरी करने के लिए कहा जाए, तो मुझे शुरुआत करने के लिए अपनी क्षमताओं पर बहुत ज़्यादा आत्मविश्वास महसूस करने की ज़रूरत पड़ेगी। हालाँकि व्यावहारिक रूप से, दिन-प्रतिदिन के क्षेत्रों - जिम जाने, अपने व्यवसाय पर काम करने, यह किताब लिखने - के लिए मुझे वास्तव में शुरू करने के लिए आत्मविश्वास महसूस करने की ज़रूरत नहीं है, जबकि वहाँ मैं वास्तव में आत्म-संदेह का अनुभव करता हूँ।

शुरुआत तो कीजिए। आपको अभी लंबे समय तक परफ़ेक्ट बनने की ज़रूरत है ही नहीं।

तो मैं शुरुआत कर सकता हूँ, भले ही यह शुरुआत अस्थिर हो। मुझे एक घंटे तक व्यायाम करने के लिए श्वार्जनेगर-शैली के बॉडीबिल्डर की तरह महसूस करने की ज़रूरत नहीं है। मुझे अपनी व्यावसायिक रणनीति पर अपने पहले प्रयास के लिए दूरदर्शी कॉरपोरेट जीनियस होने की ज़रूरत नहीं है। और मुझे निश्चित रूप से मेरी पुस्तक के पहले ड्राफ़्ट को मास्टरपीस होने ज़रूरत नहीं है।

जब आप कुछ नया करने की कोशिश कर रहे होते हैं, तो यह विचार अपने आप में एक अवरोधक है कि आपको शुरू तभी करना चाहिए, जब आप शुरू करने के लिए एकदम आश्वस्त हों। इसका समाधान? बस, कर डालिए भले ही आपको लग रहा हो कि आप ख़राब तरीक़े से कर रहे हैं।

शुरुआत तो कीजिए। आपको अभी लंबे समय तक परफ़ेक्ट बनने की ज़रूरत है ही नहीं।

डर पर विजय हासिल कीजिए

जैसे ही स्टेज लाइट की चमक ने मैदान को रोशन करना शुरू किया, एडेल ने पसीने से भीगी अपनी हथेलियाँ बाहर निकालीं।

वह हज़ारों लोगों के जनसमुद्र का सामना करने वाली थी। उसने पहले भी कई बार ऐसा किया था, लेकिन इस बार वह डरी हुई थी। इतने बड़े दर्शकों के सामने प्रदर्शन करने का डर उसे पूरी तरह से घेरे हुए था।

एडेल के वैश्विक आइकॉन बनने से पहले, वह प्रतिभाशाली कलाकार थीं जो प्रदर्शन करने के अपने डर पर जीत पाने के लिए जूझ रही थी। उनके शुरुआती संगीत कार्यक्रमों में से एक के दौरान, जब चिंता ने उनके करियर को पटरी से उतारने की धमकी दी थी, तब उन्हें डर पर क़ाबू पाने की एक तकनीक मिली जिसने उनके जीवन को हमेशा के लिए बदल दिया।

एडेल ने बेयोंसे से प्रेरणा ली। 2008 में बेयोंसे ने अपने तीसरे स्टूडियो एलबम का नाम अपने दूसरे व्यक्तित्व, साशा फ़ियर्स के नाम पर रखा। बेयोंसे ने कहा कि साशा फ़ियर्स एक ऐसी शख़्सियत थीं जिन्हें वह मंच पर पेश करती थीं ताकि वह ज़्यादा आत्मविश्वासी, ज़्यादा शक्तिशाली और अवरोध-मुक्त हो सकें। उन्होंने बताया, 'साशा फ़ियर्स एक मज़ेदार, अधिक मादक, अधिक आक्रामक, अधिक

मुखर पक्ष और ज़्यादा ग्लैमरस पक्ष है जो काम करते समय और मेरे मंच पर होने के समय सामने आता है।'

बेयोंसे से प्रेरित होकर, एडेल ने अपना ख़ुद का दूसरा रूप साशा कार्टर बनाया, जो साशा फ़ियर्स और प्रसिद्ध देशी गायिका जून कार्टर का मिश्रण था। साशा कार्टर वह सब कुछ थी जो एडेल मंच पर बनना चाहती थी : निडर, बेबाक रूप से बोल्ड और आत्मविश्वास से भरपूर। साशा कार्टर के व्यक्तित्व में क़दम रखते हुए, वह अपने डर से मनोवैज्ञानिक रूप से ख़ुद को दूर करने में समर्थ हुई और वह वैसी ही आत्मविश्वासी तथा पावरफुल कलाकार बन गई जिसका वह हमेशा सपना देखा करती थी।

एडेल का दूसरा रूप उस अंतिम तरीक़े के बारे में बताता है जिससे हम डर के पंगु करने वाले प्रभावों से आगे बढ़ सकते हैं। हमारे टालमटोल को बढ़ावा देने वाली सबसे सामान्य ताक़तों में से एक देखे जाने का डर है। चाहे कोई प्रेजेंटेशन देना हो, इंटरनेट पर अपना कोई नया वीडियो अजनबियों के साथ शेयर करना हो, या किसी ऐसी पार्टी में जाना हो, जहाँ हम सब को नहीं जानते हैं, हम जो हैं, उसके लिए पहचाने जाने या 'पता लगने' का डर हमें अपने कम्फ़र्ट जोन से बाहर निकलने से रोक सकता है।

हालाँकि हम डरते इससे हैं कि दूसरे हमारे बारे में नोटिस करेंगे। हमारी ग़लतियाँ, छोटी-छोटी ग़लतियाँ, हमारी सबसे ख़राब ख़ूबियाँ आमतौर पर वो नहीं होतीं जो हम दूसरों में नोटिस करते हैं। जब हम स्वयं को देखते हैं, तो ये बातें वास्तव में जितनी हैं, उससे कहीं ज़्यादा बड़ी और अहम लगती हैं।

और इसके लिए डर के प्रभावों से बाहर निकलने के अंतिम तरीक़ा की ज़रूरत थी। इस अध्याय में अब तक हमने अपने डर को जानने और अपने ऊपर उसकी पकड़ कम करने के बारे में बात की है, लेकिन सबसे कठिन कामों के लिए, ये तरीक़े शायद पर्याप्त नहीं होते। हम अपने सभी तरह के डरों को ख़त्म नहीं कर सकते। हमें उन पर क़ाबू पाना होगा।

इसका मतलब डर से साहस की ओर बढ़ने का तरीक़ा खोजना होगा। और इसकी शुरुआत अपने जीवन में सबसे महत्त्वपूर्ण व्यक्ति यानी आप को ख़ुद को देखने के तरीक़े में बदलाव से होती है।

प्रयोग 5 :

स्पॉटलाइटिंग बंद कीजिए

मेरे लिए, यह प्रक्रिया मेरे दोस्त जैक की डिनर पार्टी से शुरू हुई थी।

जैक के घर शनिवार की शाम काफ़ी चहल-पहल थी। कमरा हँसी-मज़ाक़ और जोशीली बातचीत से गूँज रहा था। जैक कई सप्ताह से इस पार्टी की प्लानिंग कर रहा था। यह बड़ा काम था। टेबिल के आस-पास बैठे सभी लोग जानते थे कि वह दिन-प्रतिदिन उबर ईट्स के भरोसे रहता है। उसका अपने दोस्तों के लिए स्वादिष्ट भोजन की दावत तैयार करना अप्रत्याशित था।

मुझे लगा कि ये बढ़िया मज़ाक़ का मौक़ा है। जैसे ही जैक ने व्यंजन परोसे, मैंने बातचीत शांत होने का ख़ामोशी का बेसब्री से इंतज़ार किया - और जैसे ही उसने डाइनिंग टेबिल पर शानदार व्यंजन रखे, मुझे मौक़ा मिल गया। 'उबर ईट्स पर इतना स्वादिष्ट भोजन मँगवाने के लिए थैंक्स, जैक,' मैंने कहा।

एक पल के लिए वहाँ सन्नाटा छा गया। और फिर कुछ ज़्यादा ही सन्नाटा छा गया। कोई भी नहीं हँसा। फिर, प्लेटों पर काँटों और चाकुओं की खनक सुनाई देने लगी। मेरा चेहरा लाल हो चुका था और मुझे अचानक गर्मी लगने लगी। यह ठीक नहीं हुआ था। मज़ाक़ अच्छा नहीं था, और इससे भी बुरी बात ये कि मैंने शायद अपने मेजबान को ही नाराज़ कर दिया था, जिसने रसोई में घंटों काम किया था।

शर्मिंदगी से मैं अब भी स्तब्ध था। बाद में शाम को, मैंने अपनी फ्रैंड कैथरीन से हल्की-सी नाराज़गी जताई। क्या मैंने ख़ुद को पूरी तरह से अपमानित किया था? क्या मैंने एक ही झटके में अपने सभी दोस्तों को अलग-थलग कर दिया था? क्या कोई मुझे अब कभी डिनर पर नहीं बुलाएगा? कैथरीन ने मुझे आश्चर्य से देखा। उसे अहसास भी नहीं हुआ था कि मैंने कोई लतीफ़ा सुनाया था। 'मैं अपना पेट भरने में बिजी थी,' उसने कहा। 'बहुत ही अच्छा खाना बनाता है ना वह?'

मेरी काल्पनिक ग़लती ने मुझे एक दमदार सबक़ सिखा दिया था। मैंने दूसरों के मेरे कार्यों को नोटिस किए जाने और आँकने की सीमा को ज़्यादा ही बड़ा मान लिया था। रात बीतती जा रही थी, मैंने कमरे में चारों तरफ़ देखा और महसूस किया कि दुनिया मेरी हर हरकत पर ध्यान नहीं दे रही थी। हर कोई अपनी चिंताओं, हंसी-मज़ाक़ और बातचीत में बहुत व्यस्त था।

मैं एक दिलचस्प घटना का शिकार हो गया था जिसे स्पॉटलाइट इफ़ेक्ट' कहा जाता है। हम इस बात से बहुत प्रभावित होते हैं कि दूसरे लोग हमारे बारे में क्या सोचते हैं। बात तो समझ में आती है- सामाजिक प्राणियों के रूप में, हमारा एमिग्डला हमेशा हमारी स्थिति के लिए ख़तरों की तलाश में रहता है। हालाँकि इसका मतलब यही है। कि हम अपना जीवन यह मानकर बिताते हैं कि स्पॉटलाइट हमेशा हम पर ही टिकी होती है। और यह भी कि हमारे आस-पास के सभी लोग लगातार हमें देख रहे हैं, हमारे व्यवहार का विश्लेषण कर रहे हैं, और इंसान के रूप में हमारी अहमियत पर राय बना रहे होते हैं।

2000 के दशक की शुरुआत में प्रकाशित कई शोधपत्रों में, मनोविज्ञान के प्रोफ़ेसर थॉमस गिलोविच और उनके सह-लेखकों ने बार-बार सिद्ध किया कि इंसानों में दूसरों के उसके बारे में सोचने या उनके बारे में राय बनाने को लेकर अतिशयोक्ति करने की हद तक प्रवृत्ति होती है। उन्होंने लिखा, 'लोग अक्सर इस बात को लेकर परेशान रहते हैं कि उनके कार्यों और बाहरी रूप की बारीकियों को किस रूप में देख रहे होंगे! इस चिंता का कुछ हिस्सा हो सकता है कि सही जगह ना पेश किया गया हो! हमारे अपीयरेंस या प्रदर्शन की कई बारीक़ियाँ देखने वालों को समझ ही नहीं आतीं, जबकि हम उनकी राय को लेकर परेशान बने रहते हैं।'

सच्चाई तो यह है कि हर कोई आमतौर पर अपने ही बारे में सोचता है, और इसी में लगा रहता है कि *वह* कैसा दिख रहा है। कोई और अगर हमारे बारे में सोचेगा भी तो उसमें कोई ज़्यादा समय नहीं लगाएगा।

इसका मतलब यह है कि स्पॉटलाइट इफ़ेक्ट को एक साधारण रिमाइंडर से कम किया जा सकता है कि, चलो, कोई परवाह नहीं करता। और जब डर आपको कुछ करने से रोक रहा हो, तो यह बहुत ज़्यादा मुक्तिदायक हो सकता है।

- *कोई परवाह नहीं करता* कि मेरे कुछ शुरुआती यूट्यूब वीडियो बेकार और अजीब हैं।
- *कोई परवाह नहीं करता* कि मैं ऐसे ब्लॉग पोस्ट लिखता हूँ जो थोड़े भ्रामक हैं क्योंकि मुझे लिखने का कोई ज़्यादा अनुभव नहीं है।
- *कोई परवाह नहीं करता* कि मैं इस साल्सा डांसिंग क्लास में बिना किसी साथी के बिलकुल नए व्यक्ति के रूप में आता हूँ।
- *कोई परवाह नहीं करता* कि जब मैं इस पार्टी में जाता हूँ तो मेरा बेल्ट मेरे जूतों से मैच नहीं करता।

'*कोई परवाह नहीं करता*' की मानसिकता पूरी तरह से रूपांतरकारी हो सकती है। यह मेरी चिंता-संबंधी टालमटोल को कम करने के लिए पहचाने गए सबसे सरल तरीक़ों में शामिल है।

यह कोई मैजिक बुलेट नहीं है, यह ध्यान रखना चाहिए। डर से निपटना ज़िंदगी भर चलने वाला प्रयास है, और मुझे उम्मीद नहीं है कि इस किताब को पढ़ने के बाद आपका यह डर पूरी तरह से ग़ायब हो जाएगा कि दूसरे लोग आपके और आपके काम के बारे में क्या सोचेंगे।

हालाँकि डर का एक स्वस्थ स्तर होता है। और फिर एक ऐसा स्तर होता है जो हमें पंगु बना देता है। स्पॉटलाइट इफ़ेक्ट को समझने का मतलब है कि आप

अभी शुरुआत कर सकते हैं। आपके अलावा कोई यह परवाह नहीं करता कि यह बकवास है या नहीं।

प्रयोग 6 :

बैटमैन इफ़ेक्ट

कभी-कभी, यह याद रखना कि कोई परवाह नहीं करता, सार्वजनिक अपमान के हमारे डर को दूर करने के लिए पर्याप्त नहीं भी होता है। जब एडेल ने उस क्षेत्र में क़दम रखा था, तो शायद वह घबरा गई थी क्योंकि, वास्तव में, बहुत से लोगों को तो परवाह थी।

ऐसी स्थिति में, हम साशा कार्टर की पुस्तक में बताई सलाह का पालन सकते हैं। एडेल की दूसरे व्यक्तित्व में क़दम रखने की विधि डर पर क़ाबू पाने का मजबूत साधन हो सकती है। इसका एक मजेदार वैज्ञानिक नाम भी है : 'बैटमैन इफ़ेक्ट'।

बैटमैन इफ़ेक्ट की पहचान सबसे पहली बार पेन्सिलवेनिया यूनिवर्सिटी में प्रोफ़ेसर रेचल वाइट के नेतृत्व में शोधकर्ताओं की एक टीम ने की थी। वाइट और उनकी टीम ये जानना चाहती थी कि क्या दूसरा व्यक्तित्व या अल्टर इगो अपनाने से किसी टास्क के प्रति बच्चे का नज़रिया बेहतर हो सकता है। उन्होंने एक अध्ययन तैयार किया जिसमें चार से छह साल की उम्र के बच्चों का एक समूह शामिल था। इन बच्चों को ऐसा टास्क दिया गया जिसके लिए उन्हें अपना ध्यान केंद्रित करना था, और पास में चल रही एक ज़्यादा मज़ेदार गतिविधि की तरफ़ ललचाने से ख़ुद को रोकना था।

बच्चों को तीन समूहों में बाँटा गया था। एक समूह को कोई विशेष निर्देश नहीं दिए गए। दूसरे समूह को अपनी भावनाओं और विचारों के बारे में सोचने को कहा गया। और तीसरे समूह को ख़ुद को सुपरहीरो या बैटमैन या डोरा द एक्सप्लोरर जैसा कोई अन्य किरदार समझने के लिए कहा गया। जब बच्चे टास्क पूरा करने में लगे थे तो उनकी निगरानी की गई।

इन शोधकर्ताओं को एक दिलचस्प समझ मिली। जिन बच्चों को ख़ुद को सुपरहीरो या अन्य किरदार समझने के लिए कहा गया था, उन्होंने अन्य दो समूहों की तुलना में काफ़ी बेहतर आत्म-नियंत्रण, ध्यान और मजबूती का प्रदर्शन किया।

यह खोज असफलता के हमारे डर पर क़ाबू पाने के साधन के रूप में बैटमैन इफ़ेक्ट की क्षमता को दिखाती है – और बदले में हमारी टालमटोल पर क़ाबू पाती है। जब हम किसी निडर, आत्मविश्वासी दूसरे व्यक्तित्व के गुण अपनाते हैं, तो हम

साहस और दृढ़ संकल्प के भंडार का इस्तेमाल कर सकते हैं जो हमें लगता है कि हमारे सामान्य व्यक्तित्व में नहीं है।

मैं सालों से अपनी ख़ुद की असुरक्षा दूर करने के लिए बैटमैन इफ़ेक्ट का इस्तेमाल कर रहा हूँ। जब सार्वजनिक भाषण देने की बात आती है तो मुझे यह ख़ास उपयोगी लगता है। मैं अक्सर, असुरक्षा और आत्म-संदेह से ग्रस्त रहता हूँ, और भले ही मैं सालों से कक्षाएँ ले रहा हूँ और प्रेजेंटेशन देता आ रहा हूँ, लेकिन कभी-कभी मुझे ख़ुद को उनमें पेश करने से जुड़ा डर महसूस होता है। इस संदर्भ में, मेरा दूसरा व्यक्तित्व *एक्स-मेन* सीरीज़ का युवा चार्ल्स ज़ेवियर (उर्फ़ प्रोफ़ेसर एक्स) है, जिसका किरदार जेम्स मैकएवॉय ने निभाया है।

चार्ल्स जेवियर की पहचान अपनाने के लिए मेरा शारीरिक प्रेरक तब काम करता है, जब मैं अपना नक़ली चश्मा पहनता हूँ। यही कारण है कि मैं अब भी कई सार्वजनिक स्थानों पर चश्मा पहनता हूँ, जबकि मेरी आँखों की लेजर सर्जरी हो चुकी है : चश्मे से मुझे पेशेवर, बौद्धिक दूसरे व्यक्तित्व को अपनाने में मदद मिलती है, जिसकी मुझे भाषण देते समय अक्सर होने वाले इंपोस्टर सिंड्रोम पर क़ाबू पाने के लिए ज़रूरत पड़ती है।

अपने डर के लिए इस पद्धति का इस्तेमाल करने के लिए आपका *एक्स-मेन* का बहुत बड़ा फ़ैन होना ज़रूरी नहीं है। आप किसी ऐसी बात के बारे में सोचिए जिसे आप आत्म-संदेह के कारण टाल रहे हैं, मसलन : कोई नया शौक अपनाना, या शायद कोई साइड जॉब शुरू करना। अब, किसी दूसरे व्यक्तित्व की पहचान कीजिए जिसे इससे कोई परेशानी ना हो। जो उन गुणों को दर्शाता हो जो आप चाहते हैं, मसलन, आत्मविश्वास, वीरता, दृढ़ संकल्प, या यहाँ तक कि (मैं कहूँ तो) अनुशासन?

इसके बाद, अपने इस दूसरे व्यक्तित्व में पहुँच जाइए। कोई शांत जगह खोजिए जहाँ आप अकेले हो सकें और कुछ पलों के लिए ख़ुद को वैकल्पिक 'आप' में बदलते हुए कल्पना कीजिए। कल्पना कीजिए कि आप उसके आसन, आवाज़ और मानसिकता को अपना रहे हैं। आप जितना ज़्यादा अभ्यास करेंगे, आपको डर या टालमटोल पर क़ाबू पाने की आवश्यकता के समय बैटमैन इफ़ेक्ट का लाभ उठाना उतना ही आसान हो जाएगा।

और अंत में, मुझे एक मंत्र या पुष्टि की रचना करना काम का लगता है : एक छोटा और सशक्त वाक्य जो आपके दूसरे व्यक्तित्व की मानसिकता का प्रतिनिधित्व करता है। जब आपको साहस या प्रेरणा की ज़रूरत लगे तो इस मंत्र को मन में दोहराइए।

मुझे विश्वास है।
मैं निडर हूँ।
मैं अजेय हूँ।

ये मंत्र शायद अजीब लगें, लेकिन हैं ये बहुत ज़्यादा प्रभावी। ये हमें याद दिलाते हैं कि हमारे (या हमारे दूसरे व्यक्तित्व) में ताक़त का भंडार है जिसकी हम कल्पना भी नहीं कर सकते।

सारांश

- हमारा दूसरा भावनात्मक अवरोधक : डर, और भी ज़्यादा पेंचीदा है। अगर आपने कभी किसी चुनौतीपूर्ण नौकरी के लिए एप्लाई करने या किसी ऐसे व्यक्ति के साथ डेट पर जाने के लिए कहने में देरी की है, जिसे आप पसंद करते हैं, तो आप इस विशेष दैत्य का सामना कर चुके हैं। हालाँकि, इसका समाधान डर से छुटकारा पाना नहीं है – बल्कि, इसका मुक़ाबला करने का साहस विकसित करना है।
- यह साहस तीन स्रोतों से आता है। पहला तो है, अपने डर को समझना। ख़ुद से पूछिए : मैंने अभी तक उस टास्क या परियोजना पर काम शुरू क्यों नहीं किया? मुझे किस बात का डर है? यह डर कहाँ से आता है?
- दूसरा है, अपने डर को कम करना। हमारे डर को अक्सर अनुपात से ज़्यादा बढ़ा-चढ़ाकर पेश किया जाता है। ख़ुद को विनाशकारी होने से रोकने के लिए ख़ुद से ये सवाल पूछिए : क्या यह 10 मिनट बाद मायने रखेगा? क्या यह 10 सप्ताह बाद मायने रखेगा? क्या यह 10 साल बाद मायने रखेगा?
- तीसरा है, अपने डर पर क़ाबू पाना। अगर आपको इस बात से डर लगता है कि दूसरे लोग क्या सोचते हैं, तो ख़ुद को याद दिलाइए कि ज़्यादातर लोग वास्तव में आपके बारे में नहीं सोच रहे होते हैं। हम एक आत्म-जागरूक प्रजाति हैं, लेकिन हम आमतौर पर किसी के बारे में अपनी राय नहीं बनाते हैं।

6

शुरुआत कीजिए

1684 में, आइज़क न्यूटन ने अपना सबसे महत्त्वाकांक्षी काम शुरू किया था। अठारह महीनों तक उन्होंने पूरी-पूरी रात काम किया, और अक्सर ही वो बिना खाए, बिना सोए अपने महान उद्देश्य : *फ़िलोसोफिया नेचुरलिस प्रिंसिपिया मैथेमेटिका*, को पूरा करने में लगे रहे।

जुलाई 1687 में जब *प्रिंसिपिया* प्रकाशित हुई, तो यह इस बात को समझाने का पहला वैज्ञानिक प्रयास था कि वस्तुएँ अंतरिक्ष में कैसे चलती हैं। इसके मूल में एक सरल प्रेक्षण था, जिसे न्यूटन के गति के पहले नियम में संक्षेप में प्रस्तुत किया गया है, जिसे आमतौर पर जड़त्व का नियम कहा जाता है : 'कोई स्थिर पिंड तब तक स्थिर रहता है, कोई गतिशील वस्तु तब तक गतिशील रहती है, जब तक कि उन पर कोई बाहरी असंतुलित बल कार्य ना करे।'

दूसरे शब्दों में, अगर कोई गुरुत्वाकर्षण बल या वायु प्रतिरोध जैसा कोई बाहरी बल ना लगाया जाए तो कोई स्थिर वस्तु हमेशा स्थिर ही रहेगी; और कोई गतिमान वस्तु हमेशा गतिमान रहेगी।

जब चार दशक बाद न्यूटन की मौत हुई, तब तक उनके कई समकालीनों को अहसास हो गया था कि *प्रिंसिपिया* एक मास्टरपीस है, जिसमें प्राकृतिक ब्रह्मांड के भौतिक गुणों को समझाने का तब तक का सबसे बड़ा प्रयास किया गया है। हालाँकि शायद उन्हें यह अहसास नहीं हुआ था कि न्यूटन का पहला नियम मानव व्यवहार की भी एक मुख्य जिज्ञासा के बारे में बताता है। क्योंकि : जड़ता का नियम उत्पादकता पर उतना ही लागू होता है जितना कि भौतिकी पर।

अब तक, हमने दो प्रमुख अवरोधकों का सामना किया है जो हमें और भी बुरा महसूस कराते हैं और हमसे और भी ज़्यादा टालमटोल कराते हैं :

अनिश्चितता, जो हमें इस बारे में भ्रमित करती है कि हमें शुरू करने के लिए क्या करने की ज़रूरत है; और डर, जो हमें इतना चिंतित कर देता है कि हमें लगता ही नहीं कि हम शुरू कर सकते हैं। हालाँकि सबसे मुश्किल शायद हमारा तीसरा और अंतिम अवरोधक है : जड़ता।

जैसा कि न्यूटन ने पहचाना था कि, शुरू करने के लिए चलते रहने की तुलना में कहीं ज़्यादा ऊर्जा लगती है। जब आप कुछ नहीं कर रहे होते हैं, तो कुछ नहीं करते रहना आसान होता है। और जब आप काम कर रहे होते हैं, तो काम करते रहना बहुत आसान होता है। जब आपको लगता है कि आपने ख़ुद को ठीक से प्रेरित करने के लिए सब कुछ करने की कोशिश की है लेकिन तब भी आप टालमटोल कर रहे हैं, तो आपको शुरू करने के लिए एक अंतिम बूस्ट की ज़रूरत है।

जड़ता हमारे भावनात्मक परिदृश्य को समतल कर देती है; हमें बेबस और अटका हुआ महसूस कराती है, और हमारी अच्छी भावनाओं को ख़त्म कर देती है। हालाँकि इसे दूर किया जा सकता है। मैं जड़ता के सिद्धांत को सड़क पर पड़े किसी शाब्दिक कूबड़ मानता हूँ। कल्पना कीजिए कि आप साइकिल से पहाड़ी से नीचे उतरने जा रहे हैं। आपने हेलमेट पहना हुआ है, गियर में तेल लगा हुआ है और आप साइकिल चलाने के लिए बेताब हो रहे हैं। समस्या बस एक है। आपको लंबी ढलान पर उतरने से पहले कुछ ऊपर की ओर साइकिल चलानी होगी। इस ऊबड़-खाबड़ रास्ते पर चलने के लिए बहुत ज़्यादा ऊर्जा की ज़रूरत होगी और उस ऊर्जा को ख़र्च करना दुनिया की सबसे सुखद चीज़ नहीं हो सकता।

हालाँकि एक बार जब आप इस पर क़ाबू पा लेंगे, तो आप साइकिल से नीचे की ओर उतरेंगे, आपके बालों से हवा अठखेलियाँ कर रही होगी,

आप पहले से कहीं बेहतर महसूस कर रहे होंगे और घर की ओर बढ़ते जाएँगे।

घर्षण कम कीजिए

तो हम इस बाधा को कैसे पार कर सकते हैं? पहली विधि में हमारे आस-पास की दुनिया को देखना और यह पता लगाने की कोशिश करना शामिल है कि शुरुआत करना इतना मुश्किल क्यों है। आपको पता लग सकता है कि आपके पर्यावरण में कुछ छोटे-छोटे बदलाव बहुत फ़र्क़ ला सकते हैं। मेरा मतलब समझने के लिए मार्लिन ह्यूटिंक के अध्ययन की ओर रुख़ कर सकते हैं, जिन्होंने सब्ज़ी ख़रीदारी के मनोविज्ञान पर एक डच अध्ययन का नेतृत्व किया था।

ह्यूटिंक और उनकी टीम को एक सुपरमार्केट चेन और कई सार्वजनिक संगठनों ने जनसंख्या स्वास्थ्य में सुधार के सस्ते तरीक़े पता लगाने का काम सौंपा था। इसके लिए, उन्होंने यह पता लगाने के लिए कि एक सरल विधि विकसित की कि हमारा पर्यावरण हमारे ख़रीदारी के फ़ैसलों को कैसे प्रभावित करता है। सप्ताह के कुछ दिनों (उपचार के दिनों) में, शोधकर्ताओं ने शॉपिंग ट्रॉलियों में एक हरी तह जोड़ दी जो ट्रॉली के निचले हिस्से के आधे हिस्से को कवर करती थी। एक संदेश में लिखा था : 'इस सुपरमार्केट में तीन सबसे लोकप्रिय सब्ज़ियाँ- खीरा, एवोकाडो और बेल मिर्च हैं।' दूसरे में लिखा था : 'ज़्यादातर ग्राहक कम से कम सात सब्ज़ियाँ चुनते हैं।' सप्ताह के अन्य दिनों (नियंत्रण के दिनों) में, शोधकर्ताओं ने हरी तह को हटा दिया।

शोधकर्ता यह पड़ताल करना चाहते थे कि क्या हमारे पर्यावरण में ये सूक्ष्म और बहुत ही सस्ते बदलाव (जैसे हरे रंग की तह और शॉपिंग ट्रॉली में लिखे संदेश) ख़रीदारों के व्यवहार को बदल देंगे। और सच में ऐसा ही हुआ। हरी तह वाले दिनों में, ख़रीदारों ने बिना तह वाले दिनों की तुलना में औसतन 50 प्रतिशत ज़्यादा सब्ज़ियाँ लीं।

हम इन परिवर्तनों को कोई टास्क शुरू करने के लिए ज़रूरी ऊर्जा की मात्रा को कम करने की तरह समझ सकते हैं। वे उस घर्षण को ख़त्म करते हैं जो हमारे और हमारे लक्ष्य के बीच खड़ा होता है। अगर आपको लगातार सब्ज़ियाँ ख़रीदने की याद दिलाई जाती है, तो यह काम याद रखने में बहुत कम ऊर्जा लगती है। और अगर आपको बताया गया है कि आपके समुदाय में सबसे लोकप्रिय सब्ज़ियाँ कौन-कौन सी हैं, तो कौन-सी सब्ज़ियाँ चुननी हैं, यह तय करने में बहुत कम ऊर्जा लगती है।

प्रयोग 1 :

पर्यावरणीय घर्षण कम कीजिए

इन घर्षणों के हमें धीमा करने का पहला तरीक़ा तो हमारा भौतिक वातावरण है। यहाँ तक कि जब हम जानते हैं कि हमें वास्तव में कुछ करना चाहिए, तब भी हम अक्सर ख़ुद को ऐसी जगहों पर पाते हैं, जहाँ शुरुआत करना अनावश्यक रूप से मुश्किल हो जाता है।

2018 में, जब मैं फुलटाइम डॉक्टर था, तो मुझे शाम को गिटार बजाने की आदत बनाने के लिए मशक्कत करनी पड़ी। मैं कभी-कभी सोचता था, 'मुझे शायद गिटार की कुछ रियाज करना चाहिए।' लेकिन मैं हमेशा टालमटोल कर जाता था। मैं लिविंग रूम में सोफ़े पर बैठकर अपने फ़ोन पर सोशल मीडिया देखता रहता था या टीवी देखने लगता था। मेरा गिटार कमरे के कोने में मेरी बुकशेफ़ के पीछे पड़ा था, जो मुझे शायद कभी दिखता तक नहीं था। जब मैंने जेम्स क्लियर की पुस्तक *एटॉमिक हैबिट्स* पढ़ी, तब मुझे इसका स्पष्ट समाधान समझ में आया : गिटार को लिविंग रूम के बीचोंबीच रखिए। अचानक, गिटार उठाना बहुत आसान हो गया था।

हम पर्यावरण की इंजीनियरिंग के दौर पर इस तरह की क्रियाओं या डच शॉपिंग स्टडी के बारे में के बारे में सोच सकते हैं । उद्देश्य : घर्षण कम करना - ताकि शुरुआत करना आसान हो जाए।

विशेष रूप से, इसमें उन बातों पर ध्यान केंद्रित किया जाता है जिन्हें व्यवहार वैज्ञानिक हमारी डिफ़ॉल्ट पसंद कहते हैं। अगर आप सक्रिय रूप से कोई विकल्प नहीं चुनते हैं तो यह स्वचालित परिणाम होगा। उन डच दुकानदारों के मामले में, ताजा उपज के लिए ख़ास हरे रंग की तह ने सब्ज़ियों को डिफ़ॉल्ट बना दिया था : ताज़ा उपज के साथ गाड़ी को लोड करने के लिए किसी वास्तविक विचार की ज़रूरत नहीं थी।

व्यवहार में यह कैसा लगता है? चलिए, ट्रिक यह है कि आप अपने वातावरण को इस तरह से बदलिए कि आप जो करना चाहते हैं, उसे सबसे स्पष्ट, डिफ़ॉल्ट फ़ैसले से शुरू कीज़िए। और, दूसरी तरफ़, जो आप नहीं करना चाहते हैं, उसे और ज़्यादा कठिन फ़ैसला बना डालिए। कुछ उदाहरणों पर विचार करते हैं :

- **गिटार का रियाज करना :** अपने गिटार स्टैंड को अपने लिविंग रूम में ले जाने से ये डिफ़ॉल्ट विकल्प बन जाता है। अब स्पष्ट निर्णय यह है कि जब भी आपको दस मिनट का ब्रेक चाहिए हो, तो बिना सोचे-समझे ये वाद्य यंत्र उठा लीजिए।

- **ध्यान केंद्रित करने में दिक्कत :** अपने अध्ययन या कार्य सामग्री को व्यवस्थित और सामने रखना – मसलन, अपने लैपटॉप के ठीक बगल में नोटबुक रखना – अध्ययन को डिफ़ॉल्ट विकल्प बनाता है। अब स्पष्ट निर्णय यह है कि जब भी आप अपने डेस्क पर हों, तो रिवीज़न करना शुरू कर दीजिए।
- **फ़ोन का इस्तेमाल कम करना :** नोटिफ़िकेशन बंद करने से फ़ोन उठाना डिफ़ॉल्ट विकल्प नहीं रह जाता है। अब स्पष्ट निर्णय यह है कि आप अपना फ़ोन चेक ही मत कीजिए।

अपने वातावरण को समायोजित करने से अपने कार्यों को उस सही निर्णय की ओर मोड़ने में सहायता मिलती है, जिसे आप वास्तव में चाहते हैं। बिना सोचे-समझे लिए गए बुरे निर्णय की ओर आपके कार्य नहीं मुड़ेंगे।

प्रयोग 2 :

भावनात्मक घर्षण कम कीजिए

निस्संदेह, किसी काम को शुरू करना केवल आपके वातावरण की वजह से मुश्किल नहीं बनता। आपका मूड भी आपके काम को शुरू करना मुश्किल बनाता है। इस पुस्तक में अब तक में हमने उन बड़ी, और आंतरिक तनावपूर्ण भावनात्मक बाधाओं के बारे में काफी चर्चा की है जो हमें शुरू करने से रोकती हैं : हम क्या कर रहे हैं, इसकी अस्पष्टता, किसी काम में क्या शामिल है, इसकी चिंता। हालाँकि एक और पूरी तरह से सामान्य बाधा है। मेरे गृह देश ब्रिटेन में, इसे आमतौर पर सीबीए या 'कांट बी आर्स' कहते हैं।

मेरी जानकारी के अनुसार, अमेरिकी-अंग्रेज़ी में ऐसा कोई समान वाक्य नहीं है, जो इस विचार को इतनी गहराई से व्यक्त कर सकता हो। ये खेद की बात है, क्योंकि यह काफ़ी व्यापक अनुभूति है। मैं उस निबंध को लिखने को सीबीए करता हूँ। मैं गिटार सीखने को सीबीए करता हूँ। और मैं वास्तव में, वास्तव में अपनी किताब पर काम करने को सीबीए करता हूँ।

सीबीए, शुरू करने में सबसे आम और सबसे ज़्यादा पंगु करने वाली बाधा है। हालाँकि प्रोडक्टिविटी के एक सबसे समझदारी भरे और सबसे पुराने तरीक़े का इस्तेमाल करके इसे आसानी से निपटाया जा सकता है, जो है : 'पाँच मिनट का नियम'।

पाँच मिनट का नियम एक सरल लेकिन दमदार तकनीक है जो आपको किसी टास्क पर केवल पाँच मिनट काम करने को प्रतिबद्ध होने के लिए प्रोत्साहित करती है। इस नियम के पीछे सोच यह है कि पहला क़दम उठाना अक्सर किसी भी टास्क का सबसे चुनौतीपूर्ण भाग होता है। उन पाँच मिनटों के दौरान, आप केवल उसी टास्क पर ध्यान लगाते हैं जिससे आप बच रहे थे, और अपना पूरा ध्यान उस पर देते हैं। पाँच मिनट पूरे होने के बाद आप तय कर सकते हैं कि वह टास्क जारी रखना है या ब्रेक लेना है।

मेरे अनुभव से तो, पाँच मिनट का नियम अजीब तरह से प्रभावकारी है। आमतौर पर, जिस काम को आप टाल रहे हैं, उसे केवल पाँच मिनट के लिए करने की कल्पना करना उतना भयानक तो नहीं है जितना कि वास्तव में उसके लिए प्रतिबद्ध होना होगा। ख़ासकर तब जब हमारे दिमाग़ में वह प्रतिबद्धता 'उस काम को अपनी बाक़ी ज़िंदगी के लिए करने' जैसी लगती हो।

लगभग 80 प्रतिशत बार मैं, उन पाँच मिनटों के बाद उस काम करना जारी रखता हूँ। एक बार जब मैंने *लॉर्ड ऑफ़ द रिंग्स* साउंडट्रैक से 'कंसर्निंग हॉबिट्स' की धुन पर अपना सिर हिलाते हुए, क़ाग़जी कार्रवाई शुरू कर दी तो मैंने पाया कि मैं या तो ख़ुद का आनंद लेना शुरू कर रहा हूँ – या कम से कम यह महसूस तो कर ही रहा हूँ कि यह उतना बुरा है नहीं, जितना मैंने इसे बना रखा था। हालाँकि, यह जरूरी है कि आप ख़ुद को काम करते रहने के लिए मजबूर ना करें, अन्यथा पाँच मिनट का नियम ग़लत हो जाएगा। ऐसे में बाक़ी 20 प्रतिशत बार, मैं सामान्य रूप से ख़ुद को पाँच मिनट के बाद रोक देता हूँ। जी हाँ, इसका मतलब यह हो सकता है कि मैं अपने टैक्स रिटर्न को दूसरे दिन तक के लिए टाल दूँ। लेकिन देखिए ना, कम से कम मैंने इसमें पाँच मिनट की प्रगति तो की ना!

और यह तथ्य कि मैं ख़ुद को रोक देता हूँ, का मतलब है कि मैं स्वयं से झूठ नहीं बोल रहा हूँ। अगर मैंने स्वयं से कहा कि मैं केवल पाँच मिनट के लिए कुछ करने जा रहा हूँ और फिर जारी रखने के लिए बाध्य महसूस करने लगता हूँ, तो पाँच मिनट का नियम अपना जादू खो देगा।

एक्शन लीजिए

मैट मोचारी का क्लाइंट रोस्टर सिलिकॉन वैली के हू'ज हू की तरह है। निवेश फर्म वाई कॉम्बिनेटर के मैनेजिंग पार्टनर और ओपनएआई जैसी दिग्गज कंपनियों के सीईओ अपनी क्षमता साकार करने के बारे में सलाह लेने के लिए उनके पास आते

हैं। रेडिट के सीईओ स्टीव हफ़मैन मैट मोचारी को उनकी कंपनी की वैल्यू में एक अरब डॉलर जोड़ने का श्रेय देते हैं।

भले ही मेरे पास पिछले कुछ सालों से अपने ख़ुद के बिज़नेस कोच हैं, लेकिन मैं हमेशा सोचता रहा हूँ कि मैट मोचारी के साथ एक कोचिंग सेशन कैसा रहेगा, जबकि मुझे लगता है कि वह बहुत महँगा पड़ेगा। आप कुछ ही सेशनों में किसी कंपनी के मूल्य में एक अरब डॉलर कैसे जोड़ सकते हैं? इन मीटिंगों में वे ऐसे कौन से चमत्कारी और रूपांतरकारी सुझाव दे देते हैं?

मुझे लगा कि इसका उत्तर कोई बहुत बड़ा रहस्य होगा। ऐसे में जब मैंने अपने पसंदीदा पॉडकास्टर टिम फ़ेरिस के साथ उनका बेबाक साक्षात्कार सुना, तो मैं कुछ मायूस हुआ। 'बहुत से लोग मुझसे पूछते हैं, ''मैट, आप ऐसा क्या अनोखा करते हैं?' वे कह रहे थे। 'और मुझे इस सवाल का जवाब देने में मुश्किल हो रही है क्योंकि मुझे लगता है कि मैं जो करता हूँ, वह तो बहुत ही सरल है... हम कम से कम एक, दो या तीन क़दम उठाए बिना बातचीत ख़त्म करने नहीं जा रहे हैं।'

'क्या बस इतना?' मैं सोचने लगा। क्या 'एक, दो या तीन क़दम ' उठाना वाक़ई किसी बिज़नेस को बदलने के लिए पर्याप्त है? और फिर मैंने अपने जीवन के बारे में सोचने लगा। अक्सर, चीज़ों को पूरा करने में मुझे दिक्क़त यह आती है कि मेरे पास तुरंत पालन करने के लिए स्पष्ट और सरल क़दमों की सूची नहीं होती है। इसलिए जड़ता आ जाती है। और इसलिए मैं टालमटोल करने लगता हूँ।

मैट मोचारी अपने सिद्धांत को 'कार्रवाई के प्रति पूर्वाग्रह' का नाम देते हैं। वे मानते हैं कि क्लाइंट्स के साथ बिताया गया समय उनके और क्लाइंट्स, दोनों के लिए मूल्यवान है, और केवल गहन विचारों पर चर्चा करना और उन्हें कार्रवाई योग्य क़दम में बदलना बकवास होगा। हमें दूर के और अमूर्त लक्ष्यों के बजाय स्पष्ट और ठोस क़दम उठाने की ज़रूरत है। वरना, हम कुछ भी नहीं कर सकते।

एक्शन के प्रति यह पूर्वाग्रह जडता को दूर करने का दूसरा तरीक़ा है। हम शुरुआत करने के लिए लगने वाली ऊर्जा को कम करने के बारे में चर्चा कर चुके हैं, लेकिन अब आपको वास्तव में पहला क़दम उठाने की जरूरत है। और इसे पहचानने के लिए, हम डॉ. टिम पाइचिल के रिसर्च की ओर चल सकते हैं।

प्रयोग 3 :

अगले एक्शन कदम को परिभाषित करना

टिम पाइचिल टालमटोल के बारे में और किसी से भी बेहतर जानते हैं। दो दशकों में, उन्होंने इस विषय पर पच्चीस से ज़्यादा शोधपत्र प्रकाशित किए हैं, और कैनेडा

में कार्लटन यूनिवर्सिटी में उनका प्रोक्रेस्टिनेशन रिसर्च ग्रुप यक़ीनन दुनिया का सबसे प्रभावशाली वैज्ञानिक स्रोत है, जो इस बात की जानकारी देता है कि हम किसी काम में टालमटोल क्यों करते हैं। इसका उन पर भी असर हुआ है। उन्होंने मुझे बताया, 'मैं लगभग कभी भी टालमटोल नहीं करता हूँ। मैं यह कहने का पोस्टर चाइल्ड हूँ कि एक बार जब आप टालमटोल के बारे में कुछ चीज़ें सीख लेते हैं, तो आप चाहें तो इसे कम कर सकते हैं।'

'तो इसकी ट्रिक क्या है?' मैंने उनसे पूछा। टालमटोल की आदत से निपटने में मदद करने के लिए आप लोगों को क्या सलाह देते हैं? उनका जवाब आश्चर्यजनक था। पाइचिल ने मुझे बताया कि जब भी वे ख़ुद को किसी काम को टालते हुए पाते हैं, तो वह ख़ुद से पूछते हैं, 'अगला एक्शन स्टेप क्या होगा?' उदाहरण के लिए, जब उन्हें पता चलता है कि वे योग करने में टालमटोल कर रहे हैं, तो उनका अगला एक्शन स्टेप अपनी योगा मैट बिछाना और उस पर खड़े होने का होता है। बस और कुछ नहीं।

यह तरीक़ा संदिग्ध तौर पर सरल तो लगता है, लेकिन यह काम करता है। पाइचिल का तरीक़ा एक्शन के प्रति अमूर्त पूर्वाग्रह को ठोस अगले स्टेप में बदलने का तरीक़ा है।

सोचिए कि यह कुछ अलग स्थितियों में कैसा दिख सकता है :

- अगर आप परीक्षा की तैयारी में देरी कर रहे हैं, तो आपका अगला एक्शन स्टेप यह है कि आप अपनी टेक्स्टबुक निकालें, उसे खोलें और वही पृष्ठ चुनें जहाँ से आप पढ़ना शुरू करने जा रहे हैं।
- अगर आप जिम जाने में देरी कर रहे हैं, तो आपका अगला एक्शन स्टेप यही है कि आप जिम किट पहन लीजिए।
- और अगर आप किताब लिखने में देरी कर रहे हैं, तो आपका अगला एक्शन स्टेप यह है कि आप अपना लैपटॉप चालू करें और गूगल डॉक्स खोल लीजिए।

हर मामले में, यह तरीक़ा हमारी नजर को डराने वाले बहुत बड़े दीर्घकालिक लक्ष्य (किताब लिखना) से हटाता है और हमारे दिमाग़ को ज़्यादा हासिल करने योग्य लक्ष्य (अगले कुछ शब्द लिखना) पर एकाग्र कर देता है। यह हमारे तंत्रिका तंत्र को शांत करने में सहायता करता है। बकौल पाइचिल, 'आत्म-वंचना की एक परत' का मौक़ा देता है। आख़िरकार आपको अब भी परीक्षा देनी होगी, रनिंग मशीन पर चढ़ना होगा, किताब लिखनी होगी, लेकिन अब आपको इसकी चिंता करने की ज़रूरत नहीं है।

प्रयोग 4 :

अपनी प्रगति की निगरानी कीजिए

दुनिया के सबसे ज़्यादा बिकने वाले फ़ैंटेसी उपन्यासकारों में शामिल ब्रैंडन सैंडरसन ऐसे इंसान तो नहीं लगते जो लेखन के अवरोध से पीड़ित होंगे। बचपन में एक उत्साही पाठक रहे सैंडरसन ने तभी फ़ैंटेसी कहानियाँ लिखना शुरू कर दिया था, जब वे मिडिल स्कूल में थे। उन्होंने ये काम फिर कभी बंद ही नहीं किया। 2003 तक, सैंडरसन ने अपना पहली पब्लिशिंग डील करने से पहले बारह उपन्यास लिख डाले थे और उनमें से ज़्यादातर होटल रिसेप्शन की नाइट शिफ़्ट में काम करते हुए लिखे थे। तब से, उन्होंने सोलह से ज़्यादा उपन्यास, दस कहानियाँ और तीन ग्राफ़िक उपन्यास प्रकाशित किए हैं।

इसलिए मुझे यह जानकर कुछ आश्चर्य हुआ कि सैंडरसन सचमुच लेखक के अवरोध यानी राइटर्स ब्लॉक से पीड़ित रहते हैं – और अक्सर रहते हैं। 'मेरे लिए लेखक का अवरोध तब होता है, जब मैं कुछ अध्याय लिख चुका होता हूँ और कहानी आगे नहीं बढ़ रही होती है, या मैं किताब के बीच में कहीं होता हूँ और कोई अध्याय ठीक नहीं चल रहा होता है,' उन्होंने बताया था। ऐसे क्षणों में, लिखना बंद करने की इच्छा को दबा पाना मुश्किल हो जाता है।

वे क्या करते हैं? देखिए, वे जानता है कि सबसे ख़राब काम लिखना बंद करना और तब तक इंतज़ार करना होगा जब तक कि उनका फिर से लिखने का मन ना करने लगे। ये फिर कभी कुछ ना लिखने का नुस्खा हो गया। इसके बजाय, वे अपनी प्रगति पर नजर रखते हैं। लेखक का अवरोध हो या ना हो, सैंडरसन अपने शब्दों की संख्या पर नजर रखते हैं और तब तक लिखना बंद नहीं करते, जब तक कि वे हर दिन 2,000 शब्द नहीं लिख लेते। और वह शब्दों की संख्या पर नज़र रखते हैं क्योंकि यह संख्या 2,000 से 4,000, 6,000 और उससे भी आगे बढ़ जाती है।

ब्रैंडन सैंडरसन का एक फ़ैंटेसी उपन्यास 4 लाख शब्दों का भी हो सकता है। और फिर भी, अपने लक्ष्य की ओर अपनी निरंतर प्रगति पर ध्यान देकर, सैंडरसन अपनी लेखन यात्रा को आसान बना लेते हैं। नतीजा : वे हमेशा अपने उपन्यासों को दुनिया भर के लाखों वफ़ादार पाठकों के लिए ठीक उसी समय जारी करते हैं, जिसके लिए उन्होंने बोला होता है। इस प्रगति–निगरानी का गहरा प्रभाव हो सकता है। 2016 में, शोधकर्ताओं ने इसके प्रभावों का मेटा–एनालिसिस करने के लिए लगभग 20,000 प्रतिभागियों वाले 138 अध्ययनों को मिलाया। उन्होंने पाया कि प्रगति की निगरानी करना उस लक्ष्य को हासिल करने की आपकी संभावनाओं को

काफी ज़्यादा बढ़ा देता है, फिर चाहे प्रगति के लक्ष्यों को लिखकर करें, (जैसे कि आपने जो ट्रेनिंग सेशन करने का लक्ष्य रखा था, उसे पूरा किया या नहीं) अथवा आउटपुट लक्ष्यों को लिखकर करें (जैसे कि आपका 5 किलोमीटर का टाइम हुआ या नहीं)।

क्यों? सबसे पहले तो, क्योंकि अपनी प्रगति की निगरानी करने से आपको उन क्षेत्रों की पहचान करने में मदद मिलती है जिनमें आप पिछड़ रहे हैं, या जिनमें आपको समायोजन करने की ज़रूरत है। अपनी प्रगति की निगरानी करने से, आप उन पैटर्न, आदतों या बाधाओं की पहचान कर सकते हैं जो आपकी प्रगति में बाधा बन सकती हैं। इस पुस्तक को लिखने के दौरान, मुझे धीरे-धीरे अहसास हुआ कि मुझे अपनी समय-सीमाओं को समायोजित करने की ज़रूरत है : कुछ अध्यायों के लिए, मेरे शब्द-गणना लक्ष्यों को हासिल करना आसान था, तो दूसरों के लिए, कुछ कम आसान था। दूसरा, प्रगति की निगरानी आपको अपनी बड़ी और छोटी जीत का जश्न मनाने में सहायता कर सकती है। उदाहरण के लिए, जब भी मैं 8,000 शब्द और लिखता हूँ, तो मैं ख़ुद को पुरस्कार देता हूँ : लंदन में अपने पसंदीदा भारतीय रेस्तरां डिशूम की ट्रिप।

सबसे बढ़कर, अपनी प्रगति की निगरानी से आपको इस बात का ठोस सबूत मिलता है कि आप अपने लक्ष्यों की ओर बढ़ रहे हैं। मैं देखता हूँ कि मेरे शब्दों की संख्या शब्द दर शब्द बढ़ती जा रही है, और मुझे पता है कि मैं अपनी पांडुलिपि पूरी करने के और भी क़रीब पहुँच गया हूँ। प्रगति की इस भावना ने मुझे अपनी रफ्तार बनाए रखने में सहायता की है और मुझे आगे बढ़ते रहने के लिए और ज़्यादा प्रतिबद्ध बनाया है। इसकी तरह का प्रेरणा बढ़ाने वाला और कुछ नहीं है।

अपनी प्रगति की निगरानी करने से आपको वास्तविक सबूत मिलते हैं कि आप अपने लक्ष्यों की ओर बढ़ रहे हैं।

और प्रगति की निगरानी के लिए आपको कोई पुस्तक लिखने की ज़रूरत नहीं है। असल में, हम अपने जीवन के हर हिस्से में प्रगति की निगरानी कर सकते हैं।

अगर आपका लक्ष्य स्वस्थ होना है, तो आप वर्कआउट लॉग बना सकते हैं। आपने किस तरह की कसरत की, आपने कसरत कितनी देर की और वर्कआउट के दौरान आपको कैसा महसूस हुआ, इस बारे में कोई अन्य नोट्स लिखिए। इससे आपको यह देखने में मदद मिलेगी कि समय के साथ-साथ आपकी ताक़त और सहनशक्ति में सुधार किस तरह से हो रहा है।

अगर आप कोई नया कौशल सीख रहे हैं, तो आप कोई लर्निंग जर्नल रखकर अपनी प्रगति की निगरानी कर सकते हैं, जिसमें आप जो सीख रहे हैं, आपके मन में आए किसी सवाल और कोई सफलता या आपके अनुभव किए 'बेहद ख़ुशी' के पल के बारे में लिखिए। इससे ना केवल आपकी प्रेरणा बढ़ेगी, बल्कि आपको यह समझने में भी मदद मिलेगी कि आपको अभी और क्या सीखने की ज़रूरत है।

और अगर आप किसी परीक्षा की तैयारी कर रहे हैं, तो आप एक बार चार्ट में रंग भरकर अपनी प्रगति की निगरानी कर सकते हैं कि आपने कितने मॉड्यूल पढ़े हैं। इससे आपको पता चलेगा कि आप अपना रिवीज़न पूरा करने में कितने आगे हैं। यह एक छोटा सा रिमाइंडर देता है कि टास्क चाहे कितना भी कठिन क्यों ना लगे, आप हमेशा सही दिशा में ही आगे बढ़ रहे हैं।

अपना सहयोग कीजिए

पुस्तक में इस बिंदु पर, आपने देखा होगा कि जड़ता के बारे में मेरी बहुत सारी सलाहें पहले से ही दी जा चुकी हैं। जब आप काम शुरू कर रहे हों, तो टालमटोल से कैसे बचें, इस बारे में बहुत सारी जानकारी है, चाहे पहला क़दम उठाने की हों या घर्षण को कम करने की। हालाँकि मैंने आपको इस बारे में बहुत कम जानकारी दी है कि दीर्घकाल में टालमटोल से कैसे बचा जाए।

मैं समझ गया। मैंने अपने जीवन का एक बड़ा हिस्सा किसी परियोजना की अच्छी शुरुआत करने में बिताया है, और सोचा है कि मैंने जड़ता की समस्या पर क़ाबू पा लिया है, लेकिन बहुत तेज़ी से मैंने रफ़्तार गँवा दी है। उदाहरण ए : यह पुस्तक। लेखन के अपने पहले दो महीनों में, मैंने 30,000 शब्द लिखे। अगले बारह महीनों में, मैं केवल 10,000 शब्द लिख पाया।

ऐसे में जड़ता पर क़ाबू पाने का अंतिम तरीक़े का संबंध, शुरू करने से नहीं, बल्कि बाद में होने वाले टालमटोल से है : उन क्षणों से है, जब आपकी अच्छी प्रगति कुछ ख़ास ना करने का दलदल बन जाती है। इन स्थितियों में, आपको प्रेरित रहने के लिए एक अलग तरीक़े की ज़रूरत पड़ती है।

इसका समाधान है – ख़ुद का सहयोग करना सीखना। यह एक अस्पष्ट विचार की तरह लग सकता है, लेकिन टालमटोल से निपटने के संदर्भ में, इसका बहुत ही विशिष्ट अर्थ होता है। आपका उद्देश्य अपने लक्ष्यों की दिशा में काम करते समय ख़ुद को प्रोत्साहित करने के तरीक़े खोजना है। और सबसे बड़ी बात, अपने आपको आगे बढ़ाते हुए जवाबदेह बनाए रखना है। आइए, एक सरल लेकिन बहुत

ही प्रभावी साधन से शुरू करते हैं, जो है : कोई जवाबदेही वाले दोस्त की तलाश करना।

प्रयोग 5 :

जवाबदेही वाले दोस्त की तलाश करना

रेडिट के फ़ोरम r/GetMotivatedBuddies में 179,000 से ज़्यादा सदस्य हैं, जो 'स्वास्थ्य और फ़िटनेस, पढ़ाई, काम और स्वस्थ आदतों के निर्माण के लिए जवाबदेही वाले दोस्त की तलाश करना' चाहते हैं। यह भागीदारों को एक-दूसरे को जिम जाने और गिटार सीखने, परीक्षाओं के लिए रिवीज़न करने, कोड सीखने, समय पर सोने और अपनी माँ को फ़ोन करना याद रखने के लिए प्रोत्साहित करने के लिए जोड़ता है।

इन सभी लोगों ने मानवीय प्रेरणा की एक दिलचस्प विशेषता पर ध्यान दिया है : कि अकेले कुछ शुरू करना एक साथ शुरू करने की तुलना में असीमित रूप से ज़्यादा कठिन होता है। जब हमें कोई ऐसा साथी मिल जाता है, जो हमें जवाबदेह ठहराता है, तो हमारे जड़ता पर क़ाबू पाने की संभावना ज़्यादा होती है।

एक स्तर पर यह, लोगों के ऊर्जाकारी प्रभावों के कारण होता है (जिसके बारे में हमने अध्याय 3 में पढ़ा था)। लोग हमारी अच्छी भावनाओं को बढ़ावा देते हैं और हमें शुरू करने के लिए प्रेरित करते हैं। दोस्तों के साथ तो जीवन बेहतर होता ही है।

हालाँकि जवाबदेही वाले भागीदारों का दूसरा, और भी ज़्यादा दमदार असर होता है। वे हमारे कर्तव्य की भावना को हथियार बनाते हैं। मनुष्य सामाजिक प्राणी है, और हम एक-दूसरे को निराश नहीं करना चाहते। जब आप जिम सेशन में अकेले शामिल होते हैं तो बीच में नागा करना आपके लिए आसान होता है, लेकिन जब आपका कोई दोस्त सुबह-सुबह आपके अपार्टमेंट के बाहर इंतज़ार करता हुए गुस्से से घड़ी देख रहा होता है, तब जिम के सेशन में नागा करना बहुत मुश्किल होता है।

जवाबदेही की साझेदारी एक तंत्र मात्र है जो इस बुनियादी सामाजिक तथ्य को एक औपचारिक प्रणाली में बदल देता है। आप और दूसरा व्यक्ति एक दूसरे को एक सहमत कार्य के लिए एक सहमत समय पर जवाबदेह ठहराने के लिए परस्पर सहमत होते हैं। इसमें जिम जाने वाला वह दोस्त शामिल हो सकता है जो सुबह 6 बजे आपकी खिड़की पर दस्तक दे दे। इसका मतलब यह भी हो सकता है कि कोई दोस्त आपको किसी निश्चित समय पर यह देखने के लिए कॉल कर दे कि आप

वास्तव में रिवीज़न कर रहे हैं या नहीं। अथवा हो सकता है कि कोई आपके घर ही यह देखने के लिए आ जाए कि आपने गिटार का वह पीस सीखा है या नहीं जिसका आप पूरे सप्ताह रियाज़ करने का वादा करते रहे। हर मामले में, आप जड़ता को दूर करने के लिए अपने सामाजिक दायित्व की भावना का इस्तेमाल कर रहे होते हैं।

ऐसी जवाबदेही वाली पार्टनरशिप स्थापित करने का सबसे अच्छा तरीक़ा क्या है? मैं अक्सर इस प्रक्रिया को तीन चरणों में विभाजित करता हूँ। सबसे पहले, अपने दोस्त की तलाश कीजिए। आदर्श रूप से, यह कोई ऐसा इंसान होगा जिसकी सोच आपसे मिलती-जुलती हो – इसका मतलब है कि आपके बेस्ट फ्रेंड अच्छी शुरुआत का जरिया हो सकते हैं। हालाँकि, अक्सर बेस्ट फ्रेंड तो अजनबी होते हैं, जो आपके जैसे ही लक्ष्य रखते हैं। जब आप किसी ऐसे व्यक्ति के साथ जुड़ते हैं जिसकी महत्त्वाकांक्षा सप्ताह में तीन बार जिम जाने या गिटार बजाना सीखने की आपकी महत्त्वाकांक्षा के समान है, तो आपको ऐसा नहीं कि आपको केवल जवाबदेह ठहराने वाला व्यक्ति नहीं मिलेगा, बल्कि आपको ऐसा व्यक्ति मिल जाएगा जो आपकी परेशानियों को समझेगा और आपकी सफलताओं की सराहना करेगा। और हो सकता है कि इस प्रक्रिया में आपको कोई नया दोस्त भी मिल जाए।

दोस्त मिल जाने के बाद, इस बात पर सहमत होइए कि आप *जवाबदेही की किस तरह की संस्कृति* बनाना चाहते हैं। किसी मददगार और लगातार बने रहने वाले दोस्त और किसी गुस्सा दिलाने वाले दोस्त के बीच बहुत ही महीन रेखा होती है। ऐसे में आपको कुछ बुनियादी नियमों पर सहमत होने की ज़रूरत होगी। जवाबदेही के प्रति सकारात्मक नज़रिया कैसा रहेगा? आप किस तरह के संपर्क की तलाश कर रहे हैं? वे आपकी सबसे अच्छी मदद कैसे कर सकते हैं? मुझे लगता है कि जवाबदेही वाले सबसे अच्छे दोस्त पाँच मानदंडों को पूरा करते हैं : *अनुशासित* होना (उन्हें उस पर अड़े रहना चाहिए जिस पर आपने सहमति जताई है), *चुनौतीपूर्ण* (वे जानते हैं कि आपको अगले स्तर पर ले जाने में मदद करने का मतलब क्या है), *धैर्यवान* (वे जल्द ही किसी निष्कर्ष पर नहीं पहुँचते या आपके बारे में निर्णय लेने में जल्दबाजी नहीं करते), *सहायक* (वे प्रोत्साहन भरे शब्दों के साथ मौजूद रहते हैं) और *रचनात्मक* (उन्हें पता होना चाहिए कि आपको ईमानदार प्रतिक्रिया और रचनात्मक आलोचना कैसे दी जानी है)।

आख़िर में, जवाबदेही की प्रक्रिया पर थोड़ा और विस्तार से चर्चा करते हैं। आपका दोस्त आपको जवाबदेह कैसे ठहराएगा, और आप उसे कैसे जवाबदेह ठहराएँगे? वह क्या ख़ास करने जा रहा है, और कब करने जा रहा है? कुछ लोगों के लिए, जवाबदेही का मतलब हो सकता है कि वे सप्ताह में एक या दो बार एक-दूसरे से मिलकर जांच-पड़ताल कर लें। या यह कोई दैनिक टेक्स्ट चेक-

इन या वीडियो मैसेज हो सकता है ताकि यह देखा जा सके कि आप अपनी परियोजना पर कैसा काम कर रहे हैं। या यह सिर्फ़ महीने में एक बार कॉफ़ी पीते हुए साथ बैठना हो सकता है ताकि यह देखा जा सके कि क्या अच्छा चल रहा है और क्या नहीं। यह कम मायने रखता है कि वे वास्तव में क्या करते हैं – और ज़्यादा मायने यह रखता है कि वे इसे लगातार और सहमत समय में करने के लिए सहमत हैं।

हालँकि अगर सही तरीक़े से किया जाए, तो जवाबदेही वाला दोस्त कुछ नम्र दबाव का फ़ायदा उठाकर शक्तिशाली असर डालता है। अब आपके पास अपनी जीत को साझा करने और अपनी परेशानियों पर शोक मनाने के लिए कोई तो है ना। और इसलिए आप वास्तव में उस समय बिस्तर से उठ ही जाएँगे जिस समय उठने के लिए आपने वादा किया था।

प्रयोग 6 :

अपने को क्षमा कीजिए

2010 में, कार्लटन यूनिवर्सिटी के मनोवैज्ञानिक माइकल वोहल ने अपने प्रथम वर्ष के छात्र-छात्राओं के बारे में कुछ ऐसा देखा जो कहीं से भी आश्चर्यजनक नहीं था : उन्हें टालमटोल करना बहुत पसंद था।

ओटावा की (संभवतः अनुचित) बहुत ही नीरस शहर होने की प्रतिष्ठा के बावजूद, वोहल के स्नातक छात्रों को शहर में पढ़ाई के अलावा, करने के लिए लाखों काम थे : बार में जाना, समाज में मिलना-जुलना, ट्विटर नामक एक उभरते हुए एप पर पोस्ट करना। मनोविज्ञान के बारे में उन्हें भले ही कुछ भी ना पता हो, लेकिन वे मनोविज्ञान को टालने के बारे में सब कुछ जानते थे।

हालाँकि वोहल ने सोचा कि टालमटोल करना मात्र ही समस्या नहीं है। यह तो आत्म-प्रहार था। वोहल ने महसूस किया कि उनके छात्र-छात्राओं की प्रोडक्टिविटी के हानिकारक चक्र का कारण उनका ख़ुद को नुक़सान पहुँचाना था। जब भी वे पढ़ाई करने में नाकाम होते थे, तो वे ख़ुद के बारे में यह कहने लगते थे कि वे बुरे छात्र हैं। और इस शर्म के कारण उनके भविष्य में पढ़ाई करने की संभावना और भी कम कर दी।

वोहल ने एक परिकल्पना का टेस्ट करने का फ़ैसला किया : कि ख़ुद पर प्रहार करना टालमटोल करने से कहीं ज़्यादा बड़ी समस्या है। छात्रों की मध्यावधि परीक्षाओं से ठीक पहले, वोहल ने उनसे पूछा कि वे किस हद तक ख़ुद को पढ़ाई ना करने के लिए क्षमा करते हैं। क्या आत्म-क्षमा के उच्च स्तर वाले छात्र उन

लोगों की तुलना में बेहतर प्रदर्शन कर सकते हैं जो लगातार अपनी असफलताओं के बारे में ही सोचते रहते हैं?

नतीजे स्पष्ट ही थे। जैसा कि वोहल ने अनुमान लगाया था, जिन छात्रों ने कहा कि वे पढ़ाई ना करने के लिए ख़ुद को क्षमा करने में सक्षम हैं, वे बहुत ज़्यादा प्रोडक्टिव थे। आत्म-क्षमा ने छात्रों को टालमटोल के बाद अपराधबोध और शर्म से मुक्त होने का मौक़ा दिया। वे 'अपने ख़राब व्यवहार को पीछे छोड़ सकते हैं और पिछली करतूतों के बोझ के बिना आगामी परीक्षा पर ध्यान एकाग्र कर सकते हैं'। वोहल के लेख था 'मैं ख़ुद को क्षमा करता हूँ, अब मैं पढ़ाई कर सकता हूँ'।

वोहल को वह आख़िरी तरीक़ा पता चल गया था जिससे जड़ता हमें पटरी से उतार देती है। जब हम किसी काम में रफ़्तार बनाए रखने में नाकाम होते हैं, तो हम ख़ुद को कोसने लगते हैं, लेकिन इससे किसी को कोई मदद नहीं मिलती। अगर कुछ होता है, तो बस यही कि चीज़ें और ख़राब हो जाती हैं। जड़ता आत्म-घृणा की भावना को जन्म देती है। और आत्म-घृणा की यह भावना हमारे कुछ भी फलदायी करने की संभावना को और भी कम कर देती है।

क्या इस विनाशकारी सिलसिले को तोड़ने का कोई तरीक़ा है? जैसा कि वोहल और उनके सहयोगियों ने पाया, ख़ुद को क्षमा करना ही बचने का रास्ता है। लेकिन कैसे? शायद मेरा पसंदीदा तरीक़ा वह है जिसे मैं जीत की तलाश कहता हूँ। इसमें किसी बात का जश्न मनाना होता है, चाहे वह कितनी भी छोटी हो और आपके काम से कितनी भी असंबंधित हो। मुझे यह प्रारूप इस्तेमाल करना पसंद है : 'मैंने एक्स नहीं किया, लेकिन मैंने वाई तो किया।' उदाहरण के लिए :

- 'मैं आज सुबह-सुबह कसरत करने नहीं गया। लेकिन मुझे बिस्तर पर एक अतिरिक्त घंटा मिल गया और मैं हमेशा की तुलना में ज़्यादा तरोताज़ा महसूस कर रहा हूँ।'
- 'मैंने उस रिपोर्ट का आख़िरी हिस्सा पूरा नहीं किया। लेकिन इसके पीछे एक अच्छा कारण था। मैंने स्टाफ़ किचन में एक सहकर्मी से बात की और हमारी अच्छी मुलाक़ात रही।'
- 'मैंने आज नौकरी की एप्लीकेशन पूरी नहीं की। लेकिन इसके बजाय मुझे अपनी दादी के साथ समय बिताने का मौक़ा तो मिल गया, इसलिए आज के लिए यही जीत है।'

आप छोटे-छोटे नुक़सानों पर ध्यान देते रहिए, या छोटी-छोटी जीतों का जश्न मना लीजिए।

टालमटोल कोई ऐसी काम नहीं है जिसे हम हमेशा नियंत्रित कर सकें। ख़ुद को क्षमा करना एक ऐसा काम है जिसे हम कर सकते हैं। आप छोटे-छोटे नुक़सानों पर ध्यान दे सकते हैं। या आप छोटी-छोटी जीतों का जश्न मना सकते हैं। टालमटोल करने की हमारी अपरिहार्य प्रवृत्ति को स्वीकार करके और उसे क्षमा करके - और इसके बजाय छोटी-छोटी जीतों का जश्न मनाकर - हम अपने ऊपर इसकी पकड़ बनाकर, जीतना शुरू कर सकते हैं।

सारांश

- हमारा तीसरा भावनात्मक अवरोधक सबसे आम है, और वह है : जड़ता। जब आप कुछ नहीं कर रहे होते हैं, तो कुछ ना करते रहना आसान होता है। और जब आप काम कर रहे होते हैं, तो काम करते रहना बहुत आसान होता है।
- हालाँकि इससे निपटने के कुछ सरल तरीक़े हैं। अपने जीवन में मौजूद बाधाओं को देखिए : कौन सी बाधाएँ आपको शुरुआत करने से रोक रही हैं? और आप उनसे कैसे छुटकारा पा सकते हैं?
- कुछ ना करने का सबसे अच्छा उपाय बस कुछ करने लगना है। आप पहले अपना अगला क़दम तय करके और फिर अपनी प्रगति की निगरानी करके एक्शन कर सकते हैं, ताकि आपके आस-पास स्पष्ट सबूत हों कि आप अपने लक्ष्यों की ओर बढ़ रहे हैं।
- अंतिम चरण सबसे दयालु है : ऐसी प्रणालियाँ बनाइए जो आपको लंबे समय तक ख़ुद का सहगयोग करने में मदद कर सकें। सबसे बढ़कर, ख़ुद को कुछ आराम दीजिए और छोटी-छोटी जीत का जश्न मनाइए।

खंड -3

टिके रहिए

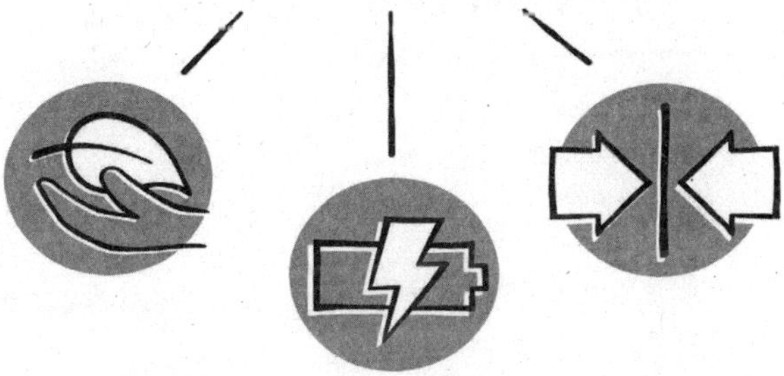

7

संरक्षित कीजिए

जब लोग कहते हैं 'बर्नआउट', या निचुड़ गए, तो हमारे दिमाग़ में किसी इन्वेस्टमेंट बैंकर का चित्र उभरता है जो मैनहटन के टॉवर-ब्लॉक में अठारह घंटे काम कर रहा है या किसी ऐसे माँ या बाप का चित्र उभरता है जो अपने घर के पाँच सदस्यों का पेट भरने के लिए सात जगह नौकरियाँ कर रहे हैं।

ऐसे में जब मैं क्रिसमस की पूर्व संध्या 2020 पर अपने सोफ़े पर लेटा हुआ थी, और अपनी माँ से कहा था कि मैं एक भी दिन काम नहीं कर सकता, तो मैं परेशान और कुछ भ्रम में था। मेडिकल स्कूल छोड़े हुए मुझे तीन साल हो चुके थे। क्रिसमस डे शिफ़्ट करते हुए मुझे दो साल हो चुके थे, और अपने व्यवसाय पर ध्यान लगाने के लिए मैंने मेडिसिन से कुछ महीने का ब्रेक ले लिया था। मेरे कुछ शानदार महीने इस तरह से बीते : क्रिसमस से एक रात पहले मैं अपनी माँ से फ़ेसटाइम पर बात कर रहा था, अपने जीवन का दुखड़ा रो रहा था।

उस समय तक, मैं अपना पूरा ध्यान अपनी कंपनी पर ही दे रहा था। मेरे पास मेरा ड्रीम जॉब था : एक छोटी-सी टीम चलाता था और कुछ ऐसा बनाता था जो मुझे पसंद हो। काम बढ़िया चलना चाहिए था, लेकिन किसी न किसी वजह से ऐसा हो नहीं पा रहा था

भले ही मेरे बिज़नेस की आमदनी डॉक्टर के रूप में मेरी हमेशा की कमाई से ज़्यादा थी, लेकिन फिर भी मैं थका हुआ महसूस कर रहा था।

महीनों तक, इसी सिलसिले को जारी रखने के लिए ख़ुद को प्रेरित करना मुश्किल होता जा रहा था। जो काम कभी बहुत मज़ेदार लगता था, वह किसी बोझ की तरह लगने लगा था। और काम में मेरे टालमटोल करने के कारण मेरा काम भी प्रभावित होने लगा था।

चल क्या रहा था? मैं तो अपने काम से प्यार करता था। अब मैं इसके बारे में सोचकर ही थक जाता था।

तो, मैं अपनी माँ को इसके बारे में बता रहा था। पहले तो उन्होंने भी वही कहा जिसकी मुझे उम्मीद थी : 'तुम्हें डॉक्टरी में ही रहना चाहिए था, अली।' (उन्होंने पहले भी यही बात कही थी।) और फिर उन्होंने कुछ ऐसा कहा जिसकी मुझे बिलकुल भी उम्मीद नहीं थी। 'मुझे लगता है कि तुम बर्नआउट से गुज़र रहे हो।'

मेरा पहली समझ तो यही थी : 'क़तई नहीं।' जाहिर था, मैं बर्नआउट की सोच से परिचित था। हालाँकि मैंने ये कभी नहीं सोचा था कि यह शब्द मुझ पर भी कभी लागू होगा। मैं अपनी ज़रूरतें पूरा करने के लिए कोई ज़्यादा मेहनत नहीं कर रहा था। मैं कोई ख़ास गंभीर काम भी नहीं कर रहा था। मुझे बर्नआउट महसूस करने का क्या हक़ था?

हालाँकि अगले कुछ मिनटों तक मेरी मनोचिकित्सक माँ मुझे यह समझाती रहीं कि बर्नआउट केवल तनावपूर्ण नौकरियाँ करने वाले लोगों को ही नहीं होता है। अगर काम सार्थक, आनंददायक या प्रबंधनीय ना हो तो यह किसी को भी हो सकता है। जब आप बर्नआउट से ग्रस्त होते हैं, तो आप व्याकुल और कम प्रेरित महसूस करते हैं। आपको लगता है कि आप चाहे कितनी भी कोशिश कर लें, आप अपनी रफ़्तार बनाए नहीं रख सकते। फ़ोन रखने के बाद, मैंने एक बार माँ की सलाह मानने और इस बारे में कुछ और जानने का फ़ैसला किया। पिछले साल, मैंने पाया कि विश्व स्वास्थ्य संगठन ने बर्नआउट को फिर से परिभाषित किया था। बर्नआउट केवल तनाव सिंड्रोम नहीं था जो ख़ुद के बहुत ज़्यादा मेहनत करने से जुड़ा हो। यह उससे कहीं ज़्यादा रोज़मर्रा की बात थी। विश्व स्वास्थ्य संगठन की परिभाषा के मुताबिक़, बर्नआउट एक 'व्यावसायिक घटना' है, जिसकी विशेषताएँ 'ऊर्जा की कमी या थकावट की भावनाएँ; किसी की नौकरी से मानसिक दूरी बढ़ना, या किसी की नौकरी से संबंधित नकारात्मकता या संदेह की भावनाएँ; और कम पेशेवर प्रभावकारिता' हैं। और सबसे बड़ी बात यह है कि इसका आपके काम करने के घंटों की संख्या से कोई संबंध नहीं है। इसका संबंध आपके *महसूस* करने से होता है।

समय के साथ-साथ इसने मुझे प्रोडक्टिविटी के बारे में समझ मुहैया कराई। कुछ सालों से, मैं काम को पूरा करने के लिए अच्छे समय के महत्त्व के बारे में सचेत था। डॉक्टर के तौर पर अपने शुरू के महीनों से ही, मुझे तीन पी के सुखद प्रभावों के बारे में पता हो गया था : प्ले, पावर और पीपुल। और अपना बिज़नेस शुरू करने के बाद के सालों में, मैं ख़ुद को बेहतर तरीक़े से 'अनब्लॉक' करने लगा

था। पहले की तरह टालमटोल करने वाला बनाने वाली अनिश्चितता, भय और जड़ता पर मैंने क़ाबू पा लिया था।

हालाँकि अब मुझे लगा कि कुछ तो कमी थी। मैं दिन में जितनी ज़्यादा मज़े करता था, उतना ही ज़्यादा काम भी करता था। और जितना ज़्यादा मैं काम करता, उतना ही ज़्यादा मैं सच्ची प्रोडक्टिविटी की आख़िरी बड़ी बाधा के क़रीब पहुँच जाता, जो कि थी : बर्नआउट। अगर मैं अपने काम और अपने जीवन को लंबे समय तक बनाए रखने का कोई तरीक़ा नहीं खोज पाता, तो फ़ील-गुड प्रोडक्टिविटी के रहस्यों पर मेरी रिसर्च बेकार हो जाती। मैंने प्रोडक्टिविटी की बुनियादी बातों में तो दक्षता पा ली थी, लेकिन *टिकाऊ* प्रोडक्टिविटी में अभी तक मुझे दक्षता हासिल नहीं हो सकी थी।

ऐसे में मैंने पढ़ना शुरू किया। और जितना ज़्यादा मैंने पढ़ा, उतना ही ज़्यादा मुझे अहसास हुआ कि हमें बुरा महसूस कराने वाली तीन सामान्य ताक़तें हैं जो हमें बर्नआउट की ओर ले जाती हैं। उनमें एक-दूसरे के बीच कन्फ़्यूजन हो सकता है, लेकिन मौलिक रूप से वे तीनों अलग होती हैं।

सबसे पहले तो वो लोग बर्नआउट होते हैं जो बहुत ज़्यादा काम करने से होते हैं। आप हर दिन बहुत ज़्यादा काम कर रहे हैं जिससे आपका मूड ख़राब होता है। मैं इसे *ओवरएक्जरशन बर्नआउट* कहता हूँ।

इसके बाद, वो बर्नआउट होते हैं जो आराम करने के ग़लत तरीक़े से संबंधित होते हैं। आपने ख़ुद को वह समय दिया ही नहीं जिसकी आपको ज़रूरत है। ना दिन में छोटे-छोटे ब्रेक लिए, ना ही आपके दिमाग़, शरीर और आत्मा को ऊर्जा से फिर से भर देने वाले लंबे-लंबे ब्रेक लिए, जिससे आपका मूड ख़राब होता है। मैं इसे *डिप्लेशन बर्नआउट* या ह्रास बर्नआउट कहता हूँ।

आख़िर में, वो बर्नआउट होते हैं जो ग़लत काम करने से संबंधित होते हैं। आपने कई सप्ताह, साल या दशक तक अपनी सारी मेहनत किसी ऐसे काम में लगाई जो आपको ख़ुशी या अर्थ नहीं देती है, और आप थक गए हैं, जिससे आपका मूड ख़राब हो रहा है। आप अपनी ऊर्जा का ग़लत तरीक़े से इस्तेमाल कर रहे थे। मैं इसे *मिसअलाइनमेंट बर्नआउट* या बेमेल बर्नआउट कहता हूँ।

अपनी माँ के साथ फ़ेसटाइम पर उस बातचीत के बाद, मुझे लगने लगा कि मैं इन तीनों से ही थोड़ा-थोड़ा पीड़ित हूँ। मैं बहुत -ज़्यादा काम कर रहा था। मैं ठीक से आराम नहीं कर रहा था। और अपने बिज़नेस के लिए भी मैं जो कर रहा था, उनमें से कई अब मेरे लिए कोई अर्थ नहीं रख रहे थे। हर मामले में, मेरा मूड ख़राब ही होता जा रहा था और मेरी प्रोडक्टिविटी भी ख़राब हो रही थी।

हालाँकि उसके कुछ दिनों बाद, मुझे एक ख़ुशी की बात का भी अहसास हुआ कि इनमें से प्रत्येक समस्या हल हो सकती है।

ओवरएक्जरशन बर्नआउट और इससे बचने के उपाय

मैंने अपनी ओवरएक्रजशन की भावना पर ध्यान एकाग्र करके शुरुआत करने का फ़ैसला किया। मुझे अहसास हुआ कि कुछ समय से, मैं बहुत ज़्यादा ही काम कर रहा था। पहले तो मुझे समझ नहीं आ रहा था कि इसके बारे में करना क्या है : आख़िरकार मैं अपने बिज़नेस को छोड़ नहीं सकता था। हालाँकि फिर मुझे समाधान की एक झलक दिखी।

अपनी माँ के साथ उस मानसिक तनाव की चर्चा करने के कुछ समय बाद, मैं ख़ुद को टिम फ़ेरिस और विश्व प्रसिद्ध बास्केटबॉल खिलाड़ी लेब्रोन जेम्स के बीच हुआ साक्षात्कार सुना। मैं कभी भी बास्केटबॉल का बहुत बड़ा फ़ैन नहीं रहा था, लेकिन जल्द ही मैंने यूट्यूब पर लॉस एंजिलिस लेकर्स टीम की क्लिप देखी। जैसे–जैसे मैं और ज़्यादा समझता गया, मुझे एक दिलचस्प समझ हासिल हुई: यह तक़रीबन ऐसे ही है जैसे लेब्रोन जेम्स के दो रूप हों।

एक में तो, लेब्रॉन स्प्रिंटर है। ऐसा व्यक्ति है जो बास्केटबॉल कोर्ट के एक छोर पर गेंद पर कब्ज़ा कर सकता है और, पलक झपकने से पहले, अपने प्रतिद्वंद्वी के नेट के पास खड़ा हो सकता है। ऐसा व्यक्ति है जो 17 मील प्रति घंटे की रफ़्तार से दौड़ सकता है। ऐसा व्यक्ति है जो इतिहास में एनबीए के सबसे तेज़ खिलाड़ियों में शामिल है।

और, फिर लेब्रॉन का दूसरा रूप वॉकर का है। ऐसा व्यक्ति है जो गेंद के कब्ज़े में ना होने पर लापरवाही से कोर्ट में घूमता रहता है, और जब उसे गेंद मिल भी जाए तो उसे भागने की कोई ज़रूरत नहीं लगती। वह भागे भी क्यों, जब वह वैसे भी 10 मीटर की दूरी से ही शॉट मारकर गेंद बास्केट में डाल सकता है?

कई कमेंटेटरों को लगा कि ये विरोधाभास लेब्रॉन के स्पष्ट और विचित्र लंबे करियर को स्पष्ट करता है। लेब्रॉन 2000 के दशक के मध्य से ही एनबीए में अपना वर्चस्व बनाए था। ऐसे फ़ील्ड में जहाँ एथलीट अपने मुख्य खेल में औसतन साढ़े चार साल, और सीजनों में औसतन पंद्रह गेम खेलता है, वहाँ लेब्रॉन ने उन्नीस साल तक हर सीजन में औसतन सत्रह गेम खेले थे।

कई दशकों में फैले अपने करियर में वह अपना स्थान कैसे बनाए रख सका? इसका उत्तर लगता है, उसकी वॉकिंग से जुड़ा है।

खेल विश्लेषकों ने लेब्रॉन और अन्य एनबीए खिलाड़ियों के ऑन और ऑफ़ कोर्ट डाटा के ढेर खँगाले, और एक ही बात पाई। हालाँकि लेब्रॉन ऐसा व्यक्ति तो है जो उपनगरों में कार की रफ़्तार से दौड़ सकता है, लेकिन वह एनबीए के औसतन सबसे धीमे खिलाड़ियों में शामिल है। 2018 के सीजन में, खेलों के दौरान उसकी औसत रफ़्तार 3.85 मील प्रति घंटा ही थी जो लगभग चलने की रफ़्तार होती है; वह प्रति गेम कम से कम बीस मिनट खेलने वाले सभी खिलाड़ियों में सबसे निचले दस में रहा। नियमित सीजन के दौरान, उसने कोर्ट पर 74.4 प्रतिशत समय चलने में बिताया, जो कि लीग में लगभग किसी और ने नहीं बिताया।

लेब्रॉन जेम्स ने अप्रत्याशित रूप से मुझे थकान की भावना पर क़ाबू पाने का पहला संकेत दिया। मुझे अहसास हुआ कि ओवरएक्जरशन बर्नआउट नकारात्मक भावनाओं से आता है जो तब पैदा होता है जब हम बहुत ज़्यादा , और बहुत तेज़ी से काम करते हैं। हम जितना कर सकते हैं, उससे ज़्यादा काम स्वीकार कर लेते हैं, और कार्य दिवस में आवश्यक ब्रेक नहीं ले पाते हैं। हम हर समय भागते ही रहते हैं।

कम काम कीजिए ताकि आप ज़्यादा अनलॉक कर सकें

इसका समाधान? लेब्रॉन का अनुसरण कीजिए। अपनी ऊर्जा बचाए रखिए। कम काम कीजिए ताकि आप ज़्यादा अनलॉक कर सकें।

कम काम कीजिए

1997 में, स्टीव जॉब्स से हर कोई केवल एक ही बात पूछना चाहता था : ओपनडॉक का क्या हुआ? पिछले पाँच सालों में, एपल के इंजीनियरों ने सॉफ़्टवेयर प्लेटफ़ॉर्म पर कड़ी मेहनत की थी, जिसके बारे में उन्हें लगा था कि यह यूज़र्स के अपनी फ़ाइलें बनाने, शेयर करने और स्टोर करने के तरीक़े में क्रांतिकारी बदलाव लाएगा। और फिर जॉब्स एपल के सीईओ बनकर वापस लौटे, और लगभग तुरंत ही उन्होंने इस प्रोग्राम को बंद कर दिया।

उस समय, कई लोगों को लगा था कि जॉब्स ने ऐतिहासिक भूल कर दी है। हालाँकि उन्होंने सीधे और सपाट शब्दों में इसे उचित ठहराया। स्टीव जॉब्स ने कहा, 'लोग सोचते हैं कि जोर देने का मतलब उस चीज के लिए हाँ कहना है जिस पर आपको ज़ोर देना है। हालाँकि इसका मतलब ऐसा क़तई नहीं है। इसका मतलब है कि मौजूद सौ अन्य अच्छे विचारों को ना कहना। नवाचार 1,000 चीज़ों को ना कहना है।'

जॉब्स का संदेश स्पष्ट था : *ना* कहना भी हाँ कहने जितना ही महत्त्वपूर्ण होता है। जॉब्स ने कहा, 'वास्तव में मुझे जितना गर्व अपने किए कामों पर है, उतना ही गर्व उन कामों पर भी है जो हमने नहीं किए हैं।'

फ़ैसला बिलकुल सही था। अगले दशक में, ऐपल लगातार मजबूत होती गई। 2011 में उनकी मौत के समय तक, यह दुनिया की सबसे मूल्यवान सार्वजनिक कारोबार करने वाली कंपनी बन गई थी। यह सबक हममें से बाक़ी लोगों के लिए भी अहम है। क्या नीचे बताए उदाहरणों में से कोई आपको परिचित-सा लगता है?

- एक दोस्त आपसे पूछता है कि क्या आप अगले सप्ताह डिनर पर जाना चाहेंगे। उस दिन तक तो आपकी डेडलाइन बहुत बड़ी थी, लेकिन आपको यक़ीन है कि आप तब तक काम पूरा कर लेंगे। वह दिन आ जाता है, और आपका बहुत सारा काम बचा रह जाता है - आप संभवतः नहीं जा सकते।
- एक सहकर्मी कुछ महीनों में एक उबाऊ मीटिंग शेड्यूल करने की कोशिश करता है। निश्चित रूप से आपके पास अभी समय नहीं होगा - लेकिन तब तक आपके पास समय निश्चित ही होगा, है ना? तभी, मीटिंग अचानक कल ही हो जाती है - और इससे आपके बाक़ी सारे काम एकदम से छूट जाते हैं।
- एक दोस्त आपसे पूछता है कि क्या आप अभी अपना पसंदीदा वीडियो गेम खेलना चाहते हैं। आप किसी बड़े टास्क में लगे हैं जिसके बारे में आपको पता है कि इसमें कुछ सप्ताह लगेंगे - लेकिन डेडलाइन भी महीनों की नहीं है। स्वाभाविक रूप से, आप छह घंटे तक वर्ल्ड ऑफ़ वारक्राफ़्ट खेलने लगते हैं। आठ सप्ताह बाद, आप डेडलाइन मिस कर जाते हैं।

इन सभी मामलों में, हम सरल समस्या से पीड़ित हैं, जो है - अतिप्रतिबद्धता। यह पहला तरीक़ा है जिससे हम ख़ुद को ओवरएक्जरशन की राह पर ले जाते हैं : हम वर्तमान में चीज़ों के लिए हाँ कहते हैं, लेकिन लंबे समय में, वे हमें तोड़ देती हैं।

इसका कारण समझ पाना आसान है। अति प्रतिबद्धता बहुत आसान है, लेकिन इसका मतलब यह नहीं है कि इसका प्रतिरोध नहीं किया जा सकता है।

प्रयोग 1 :
ऊर्जा निवेश पोर्टफ़ोलियो

अति प्रतिबद्धता का विरोध करने का पहला क़दम तो यह स्पष्ट रूप से समझने का है कि आपकी ऊर्जा वास्तव में जा कहाँ रही है। इससे पहले कि आप 'ना' कहना शुरू करें, उसके पहले ही आपको यह तय करना होगा कि आप किस बात के लिए 'हाँ' कहना चाहते हैं। 'ऊर्जा निवेश पोर्टफ़ोलियो' का विचार सरल है। आपको बस दो सूचियाँ बनाना हैं। सूची ए में आपके सभी सपने, आशाएँ और महत्त्वाकांक्षाएँ होंगी। ये वे चीज़ें हैं जिन्हें आप शायद अभी नहीं, लेकिन किसी न किसी समय ज़रूर करना चाहेंगे। सूची बी आपके सक्रिय निवेशों की सूची है। ये वे परियोजनाएँ हैं जिनमें आप अब ही सक्रिय रूप से ऊर्जा निवेश कर रहे हैं (या करना चाहते हैं)। और अभी से मेरा मतलब इसी सप्ताह से है। आपको मेरा ऊर्जा निवेश पोर्टफ़ोलियो कैसा दिखता है :

सपने, उम्मीदें, महत्त्वाकांक्षाएँ	**सक्रिय निवेश**
मंदारिन चीनी भाषा सीखना	मांसपेशियाँ बनाना
मोटरबाइक चलाना सीखना	खाना पकाना सीखना
तीरंदाजी सीखना	स्क्वैश ज़्यादा खेलना
किसी कार से पूरे अमेरिका की सड़क यात्रा करना	पुर्तगाल में हॉलीडे प्लान करना
ग्लैंपिंग रिट्रीट पर जाना	
बेकबोर्डिंग ट्रिप पर जाना	
एक्रोयोगा करना सर्फ़िंग सीखना	
स्कूबा डाइविंग ट्रिप पर बाली जाना	
डिजिटल खानाबदोश का जीवन जीना	
6-पैक एब्स बनाना	

सपनों की सूची जितनी चाहें उतनी लंबी हो सकती है, लेकिन आप केवल अपनी कल्पना के जरिए सीमित हैं। मेरी सक्रिय निवेश सूची में उन व्यक्तिगत परियोजनाओं को चुना गया है जिन पर मैं वर्तमान में काम कर रहा हूँ। मुझे निवेश की शब्दावली पसंद है क्योंकि मैं उस परियोजना में ऊर्जा का निवेश कर रहा हूँ, और रिटर्न (संभावित) मुझे आकर्षित करता है।

सक्रिय निवेश सूची इस आधार पर सीमित होनी चाहिए कि आपके पास उनमें निवेश करने के लिए कितना समय और ऊर्जा है। यह हर इंसान में अलग-अलग होगा। मैं अपने निवेश को पाँच तक सीमित रखना पसंद करता हूँ, लेकिन अगर आपके छोटे बच्चे हैं या व्यस्त करियर है, तो आप तीन सक्रिय निवेशों से संतुष्ट हो सकते हैं। या दो, या एक से भी संतुष्ट हो सकते हैं। हालाँकि, हर मामले में, अपने सक्रिय निवेशों को सिंगल डिजिट में ही रखना समझदारी है।

अगर आप अपने सक्रिय निवेशों की सूची में कोई सपना शामिल करना चाहते हैं, तो आपको यह भी सुनिश्चित करना होगा कि आपके पास उसमें निवेश करने के लिए समय और ऊर्जा हो। जब आपके पास अपने समय के साथ क्या करना है, इस बारे में बहुत सारे विकल्प होते हैं, तो किसी निश्चित समयावधि में किसी काम के लिए प्रतिबद्ध होना बहुत कठिन हो जाता है। हमारा मस्तिष्क हमेशा सोचता ही रहता है, 'मैं अभी X पर काम कर रहा हूँ, लेकिन शायद मैं Y पर काम कर सकता हूँ, या संभवतः Z पर भी काम कर लूँगा।' इसमें जोखिम है; अगर आप ऑफ़िस में किसी बड़े प्रोजेक्ट पर काम करते हुए घर का रेनोवेशन करा रहे हैं, साथ ही जापानी भाषा भी सीखने की कोशिश कर रहे हैं, अपना ब्लॉग शुरू करने की भी कोशिश कर रहे हैं, अपने बच्चों की फुटबॉल टीम को कोचिंग देने में भी लगे हैं, तो सब कुछ बहुत ज़्यादा तनावपूर्ण लगेगा ही।

ऊर्जा निवेश पोर्टफ़ोलियो अति प्रतिबद्धता के लुभावने तर्क का प्रतिरोध करने में अहम होता है। हम सोचते हैं कि हम सब कुछ कर सकते हैं। यह तो एक मिथक है। सतत उत्पादकता या सस्टेनेबिल प्रोडक्टिविटी का मतलब, अपने समय की सीमाओं को पहचानना होता है। हर किसी के पास अपने समय की सीमाएँ होती हैं।

प्रयोग 2:

ना की पावर

एक आम समस्या यह होती है कि जब हम 'ना' कहने के महत्त्व को जानते हैं, तब भी असल में इसे कहना मुश्किल हो सकता है। हम ख़ुद को उन प्रस्तावों को अस्वीकार करने के लिए कैसे मजबूर करें जिनके लिए हमारे पास वास्तव में समय है ही नहीं?

मेरा पसंदीदा विचार मैंने लेखक और संगीतकार डेरेक सिवर्स से लिया है, जिसे उन्होंने 'एक़दम हाँ या ना' कहा है। उनकी सलाह इस तरह से है : जब आप ख़ुद को यह तौलते हुए पाते हैं कि कोई नई परियोजना या प्रतिबद्धता स्वीकार करनी है या नहीं, तो आपके पास दो विकल्प होते हैं – या तो 'एक़दम हाँ' या 'ना'। बीच में और कुछ नहीं होता है।

यह तरीक़ा अपनाने पर आप पाएँगे कि 95 प्रतिशत प्रतिबद्धताएँ तो ऐसी होती हैं जिन्हें आपको रिजेक्ट कर ही देना चाहिए। शायद ही कभी किसी बात पर 'एकदम हां' होती है। कोई काम आम तौर पर ऐसे भी होते हैं – 'यह संभवतः उपयोगी या अर्ध-दिलचस्प हो सकता है, तो हाँ, क्यों नहीं?' ये आपके मस्तिष्क से निकलने वाले तर्क होते हैं जिन्हें आपको रिजेक्ट करने की ज़रूरत होती है। सोचिए कि आपके पास पहले से ही कितने काम हैं। अगर यह काम 'एक़दम हाँ' कहने लायक़ नहीं है, तो वह करने लायक़ नहीं होगा।

अगर यह काम 'एकदम हाँ' कहने लायक़ नहीं है, तो वह करने लायक़ नहीं होगा।

दूसरा तरीक़ा तो और भी आसान है और इसमें थोड़ा सा ही बदलाव करना पड़ता है। इसमें अर्थशास्त्रियों के अवसर लागत कहे जाने वाले तरीक़े पर विचार करना होता है। अवसर लागत इस तथ्य को दर्शाती है कि हम जब भी 'हाँ' कहते हैं, तो वह उस समय और ऊर्जा के साथ और जो कुछ भी कर सकते हैं, उसके लिए 'ना' भी होती है।

मान लीजिए कि कोई सहकर्मी आपसे कुछ अतिरिक्त प्रोजेक्ट लेने के लिए कहता है। अगर आपका लक्ष्य प्रमोशन या इन्क्रीमेंट पाना है, और अतिरिक्त प्रोजेक्ट में सहायता करना उस लक्ष्य को पाने का तरीक़ा है, तो आप 'हाँ' कहने के लिए ज़्यादा इच्छुक हो सकते हैं। हालाँकि इसमें ये सभी काम शामिल नहीं होते हैं, जो आप कर सकते हैं। ख़ुद को याद दिलाइए कि आप किस बात के लिए 'ना' कह रहे हैं। अपने बच्चों के साथ पार्क में खेलने के लिए? किसी ऐसे दोस्त से मिलने के लिए जिससे आप काफ़ी समय से नहीं मिले हैं? रात को अच्छी नींद लेने के लिए?

आख़िरी तरीक़ा, 'ना' की पावर पर दुनिया की अग्रणी विशेषज्ञों में शुमार की जाने वाली जूलियट फ़ंट का है। फ़ॉर्च्यून 500 कंपनियों के सीईओ और लीडरों की सलाहकार, जूलियट फ़ंट की पुस्तक *ए मिनट टु थिंक* में बताया गया है कि कैसे ख़ुद को सोचने की जगह देना सतत उत्पादकता का रहस्य हो सकता है। जब मैंने इस पुस्तक के लिए उनका साक्षात्कार लिया, तो मैंने उनसे पूछा कि उनके रिसर्च

का सबसे व्यावहारिक, कार्रवाई योग्य निष्कर्ष क्या था। उन्होंने मुझे एक शक्तिशाली अवधारणा के बारे में बताया : *'छह सप्ताह का जाल'*। यह जाल तब होता है, जब आप अभी से छह सप्ताह बाद का अपना कैलेंडर देखते हैं, सभी जगह ख़ाली जगह दिखती हैं और आप सोचते हैं, 'मैं इसके लिए पूरी तरह से हाँ कह सकता हूँ।' फिर सप्ताह बीतने लगते हैं, और छह सप्ताह पहले जो जगह ख़ाली थी, वह ज़्यादा से ज़्यादा भरी हुई दिखने लगती है। जब वह दिन आता है, तो आपको अहसास होता है कि आपको वास्तव में प्रतिबद्धता के लिए हाँ कहना ही नहीं चाहिए था – लेकिन आप तो अब हाँ कर चुके हैं और आप पीछे हटकर लोगों को निराश नहीं करना चाहते हैं।

जूलियट फ़ंट का समाधान है कि आप ख़ुद से एक आसान सवाल पूछिए। जब भी आपसे कुछ सप्ताहों का समय माँगा जाए, तो सोचिए : 'अगर यह कल हो रहा होता तो क्या मैं इस प्रतिबद्धता को लेकर उत्साहित होता? या क्या मैं केवल इसीलिए इसके लिए "हाँ" कहने की सोच रहा हूँ क्योंकि इसे अपने भविष्य की समस्या बनाना आसान है?'

यह सोचना बहुत लुभाता है, 'अब से छह सप्ताह बाद, मेरा शेड्यूल पूरी तरह से साफ़ हो जाएगा, इसलिए मेरे पास इस काम को करने के लिए समय और ऊर्जा निश्चित ही होगी'। नहीं होगी। छह सप्ताह बाद, आपका जीवन आज की तरह ही व्यस्त हो जाएगा। अगर आप कल होने वाली किसी चीज़ के लिए हाँ नहीं कहते, तो आपको उसके लिए एक महीने या उसके बाद के समय के लिए भी हाँ नहीं कहना चाहिए।

विचलन से बचिए

ऊर्जा संरक्षण की हमारी अगली रणनीति दो समझों पर निर्भर करती है। पहली बात तो स्पष्ट है : कि मनुष्य मल्टीटास्किंग ठीक से नहीं कर पाता है। दूसरी बात कुछ कम स्पष्ट है : कि हम इसमें उतने ख़राब नहीं हैं, जितना आप सोचते हैं।

मैंने यह बात कंप्यूटर वैज्ञानिक रचेल एडलर और रकेल बेनबुनान-फ़िच के 2012 में किए एक अध्ययन से सीखी है। इस जोड़ी ने एक प्रयोग विकसित किया जिसमें लोगों को छह कामों के बीच स्विच करना था। ये काम थे : एक सुडोकू पहेली, एक ऐसी चुनौती जिसमें कुछ अक्षरों को किसी शब्द में बदलना था, कुछ 'ऑड-वन-आउट' चित्र समस्याएँ और इसी तरह के कुछ और काम। इसके बाद, उन्होंने लोगों का एक समूह इकट्ठा किया और उन्हें दो समूहों में बाँटा। बिना मल्टीटास्किंग वाले समूह में, प्रतिभागियों को हर काम को क्रम से करना

था। मतलब, उन्हें शब्द पहेली सुलझाने के काम से पहले सुडोकू को पूरा करना था। मल्टीटास्किंग समूह के लिए सभी छह कामों के लिए अलग-अलग टैब खुले थे। प्रतिभागियों से कहा गया था कि वे टैब क्लिक करके टास्क बदल सकते हैं।

नतीजा आश्चर्यजनक रहा। निस्संदेह, जिन लोगों का मन बहुत ज़्यादा भटक रहा था - जो लगातार एक काम से दूसरे काम पर स्विच कर रहे थे - उनका प्रदर्शन ख़राब रहा था। हालांकि ऐसा भी नहीं था कि सबसे कम विचलित होने वाले वॉलेंटियरों का प्रदर्शन सबसे अच्छा ही रहा हो, जबकि वे लोग एक ही समय में केवल एक ही काम में लगे थे। जब शोधकर्ताओं ने क्षैतिज अक्ष पर टैब के बीच स्विच की संख्या और ऊर्ध्वाधर अक्ष पर 'उत्पादकता' का ग्राफ़ बनाया, तो उल्टे यू-आकार का पैटर्न बना। बीच में विचलन का एक स्वस्थ स्तर था - सबसे बेहतरीन प्रदर्शन करने वाले लोग वे थे, जो कभी-कभी टास्क बदल लेते थे, लेकिन जरूरत से ज्यादा अदला-बदली नहीं करते थे।

ध्यान विचलित होने का असर ऐसा क्यों होता है? एक तरफ़ तो, जब हम बार-बार अपना ध्यान बदलते हैं तो हमारी क्षमताओं का क्षरण होता है, जिसे वैज्ञानिक 'स्विचिंग कॉस्ट' या अदला-बदली की लागत कहते हैं। ये संज्ञानात्मक और लौकिक संसाधन हैं जो कार्यों के बीच संक्रमण के दौरान ख़र्च होते हैं। एक टास्क से अलग होने, ख़ुद को नए टास्क के लिए फिर से तैयार करने और फिर उसकी माँगों के मुताबिक़ समायोजित करने के लिए आवश्यक मानसिक प्रयास के बारे में सोचिए। यह चार्ट के दाहिनी तरफ़ के वॉलेंटियरों को प्रभावित करने वाली समस्या थी। दूसरी तरफ़, जब हम एक ही टास्क पर बहुत लंबे समय तक ध्यान लगाए रहते हैं, तो हमारे संज्ञानात्मक संसाधन भी ख़र्च हो जाते हैं - इसलिए हमारी एकाग्रता भी कम हो जाती है। यह चार्ट के बाईं ओर के वॉलेंटियरों को प्रभावित करने वाली समस्या थी।

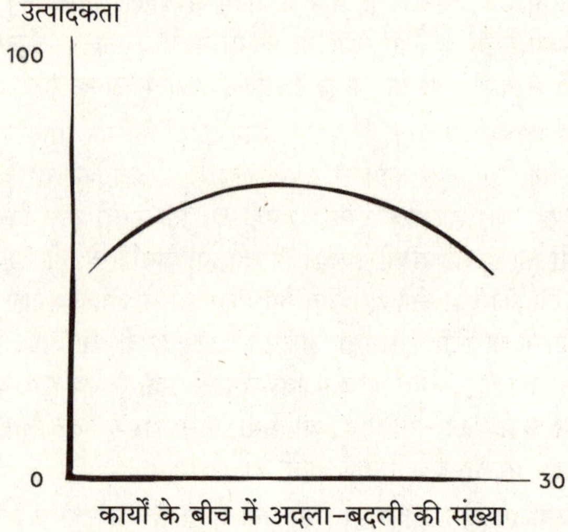

इसलिए हमारा लक्ष्य यह होता है कि हम अपना *ज़्यादातर* समय केवल एक ही काम पर एकाग्र रखें - लेकिन कभी-कभार हमारी एकाग्रता भंग हो भी जाए तो ख़ुद को कोसने ना लग जाएँ। लेकिन ये हो कैसे?

प्रयोग 3 :

घर्षण बढ़ाइए

मेरा पहला जवाब वापस भौतिकी के नियमों की ओर ले जाने वाला है। अध्याय 6 में, हमने उन घर्षणों के बारे में जाना था जो हमें काम शुरू करने से रोकते हैं। जब आप अपना गिटार कमरे में दूर कोने में रखते हैं, तो आप गिटार को टीवी के सामने रखने की तुलना में बहुत कम उठाते हैं। जब ध्यान भटकने की बात आती है, तो हम इस तर्क को उलट सकते हैं, और ऐसी बाधाएँ पैदा कर सकते हैं जो आपके और उन कामों के बीच खड़ी हों जिनसे आप अपना ध्यान नहीं भटकाना चाहते। इसे घर्षण *बढ़ाने* की तरह मानिए।

खेल पत्रकार डेविड लेंगल के उदाहरण पर विचार कीजिए। शुरुआती मध्य आयु में, दो छोटे बच्चों और एक बहुत ही व्यस्त नौकरी के साथ, लेंगल को कुछ निराशा महसूस हुई। उन्हें अपनी पत्नी और बच्चों के साथ समय बिताने के लिए रात में कुछ ही घंटे मिलते थे। ज़्यादातर समय वे फ़ोन पर ही लगे रहते थे। 'क्या यह सब ऐसे ही ख़त्म हो जाता है?' एक शाम उन्होंने ख़ुद से पूछा। 'क्या हम अपने जीवन के बाक़ी हिस्से में यही करते रह जाएँगे?'

उनका समाधान नोकिया ख़रीदना था। टचस्क्रीन और दर्जनों ऐप वाला आधुनिक नोकिया नहीं, पुराने जमाने का नोकिया 3310, मशहूर 'इंडिस्ट्रक्टिबिल' हैंडसेट, 2डी गेम स्नेक और भद्दे बड़े पिक्सल से भरा हुआ मोबाइल सेट। नतीजे नाटकीय रहे।

पहले तो उन्हें अजीब तरह से नंगा महसूस हुआ - उनके सभी मिलने वाले लोग ट्विटर चेक कर रहे थे, जबकि वे बैठे-बैठे अपने अँगूठे हिला पा रहे थे। हालाँकि समय के साथ-साथ यह अनुभूति कम होती गई। 'और फिर जादू होने लगा', उन्होंने लिखा।

'मैंने ध्यान लगाकर पूरे टीवी शो देखे, मैंने बिना स्वाइप किए असली पुस्तकें पढ़ीं और अपनी पत्नी के साथ साझा अनुभवों का ज़्यादा लुत्फ़ उठाया,' लेंगल ने अपने अनुभवों के बारे में *गार्जियन* लेख में बताया था। 'और बोनस के रूप में, मैं ही उसे चिढ़ा पा रहा था जब वह इंस्टाग्राम ब्राउज कर रही थी।' इसने उनकी ध्यान केंद्रित करने, और जीवन में ख़ुशी की तलाश करने की क्षमता पर रूपांतरकारी प्रभाव डाला।

लेंजेल के तरीक़े में प्रौद्योगिकी के इस्तेमाल में घर्षण बढ़ाना शामिल था। हालाँकि इस तरह से ध्यान एकाग्र करने के लिए आपको किसी ब्रिक-फ़ोन की ज़रूरत नहीं है। स्पष्ट तरीक़े से शुरुआत कीजिए। अपने फ़ोन से उन सभी सोशल नेटवर्क को अनइंस्टॉल कर दीजिए जिनके आप आदी हैं। अगर आप उन्हें एक्सेस करना ही चाहते हैं, तो आपको वेब इंटरफ़ेस का इस्तेमाल कर सकते हैं। इसके लिए क्षणिक विराम लेना होगा जो आपको यह सोचने के लिए समय देता है कि क्या आप वास्तव में ट्विटर पर समय बिताना चाहते हैं, या ऐसे ही बिना सोचे-समझे ऐसा करने जा रहे हैं। अगर इससे भी फ़र्क़ ना पड़े तो लॉग आउट कर दीजिए। इस तरह, जब आप अगली बार ऐप एक्सेस करेंगे, तो आपको दोबारा लॉग इन करना होगा, जिसमें पूरे 30 सेकंड लगेंगे; और कई बार तो इसी 30 सेकंड में ही आपका ऐप पर जाने का मन बदल जाएगा।

अगला क़दम, ज़्यादा गहन प्रौद्योगिकी विरोधी तरीक़े अपनाइए। मुझे ऐसे उपकरणों से बहुत लाभ मिलता है जो आपके इस्तेमाल की जा रही तकनीक को बहुत धीमा कर देते हैं। तेज़ इंटरनेट की सर्वव्यापकता के कारण, ऊर्जा-खपत करने वाले विचलनों तक पहुँचने की रफ़्तार नाटकीय रूप से बढ़ गई है। इसका एक तरीक़ा यह भी है कि ऐसे उपकरण इंस्टॉल कर लिए जाएँ जो कृत्रिम रूप से कुछ ऐप्स के लोडिंग टाइम को बढ़ा दें, ताकि आपको लगे कि आप नब्बे के दशक के डायल-अप मॉडेम पर काम कर रहे हैं। मेरे पास ऐसा ऐप है जो मेरे ट्विटरया इंस्टाग्राम खोलने पर एक स्क्रीन खोल देता है, जिस पर लिखा

होता है, 'गहरी साँस लीजिए', और तीन सेकंड के बाद, मेरा ट्विटर या इंस्टाग्राम खुलता है।

आमतौर पर, मुझे इतना ही सोचना पड़ता है, 'क्या मेरा मन सचमुच ट्विटरया इंस्टाग्राम खोलने का है?' कभी-कभी तो इसका जवाब एक ठोस हाँ होता है, लेकिन ज़्यादातर बार, जवाब होता है : 'बिलकुल नहीं, मैंने तो आदतन उस ऐप पर क्लिक कर दिया था, और वैसे मुझे उसके इस्तेमाल की ज़रूरत थी नहीं।' और तब मैं ऐप को लॉग ऑफ़ कर देता हूँ।

प्रयोग 4 :

उचित रास्ता

हालाँकि हमने देखा है, ध्यान विचलित होने का मतलब हमेशा दुनिया का अंत नहीं होता। वास्तव में, सबसे अधिक उत्पादक लोग तो वे होते हैं जो थोड़ा बहुत विचलित होते रहते हैं - लेकिन इस वजह से अपनी उत्पादकता को पटरी से उतरने नहीं देते। हममें से बाक़ी लोगों के लिए, यह काम इतना आसान नहीं हो सकता है।

मैं कभी-कभी एयरोनॉटिक्स के रूपक का इस्तेमाल करता हूँ। कल्पना कीजिए कि आप लंदन से न्यू यॉर्क की फ़्लाइट पर सवार हैं। आपको उड़ान के बीच में उद्घोषणा सुनाई देती है, जिसमें कहा गया है, 'तेज़ हवा और विक्षोभ के कारण, हमने अपना रास्ता कुछ डिग्री बदल दिया है।' आपको लगता है कि ये कोई बड़ी बात नहीं है। जब तक पायलट बात करना जारी रखता है। 'इस वजह से, हमने अपने मूल डेस्टिनेशन को छोड़ने और इसके बजाय ब्यूनस आयर्स की ओर जाने का फ़ैसला किया है।'

हमारे जीवन के ज़्यादातर पहलुओं में, अगर चीज़ें थोड़ी बहुत ग़लत भी हो जाती हैं तो हम ख़ुद को पूरी तरह से भटकने नहीं देते हैं। आपके सहकर्मी के किसी परेशान करने वाला ईमेल आने का मतलब किसी परियोजना का एक दिन के लिए धीमा होना तो हो सकता है, लेकिन परियोजना पूरी तरह से रद्द नहीं होती है। दौड़ते समय आपके पैर में चोट लग जाती है, तो आपको एक सप्ताह के लिए व्यायाम बंद करना पड़ सकता है- हमेशा के लिए नहीं। तेज़ हवाओं के कारण आप निर्धारित समय से पाँच मिनट देरी से उतरते हैं, लेकिन ब्यूनस आयर्स की तरफ़ तो नहीं जाते।

और फिर भी जब बात हमारे दिन-प्रतिदिन के कारम के तरीक़ों की आती है, तो हममें से कई लोग विकृत तर्क के जाल में फँस जाते हैं - जिसे ब्लॉगर नैट सोरेस 'हारकर छोड़ देना' कहते हैं :

- 'मैंने सोशल मीडिया पर पाँच मिनट बिताए हैं; मैं अगले तीन घंटे और सोशल मीडिया पर लगा रहूँगा।'
- 'मैं सुबह वर्कआउट नहीं कर पाया; मैंने मान लिया है कि आज छुट्टी है, और मैं अब कुछ और करने के बजाय बैठकर टीवी देखता रहूँगा।'
- 'भाषा सीखने के ऐप का इस्तेमाल करने का एक दिन छूट गया, इसलिए बेहतर यही होगा कि मैं भाषा सीखना ही छोड़ दूँ।'

हारकर छोड़ देना एक आम कारण है जिसमें हम बहुत ज़्यादा ऊर्जा बर्बाद करते हैं। मुख्य बात है वापस अपने रास्ते पर लौट आना।

फिर से कहूँ तो, समाधान एक आसान रीफ़्रेमिंग है। हमने देखा भी है, ध्यान भटकने की आदत को पूरी तरह से ख़त्म कर पाना मुमकिन नहीं है। इसलिए आपको ख़ुद को विचलित होने की अनुमति देनी ही होगी। ध्यान विचलन को एक अस्थायी विचलन मानिए जो इस बात का संकेत नहीं है कि अपनी योजना को पूरी तरह से छोड़ देने का वक़्त आ गया है। जब तक हमरा रास्ता सही है, तब तक हम अपनी इच्छित मंजिल पर पहुँच ही जाएँगे।

ख़ुद को विचलित होने दीजिए

ऐसा करने के लिए, ध्यान जगत की अवधारणा का इस्तेमाल करना मददगार होता है। शिक्षक मानते हैं कि ध्यान करना कठिन है, और मन में भटकने की प्रवृत्ति होती ही है। इसलिए कई निर्देशित ध्यान तथा ध्यान कक्षाओं के अंतिम मिनट में, वे अक्सर कुछ ऐसा कहते हैं, 'अगर आप अभ्यास की गहराई तक नहीं पहुच पाए हैं, तो कोई बात नहीं। चिंता मत कीजिए। आप फिर से शुरू कर सकते हैं।' एक मिनट का भी ध्यान कुछ ना करने से तो बेहतर ही है।

जब भी मैं ख़ुद को विचलित पाता हूँ, तो मैं अक्सर 'फिर से शुरू करो' मंत्र का जाप करने लगता हूँ। यह पावरफुल रिमाइंडर है। हारकर छोड़िए मत। चाहे आपने कैसा भी किया हो – या कैसा भी आपको लगता हो – पर आप हमेशा उस चीज़ पर वापस लौट सकते हैं जो मायने रखती है।

ज़्यादा ब्रेक लीजिए

2008 में, मनोवैज्ञानिक जेम्स टायलर और कैथलीन बर्न्स ने साठ स्नातक छात्रों को अपने लैब में आमंत्रित किया। छात्रों को एक-एक करके शोधकर्ता से दूर जाने

और एक थका देने वाला टास्क शुरू करने के लिए कहा गया : एक पैर पर खड़े होकर 2000 (2000, 1993, 1986, 1979 ...) से छह मिनट तक सात के अंतर से छह मिनट तक उल्टी गिनती करने को कहा गया।

छात्र-छात्राओं ने समझा कि उनकी अंकगणित की परीक्षा ली जा रही है। वास्तव में, टायलर और बर्न्स की ज़्यादा दिलचस्पी प्रयोग के दूसरे भाग में थी। अपने एक पैर वाले एक्जरशन को देखते हुए, छात्रों को बेतरतीब ढंग से तीन समूहों में बाँटा गया। एक समूह को अगले टास्क पर जाने से पहले एक मिनट का ब्रेक दिया गया; दूसरे समूह को तीन मिनट का ब्रेक दिया गया; और सबसे भाग्यशाली समूह को आगे बढ़ने से पहले पूरे दस मिनट का ब्रेक दिया गया।

इसके बाद प्रयोगकर्ताओं ने छात्र-छात्राओं को मुख्य लैब में वापस आने के लिए कहा। एक बार फिर, उन्हें प्रयोगकर्ताओं से विपरीत दिशा में मुँह करके मुड़ने के लिए कहा गया, लेकिन इस बार टास्क अलग था। इस बार उन्हें एक हैंडग्रिप दी गई और कहा गया कि वे अपने कमज़ोर हाथ से उसे जितना संभव हो, उतना देर तक दबाए रखें। जब वे ऐसा करते, तो एक प्रयोगकर्ता चुपके से समय मापता कि वे कितनी देर तक उसे पकड़ सकते हैं।

आपको लग सकता है कि किसी चीज़ को पकड़ना पूरी तरह से हाथ की ताक़त का माप है, लेकिन शोधकर्ताओं ने ऐसा नहीं पाया। वास्तव में, हाथ पकड़ने की सफलता का मुख्य निर्धारक उनके ब्रेक की अवधि निकली। पहले दो समूहों के बीच बहुत ज़्यादा अंतर नहीं था : एक मिनट के समूह ने औसतन 34 सेकंड के लिए हाथ की पकड़ दबाई, तीन मिनट के समूह ने 43 सेकंड के लिए दबाई। दस मिनट का समूह इनसे अलग था। उसने औसतन 72 सेकंड के लिए हाथ की पकड़ दबाई। उनका निष्कर्ष सरल था : आत्म-नियंत्रण की ज़रूरत वाले दो टास्क के बीच केवल दस मिनट का ब्रेक जोड़ने से एक्जरशन से निपटने में मदद मिलती है।

टायलर और बर्न्स का अध्ययन हमारी ऊर्जा को संरक्षित करने के अंतिम तरीक़े के बारे में बताता है। अब तक, हमने केवल 'ना' कहने और विचलन को ख़त्म करने के महत्त्व को समझा है। इसमें एक अंतिम घटक छूट गया है। सच तो यह है कि, हर दिन आपको ब्रेक के लिए समय चाहिए होता है। और जितना आप सोच सकते हैं, उससे ज़्यादा समय चाहिए होता है।

वास्तव में, जो लोग सबसे ज़्यादा काम करते दिखते हैं, वे लोग अक्सर वे होते हैं जिन्होंने लंबे समय तक कुछ ना करने को एक फ़ाइन आर्ट बना लिया है। एक अध्ययन में, सॉफ़्टवेयर कंपनी ड्रौगीम ग्रुप ने यह पता लगाने की कोशिश कि लोग तमाम टास्कों पर कितना समय लगाते हैं और इसका हर कर्मचारी की प्रोडक्टिविटी से क्या संबंध है। सबसे ज़्यादा प्रोडक्टिव वे कर्मचारी नहीं थे जो ख़ुद

को अपनी डेस्क से बाँधे रखते थे। ना ही वे कर्मचारी थे जो हर घंटे ख़ुद को पाँच मिनट का स्वस्थ ब्रेक दिया करते थे। सबसे ज़्यादा प्रोडक्टिव कर्मचारी ख़ुद को तक़रीबन अविश्वसनीय मात्रा में समय देने वाले थे : काम के लिए 52 मिनट और आराम के लिए 17 मिनट का कार्य-से-ब्रेक अनुपात रखने वाले थे।

तो, अपनी ऊर्जा की बचत के अंतिम क़दम को पहले दो क़दमों से भी आसान माना जा सकता है : अपने कार्यदिवस में ऐसे कुछ क्षण निकालिए जिनमें आप कुछ ना करें। और उन क्षणों को अपनाइए।

प्रयोग 5 :
अपने ब्रेक शेड्यूल कीजिए

ब्रेक लेने की आज़ादी की पावर को अपनाने का पहला तरीक़ा काफ़ी आसान है : अपने कैलेंडर में कुछ भी ना करने के लिए समय निर्धारित कीजिए। और जितना आप सोचते हैं, उससे ज़्यादा ही समय निर्धारित कीजिए।

आज हम जो भी ज्ञान संबंधी कार्य करते हैं, उसमें मनोवैज्ञानिकों के कहे 'स्व-नियामक प्रयासों' के कुछ तत्वों की ज़रूरत पड़ती है। यह हमारे व्यवहार, विचारों और भावनाओं को नियंत्रित करने की हमारी क्षमता है। इस पैराग्राफ़ को अभी लिखने के लिए मुझे कुछ आसान करने के प्रलोभन का प्रतिरोध करके आत्म-नियमन करने की, और इस पेज पर लिखे शब्दों पर अपना ध्यान एकाग्र करने की ज़रूरत है।

मनोवैज्ञानिकों का मानना है कि आत्म-नियंत्रण की हमारी क्षमता सीमित संसाधन है जो आसानी से ख़त्म हो जाती है। मैं जितनी देर इस कुर्सी पर बैठकर यह पुस्तक लिखता हूँ, मेरे लिए बैठे रहना और लिखना उतना ही मुश्किल होता जाता है : मैं पहले ही इस संसाधन का 'इस्तेमाल' कर चुका हूँ। काम के दौरान अपनी ऊर्जा के स्तर को बनाए रखने के लिए, हमें अपनी ऊर्जा को फिर से रिचार्ज करने के तरीक़े खोजने की ज़रूरत होती है।

जब मैं इमर्जेंसी विभाग में काम कर रहा था, तो मुझे याद आता है कि इस बात पर ज़ोर दिए जाने से मैं हैरान रह गया था। मैं इमर्जेंसी विभाग में अपनी पहली शिफ़्ट में पाँच घंटे बिताना कभी नहीं भूल सकता। वेटिंग रूम में सौ से ज़्यादा मरीज़ थे, जिनमें से कुछ खड़े थे, क्योंकि सबके बैठने के लिए जगह ही नहीं थी। पुनर्जीवन कक्ष गंभीर रूप से बीमार रोगियों से भरे हुए थे, और हमें अपने कुछ मरीज़ों को बरामदे मेंही देखना पड़ रहा था, क्योंकि सभी क्लिनिकों के कमरे भरे हुए थे।

यह सब मेरे बस से बाहर था। मेरी शिफ़्ट सुबह 8 बजे शुरू हुई थी और अब दोपहर का 1 बज चुका था। दूसरों की तुलना में इतनी धीमी रफ़्तार से काम करने के लिए मुझे बुरा भी महसूस हो रहा था, इसलिए मैंने दोपहर का भोजन ना करने और मरीज़ों को देखते रहने का फ़ैसला किया। हालाँकि जब मैंने वेटिंग लिस्ट में नीचे अगला नाम देखा तो एक कंसल्टेंट, डॉ. एडकॉक ने मेरा कंधा थपथपाया।

'अली, जहाँ तक मुझे पता है, तुमने अभी तक ब्रेक नहीं लिया है। तुम अभी जाओ और लंच करके आओ।' डॉ. एडकॉक अपनी एक भौं उठाकर और किसी 'गंभीर' समाचार देने के अंदाज़ में सिर झुकाकर बोले।

'थैंक्स, लेकिन मैं ठीक हूँ,' मैंने उनसे कहा। 'मुझे भूख नहीं है, और बहुत से मरीज़ बचे हैं, इसलिए मैं काम करके ख़ुश हूँ और बाद में कॉफ़ी पी लूँगा।'

मुझे लगा कि वे मेरे कंधे थपथपाएँगे और बोलेंगे, 'शाबाश बेटे, ऐसे ही करना चाहिए,' और मेरी शानदार कार्य नैतिकता का सम्मान करते हुए चले जाएँगे। उन्होंने ऐसा नहीं किया। इसके बजाय, उन्होंने मेरे कंधे पर हाथ रखा और मेरे कंप्यूटर मॉनिटर को बंद कर दिया।

जब कुछ परेशान सा होकर मैंने उनकी ओर मुड़कर देखा, तो वे मुस्कराए। 'देखो, मुझे पता है, यह तुम्हारा पहला दिन है और मुझे अच्छा लगा कि तुम्हारे अंदर लगन है। लेकिन मैं इस खेल में इतने लंबे समय से हूँ कि मुझे पता है कि मरीज़ हमेशा आते ही रहेंगे। अगर तुम ब्रेक नहीं लेते, तो काम पर ध्यान नहीं दे पाओगे, और कोई ग़लती कर बैठोगे। यह किसी के लिए भी अच्छा नहीं है।' मैंने अपने आस-पास की अव्यवस्था को देखा। हॉल के उस पार एक कमरे में इमरजेंसी बजर बज रहा था। गलियारे में स्ट्रेचर पर लोग पड़े थे। हर तरफ़ अफरा-तफरी थी।

डॉ. एडकॉक ने मेरी निगाह का पीछा किया। 'अगर तुम थके हुए हो तो किसी के काम नहीं आ पाओगे, लेकिन अगर ख़ुद को रिचार्ज करने और फिर से ध्यान लगाने के लिए समय निकालते हो तो तुम ज़्यादा प्रभावी निर्णय ले सकते हो,' उन्होंने कहा। 'तुम्हारे लंच करने से कोई नहीं मरेगा। उसके लिए हमेशा समय होता है।'

इमर्जेंसी चिकित्सा में व्याप्त अव्यवस्था के बीच, यह सुनहरा नियम था जिसे सभी वरिष्ठ डॉक्टर मानते थे। आपको हर चार घंटे में एक ब्रेक लेना होगा। इमर्जेंसी विभाग में काम करने से पहले, मैंने सोचा था कि यह कुछ-कुछ वैसा ही होगा, जैसा कैप्टन बारबोसा ने *पाइरेट्स ऑफ़ द कैरिबियन* में 'समुद्री डाकुओं के कोड' के बारे में बताया है – 'वास्तविक नियमों के बजाय गाइड लाइन कहिए।'

मैं ग़लत था। कंसल्टेंट का काम, युद्ध के मैदान में सैनिकों की आवाजाही का प्रबंधन करने वाले सेना के जनरल की तरह था। और कंसल्टेंट का एक बड़ा काम

यह सुनिश्चित करना था कि हर डॉक्टर हर चार घंटे में एक ब्रेक ले, और यह भी सुनिश्चित करे कि इस नियम के कारण किसी भी क्षेत्र में कर्मचारियों की कमी ना हो जाए। मैं आज भी इमर्जेंसी विभाग में उस भाग्यशाली लंच को याद करता हूँ। हर दिन, काम शुरू करने से पहले, मैं सोचता हूँ कि मुझे कब सबसे ज़्यादा थकान लगेगी और मैं उस स्लॉट के लिए पंद्रह मिनट का समय निर्धारित कर लेता हूँ, जब मुझे लगता है कि मुझे इसकी सबसे ज़्यादा ज़रूरत होगी। और जब भी मैं इसे पूरा करने के लिए ललचाता हूँ, तो मैं आत्म-नियमन के विज्ञान को याद करता हूँ - आप जितनी ज़्यादा मेहनत करेंगे, उतने ही ज़्यादा आप थक जाएँगे। और मैं ख़ुद को आराम का महत्त्व याद दिलाता रहता हूँ - तब भी जब आपको लगता है कि आपको इसकी ज़रूरत नहीं है।

ब्रेक कोई विशेष सुविधा नहीं हैं। वे तो परम आवश्यकताएँ हैं।

डॉ. एडकॉक की बात याद रखिए। आप भले ही जान बचाने के काम में हों, लेकिन तब भी ब्रेक कोई विशेष सुविधा नहीं हैं। वे तो परम आवश्यकताएँ हैं।

प्रयोग 6 :
ऊर्जाकारी विचलन अपनाइए

हालाँकि, हर छोटे ब्रेक को अपने कैलेंडर में शेड्यूल नहीं होना चाहिए। कभी-कभी, बिना योजना के भी आराम करना फ़ायदा दे सकता है। मैं इन्हें 'ऊर्जाकारी विचलन' कहता हूँ।

पहली बार मैंने ऊर्जाकारी विचलनों की पावर के बारे में तब सोचा, जब मेरा सामना वियतनामी जेन मास्टर थिच नहत हान के काम से हुआ। आमतौर पर 'गानरिक राजगता के जनक' कहे जाने वाले, नहत हान ने वास्तव में कभी ख़ुद के लिए इस शब्द का इस्तेमाल नहीं किया। इसके बजाय उन्होंने अपने काम को दुनिया को बौद्ध शिक्षा के प्राचीन ज्ञान से परिचित कराने वाला माना; जो उन्होंने 1960 के दशक में वियतनाम युद्ध का समर्थन करने से इंकार करने के बाद दक्षिण वियतनाम से निर्वासित किए जाने के बाद करना शुरू किया था।

मेरे लिए, नहत हान के विचारों में सबसे पावरफुल 'जागृति घंटी' है। 1982 में फ्रांस में उनके स्थापित प्लम विलेज मठ के नाम से प्लम विलेज के तौर पर जानी जाने वाली नहत हान की बौद्ध परंपरा में, घंटियों का इस्तेमाल ध्यान सत्र शुरू करते समय किया जाता है। हालाँकि उन्हें अक्सर दिन भर में कभी भी बजा दिया

जाता है। घंटी की अप्रत्याशित 'टन' लोगों को उनका काम रोककर यह अहसास कराती है कि वे कहाँ हैं। इससे वे वर्तमान में रहने के लिए प्रोत्साहित होते हैं। जब पहली बार नहत हान की शिक्षाओं से मेरा सामना हुआ, तो मुझे अहसास हुआ कि सभी विचलन एक जैसे नहीं होते हैं। निस्संदेह, कुछ विचलन आपको – ट्विटर नोटिफ़िकेशन, अर्जेंट प्रशासनिक ईमेल जैसी चीज़ें पाने से रोकते हैं, जिनकी आपको ज़रूरत होती है। हालाँकि कुछ विचलन जीवन में सकारात्मक ऊर्जा ला सकते हैं, हमें रुकने, चिंतन करने और चीज़ों को ज़्यादा उचित रफ़्तार से करने के लिए मजबूर कर सकते हैं।

जब मैंने कुछ विचलनों को ऊर्जाकारी विचलन मानना शुरू किया, तो मुझे अहसास हुआ कि मैं तो सालों से उनका इस्तेमाल कर ही रहा था – जबकि मुझे समझ भी नहीं थी कि वे क्या होते हैं। जब मैं यूनिवर्सिटी में था, तो मैंने तय किया था कि दोस्तों का हमेशा काम से ध्यान हटाने वाले विचलन होंगे। पढ़ाई करते समय अपना दरवाज़ा बंद करने के बजाय, मैं उसे स्टॉप से खुला रखता था, जिसका मतलब था कि जब भी कोई दोस्त अपने कमरे में जाता, तो वह अपना सिर अंदर डालकर थोड़ी बहुत (या इतनी कम भी नहीं) बातचीत कर सकता था। हाँ, इससे शायद कुछ ऊर्जा 'बर्बाद' होती होगी और इसलिए पढ़ाई के दौरान मेरी प्रभावकारिता कम हो जाती होगी, लेकिन इससे मुझे कुछ और ज़्यादा ऊर्जाकारी मिलता था, जो था – दोस्तों के साथ बिताया क्वालिटी टाइम। जब मैं अपने यूनिवर्सिटी के दिनों के बारे में सोचता हूँ, तो मैं नहीं चाहता कि मैं और ज़्यादा मेहनत या ज़्यादा कुशलता से काम करूँ। मुझे ख़ुशी है कि मैं अपने दोस्तों के साथ उन आकस्मिक चर्चाओं के लिए समय निकालता था।

कुछ विचलनों से ख़ुशी मिलती है। उन विचलनों को रुकने के लिए छोटे और अनौपचारिक निमंत्रण मानिए, नहत हान की जागृति घंटी की तरह। जीवन हर समय ध्यान एकाग्र बनाए रखने का नाम नहीं है। यह सौभाग्य और ख़ुशी के छोटे-छोटे क्षणों के लिए जगह बनाने का नाम है।

सारांश

- बर्नआउट का सबसे बड़ा कारण थकावट नहीं, ख़राब मूड है। अगर आप ख़ुद को बेहतर महसूस करा सकते हैं, तो आप ना केवल ज़्यादा हासिल करेंगे – बल्कि लंबे समय तक टिकेंगे भी।
- हमारा पहले प्रकार का बर्नआउट ओवरएक्जरशन यानी अत्यधिक परिश्रम से पैदा होता है। समाधान : कम काम कीजिए।
- व्यवहार में काम कम करने के तीन तरीक़े हैं। पहला है– ख़ुद को अधिक प्रतिबद्ध यानी ओवरकमिटिंग होने से रोकना। आप जिन परियोजनाओं पर काम कर रहे हैं, उनकी सूची सीमित कीजिए और 'ना' कहना सीखिए। ख़ुद से पूछिए : अगर मुझे अपनी सारी ऊर्जा किसी एक परियोजना में लगानी हो, तो वह कौन सी परियोजना होगी?
- दूसरा तरीक़ा है ध्यान विचलित होने से बचाना। ख़ुद से पूछिए : क्या मैं अपने फ़ोन से सोशल मीडिया ऐप अनइंस्टॉल कर सकता हूँ ताकि मैं उन्हें वेब ब्राउजर के जरिए ही एक्सेस कर सकूँ? अगर (या, ज़्यादा यथार्थवादी रूप से, जब) मैं विचलित हो जाऊँ तो मैं अपना रास्ता कैसे दुरुस्त कर सकता हूँ और फिर से शुरू कर सकता हूँ?
- तीसरा तरीक़ा है–अपने कार्य दिवस में कुछ भी ना करने के लिए क्षण निकालना। ख़ुद से पूछिए : क्या मैं ब्रेक को किसी आवश्यकता के बजाय किसी विशेष घटना के तौर पर ले रहा हूँ? और मैं उन ब्रेकों से ज़्यादा हासिल करने के लिए क्या कर सकता हूँ?

8

रिचार्ज कीजिए

2020 ऑक्सफ़ोर्ड यूनिवर्सिटी प्रेस के शब्दकोशकारों के लिए मुश्किल साल था। अपने मुख्य काम – *ऑक्सफ़ोर्ड इंग्लिश डिक्शनरी* संकलित करने के अलावा – हर साल वे अपने वर्ड ऑफ़ द इयर के नामांकन के लिए बैठते हैं। इनमें पिछले बारह महीनों के सार को व्यक्त करने वाले नए शब्द चुने जाते हैं। सालों से, उनके नामांकन ने वैश्विक युग की भावना को दर्शाने वाले समाचार बनते आए हैं। 2008 : क्रेडिट क्रंच। 2013 : सेल्फ़ी। 2015: 😂

हालाँकि 2020 पिछले सालों कहीं ज़्यादा मुश्किल था। जैसे-जैसे कोविड फैलता गया, शब्दकोश में कई नए शब्द शामिल होते गए : 'लॉकडाउन', 'सोशल डिस्टेंसिंग', 'सुपर-स्प्रेडर'। अंत में, ओईडी किसी एक शब्द पर सहमत नहीं हो सका। '2020 के दौरान भाषा परिवर्तन और विकास की अभूतपूर्व चौड़ाई को देखते हुए,' उन्होंने लिखा, 'ऑक्सफ़ोर्ड लैंग्वेजेज ने निष्कर्ष निकाला कि यह एक ऐसा साल है जिसे किसी एक शब्द में आसानी से समाहित नहीं किया जा सकता है।'

हालाँकि, मेरे लिए साल का असली शब्द ओईडी की रिपोर्ट के पेज छह में छिपा था : 'डूमस्क्रॉलिंग'। ज़्यादातर लोगों की तरह, मैंने भी 2020 में अपने आराम के समय का बड़ा हिस्सा बिना सोचे-समझे सोशल मीडिया को रीलोड करने में बिताया। 'मुझे आराम करना चाहिए,' मैं सोच रहा था। 'और फिर भी, ऐसा लगता है कि मैंने वर्मोंट में लक्जरी मोमबत्ती निर्माताओं पर लॉकडाउन के आर्थिक प्रभावों के बारे में 2,500 ट्वीट्स पढ़े होंगे।'

हममें से ज़्यादातर लोगों ने डूम-स्क्रॉलिंग के ख़तरों का अनुभव किया है। दिन में लंबे समय तक काम करने के बाद, आप सोफ़े पर अपनी पसंदीदा जगह पर बैठते हैं, हाथ में फ़ोन लेकर, कुछ मिनटों के आराम के लिए तैयार होते हैं। फिर

भी, आपने जो शांतिपूर्ण ब्रेक प्लान किया था, उसके बजाय आप नकारात्मकता के अंतहीन भंवर में फँस जाते हैं, एक के बाद एक परेशान करने वाली कहानी, ट्वीट या वीडियो देखते रहते हैं। पहला शिकार होता है : हमारा मूड। हमें लगता है कि हम आराम कर रहे हैं, लेकिन ऐसा क़तई महसूस नहीं होता।

पिछले अध्याय में, हमने ओवरएक्जरशन के जरिए ख़ुद को बर्नआउट करने की प्रवृत्ति के बारे में चर्चा की थी, और बहुत ज़्यादा काम करके और काम के बीच पर्याप्त ब्रेक ना लेकर अपना मूड ख़राब करने के बारे में जाना था। हमने समझा था कि इसका समाधान अपनी ऊर्जा को अधिक प्रभावी ढंग से संरक्षित करना है। हालाँकि हम काम से दूर रहने के दौरान भी ख़ुद को बर्नआउट कर सकते हैं। डूम-स्क्रॉलिंग, टीवी शो देखना, बिना सोचे-समझे ईमेल या वाट्सएप नोटिफ़िकेशन चेक करना – ये सब ऐसे तरीक़े हैं जिनसे हम अपने ख़ाली समय में अपनी अच्छी भावनाओं को नष्ट करते हैं। इससे होने वाले तनाव ओवरएक्जरशन बर्नआउट की स्थिति को ही बढ़ावा देते हैं। यह ख़ुद को वास्तव में तरोताज़ा करने के लिए पर्याप्त समय या स्थान ना देने से पैदा होता है।

एक आसान प्रयोग को आजमाइए। पाँच मिनट के लिए टाइमर सेट कीजिए और दो सूचियाँ बनाइए। पहली सूची उन चीज़ों की बनाइए जो आप तब करते हैं, जब आप ऊर्जा से ख़ाली महसूस करते हैं। दूसरी सूची उन चीज़ों की बनाइए जो वास्तव में उस ऊर्जा को रिचार्ज करती हैं। अगर आप मेरे जैसे ही हैं, तो आपको पता लगेगा कि दोनों सूचियाँ क़तई अलग हैं।

वो काम जो मैं ऊर्जा से ख़ाली होने पर करता हूँ	**वो काम जो मुझे सचमुच ऊर्जावान बनाते हैं**
इंस्टाग्राम चलाना	टहलने जाना
टिकटॉक देखना	गिटार बजाना
सोफ़े पर लेटकर नेटफ़्लिक्स पर देखने के लिए मूवी सर्च करते रहना	किसी दोस्त के पास जाना और बढ़िया डिनर का प्लान बनाना
ट्विटर देखना, और दुनिया की ख़बरों को लेकर अपना दिल जलाना	कुछ योगा और स्ट्रेचिंग करना
कुछ अस्वास्थ्यकर खाने का ऑर्डर करना	जल्दी से थोड़े वर्कआउट के लिए जिम पहुँच जाना

थका हुआ महसूस करने के दौरान हम जो स्वचालित रूप से करते हैं और जो वास्तव में हमें तरोताज़ा कर सकता है, उसके बीच यह अंतर दर्शाता है कि जिस तरह से हम आराम करते हैं, वह शायद ही कभी सच में आरामदेह हो पाता है। और इससे एक सवाल उठता है: हम डूमस्क्रॉल/बिंज-वॉच/टेकअवे चक्र को कैसे तोड़ सकते हैं – और उन गतिविधियों में शामिल होना कैसे शुरू कर सकते हैं जो वास्तव में हमें फ़ील गुड कराती हैं? यह स्पष्ट लगता है, फिर भी हम हमेशा अपने ब्रेक या अपने ख़ाली समय का इस्तेमाल उन कामों में नहीं करते हैं जो हमें फ़ील गुड कराती हैं – ये वे चीज़ें हैं जो वास्तव में हमारी ऊर्जा को रिचार्ज करती हैं, जिससे हमें बर्नआउट से बचने में मदद मिलती है।

रचनात्मक तरीक़े से रिचार्ज कीजिए

क्या कभी ऐसा हुआ कि आप कविता लिखने, गाना सीखने, चित्र बनाने जैसे किसी रचनात्मक काम में पूरी तरह डूब गए हों – और ये काम निपटने पर आपको पता चला हो कि आप अपनी सारी चिंता-फ़िक्र एकदम ही भूल गए हैं?

सेन फ्रांसिस्को स्टेट यूनिवर्सिटी और इलिनॉय स्टेट यूनिवर्सिटी के मनोवैज्ञानिकों की एक टीम के मुताबिक़, यह प्रक्रिया वैज्ञानिक रूप से सत्यापित की जा सकती है। उनका तर्क है कि रचनात्मक गतिविधियाँ हमें ख़ासतौर पर तनावमुक्त करने वाली होती हैं। और उनमें चार विशेषताएँ होती हैं जो हमें ख़ासतौर पर फ़ील गुड कराने में मददगार होती हैं – मैं उन चारों विशेषताओं को सीएएलएम या CALM कहता हूँ।

पहली, रचनात्मक गतिविधियाँ हमारी *कंपीटेंस* या योग्यता की भावना को अनलॉक करती हैं। हमने अध्याय 2 में जाना था कि जब हमें लगता है कि हम नए कौशल हासिल कर रहे हैं, तो हमारे अंदर ऊर्जा का संचार होता है। ऐसा तब होता है, जब आप कुछ रचनात्मक कर रहे होते हैं। जब आप कोई कविता लिखते हैं या कोई गीत बनाते हैं, तो आपको अपने कौशल में सुधार समझ आता है। और इस तरह आपकी कंपीटेंस या योग्यता बढ़ती है।

दूसरी, रचनात्मक गतिविधियाँ हमारी *ऑटोनॉमी* या स्वायत्तता की भावनाओं को बढ़ाती हैं। इस अवधारणा के बारे में भी अध्याय 2 में बताया गया था, जिसमें हमने सीखा था कि हमारे काम पर स्वामित्व की भावना काफ़ी ऊर्जाकारी होती है। इसी तरह, जब हम रचनात्मक गतिविधियों में लगे होते हैं, तो हमारे स्वायत्तता की वही भावना महसूस होने की संभावना होती है जो हमें तरोताज़ा करने में सहायता करती है। उदाहरण के लिए, अगर आप पेंटिंग करना शुरू करते हैं, तो आपको इस

बात का छूट मिलती है कि आप क्या पेंट कर रहे हैं और कैसे पेंट कर रहे हैं।

सीएएलएम– (CALM) गतिविधियाँ

कंपीटेंस

ऑटोनॉमी

लिबर्टी

मेलो

तीसरी, रचनात्मक गतिविधियाँ हमें *आज़ादी* या लिबर्टी का अहसास कराती हैं। ये हमें अपने काम से ठीक से अलग होने में सहायता करती हैं। जब आप गिटार सीखने पर पूरी तरह से ध्यान लगाते हैं, तो 'काम के मूड' में बने रहना मुश्किल हो जाता है। इससे हमें आज़ादी का अहसास होता है जो हमें हमारे बाक़ी कामकाजी जीवन से दूर ले जाता है।

और आख़िरी, रचनात्मक गतिविधियाँ हमें *मेलो* या मधुर रहने में मदद करती हैं। सही तरीक़े से की गई रचनात्मक गतिविधियाँ आरामदेह और कम जोख़िम वाली होती हैं। कुछ हल्के बैकग्राउंड म्यूज़िक सुनते हुए अपने दोस्त के लिए स्वेटर बनाकर अपने बुनाई कौशल का अभ्यास करना काम के समय के तनाव से बचने में मदद करता है। अगर वहीं उस स्वेटर को 2,000 प्रतिद्वंद्वियों और कम समय सीमा के साथ कड़ी प्रतिस्पर्धा की प्रतियोगिता में बुना जाए तो यह बात नहीं होगी।

इसलिए, सही तरीक़े से किए गए रचनात्मक काम कम से कम चार तरीक़ों से हमारी ऊर्जा को मुक्त कर सकते हैं। हालाँकि इससे कुछ सवाल उठते हैं। व्यवहार में, हम कैसे बता सकते हैं कि कौन से रचनात्मक कार्य हमें तनावमुक्त करेंगे? और हम उन्हें अपने जीवन में शामिल कैसे करें?

प्रयोग 1 :

शांत करने वाले शौक

पूर्व अमेरिकी राष्ट्रपति जॉर्ज डब्ल्यू बुश, इंग्लैंड के किंग चार्ल्स तृतीय और पॉप सनसनी टेलर स्विफ्ट में उससे कहीं ज़्यादा समानताएँ हैं, जितना कि आप सोचते हैं।

निस्संदेह, वे समानताएँ स्पष्ट भी हैं। ये सभी बेहद धनी हैं। ये सभी विचित्र कांस्पिरेसी थ्योरी के विषय हैं। इन सभी के दुनिया भर में भव्य पर्यटन पर जाने की संभावनाएँ हैं। हालाँकि इन तीनों में एक और अप्रत्याशित बात समान है, जो

है : पेंटिंग के प्रति प्यार। बुश सैन्य दिग्गजों की पेंटिंग बनाते हैं; किंग चार्ल्स थोड़े-बहुत स्कॉटिश परिदृश्यों को चित्रित करते हैं; स्विफ़्ट तो हर तरह की पेंटिंग करती हैं, और आमतौर पर वायुमंडलीय रंगों में, बोल्ड तरीक़े से समुद्री दृश्य, फूल, पत्ते सबकी पेंटिंग बनाती हैं।

मेरे विचार से, पेंटिंग सबसे अहम सीएएलएम गतिविधि है। कोई इंसान जब पेंटिंग शुरू करता है तो चाहे कितना भी अनुभवहीन क्यों ना हो, उसमें लगे रहने पर, समय के साथ-साथ उसकी दक्षता बढ़ती रहती है। उनके पास आम तौर पर इस बात की स्वायत्तता होती है कि वे क्या और कैसे चित्रित कर रहे हैं। यह संभवतः उनके दिन-प्रतिदिन के काम से अलग है, और इसलिए शौकिया पेंटर आज़ादी की भावना का अनुभव करते हैं। और यह आम तौर पर एक मधुर और आरामदेह गतिविधि है।

हालाँकि पेंटिंग को विशेष रूप से अहम बनाने वाली बात यह है कि लगभग सभी के लिए, यह केवल शौक ही रहने वाली है। यह कुछ ऐसा है जिसका आप पूरी तरह से अपने आप आनंद लेते हैं, जिसका कोई अंत नहीं है, लेकिन इससे कोई मौद्रिक लाभ नहीं मिलता है।

शौक ही वह पहला तरीक़ा है जिससे हम अपने जीवन में सीएएलम गतिविधियों को शामिल कर सकते हैं। शौक की परिभाषित विशेषता यही है कि इसमें जोखिम कम होता है; शौक को जीतने या हारने का कोई तरीक़ा है ही नहीं, और ना ही इसे बिज़नेस में बदला जा सकता है। हममें से बहुत कम लोगों को वयस्क होने पर पता चल पाता है कि हम पेशेवर स्तर के चित्रकार हैं (जॉर्ज डब्ल्यू बुश की ख़ास बात नहीं है)।

हम इन रचनात्मक शौकों की क्षमता को अधिकतम कैसे कर सकते हैं? ट्रिक यह सुनिश्चित करना है कि ये बस ऐसे ही रहें : आपके काम से अलग, बिना किसी स्पष्ट एंड पॉइंट के और बिना किसी तनाव के। इस मक़सद के लिए, यह सुनिश्चित करना मददगार हो सकता है कि आपके शौक की सीमाएँ स्पष्ट हों। अपनी रचनात्मक गतिविधि के लिए कोई ख़ास समय निर्धारित कीजिए, और इसे अपने काम और दैनिक ज़िम्मेदारियों से अलग रखिए। अपने शौक के लिए कोई विशेष कमरा या स्थान चुनने की कोशिश कीजिए, अपने रचनात्मक समय के दौरान वर्क नोटिफ़िकेशन बंद रखिए, अथवा अपनी चुनी हुई गतिविधि में आपको कब शामिल होना है, इसके लिए एक नियमित शेड्यूल निर्धारित कीजिए।

इसके बाद, अपने आपको लगातार याद दिलाते रहिए कि किसी भी तरह के बड़े दाँव वाले लक्ष्य के बजाय प्रक्रिया में शौक का आनंद लेना है। जब आप पेंटिंग, खेल या निर्माण करते हैं, तो अपने आप को याद दिलाइए कि यह ऐसा

क्षेत्र है जिसमें गुणवत्ता मायने नहीं रखती। इसलिए ख़ुद को ग़लतियाँ करने, प्रयोग करने और अपनी रफ़्तार से आगे बढ़ने दीजिए। आपका प्राथमिक लक्ष्य विशेषज्ञ या मास्टर बनना नहीं है। इसका मतलब आनंद लेना और रिचार्ज करना है।

सबसे बड़ी बात, अपने शौक को 'काम' में बदलने की इच्छा का विरोध कीजिए। 2017 में, जॉर्ज डब्ल्यू बुश ने *पोर्ट्रेट्स ऑफ़ करेज* नाम की अपनी पेंटिंग का संग्रह प्रकाशित किया था। आम तौर पर समीक्षक उनके काम की गुणवत्ता से चकित थे, जबकि उन्होंने अपने कुछ विषयों को कुछ हद तक ग़लत तरीक़े से भी पेश किया था। हालाँकि इस तरह से अपने शौक को सार्वजनिक करना, लोगों की नजर में लाने की कोशिश करना, या इसे मुद्रीकृत भी करना जोख़िम भरा फ़ैसला था। इसका मतलब है कि आप अब अपने शौक को असली मनोरंजन के रूप में नहीं देख सकते हैं, और इसे एक और साइड जॉब मान सकते हैं।

अगर आप ठीक से रिचार्ज करना चाहते हैं, तो आपको अपने जीवन के उन क्षेत्रों को बनाए रखना ज़रूरी है जिनमें व्यक्तिगत उन्नति क़तई शामिल नहीं है।

प्रयोग 2 :

शांत करने वाली परियोजनाएँ

अपनी ऊर्जा को रचनात्मक रूप से रिचार्ज करने का एक और तरीक़ा किसी ख़ास परियोजना को हाथ में लेने का है। किसी मुक्त शौक से अलग, किसी परियोजना की एक निश्चित शुरुआत होती और निश्चित अंत होता है। परियोजना हमारी क्षमता और स्वायत्तता की भावना को विकसित करने में ख़ासतौर पर सहायक हो सकते हैं क्योंकि इनमें अपने अंतिम लक्ष्य तक पहुँचने पर उपलब्धि की भावना मिलती है।

इस पुस्तक को लिखना शुरू करने से पहले (और अपने जूनियर डॉक्टर के संकट से उबरने के बाद), प्रोडक्टिविटी के बारे में सीखना मेरी रचनात्मक परियोजना थी। कई महीनों तक, मैं काम से घर आता, कुछ संगीत बजाता और काम पूरा करने के विज्ञान के बारे में पढ़ता रहता था। मैं तो क्षमता विकसित कर रहा था, क्योंकि मैं नवीनतम मनोवैज्ञानिक रिसर्च के बारे में लगातार सीख रहा था। मेरे पास स्वायत्तता थी, क्योंकि मैं इस दौरान जो चाहूँ कर सकता था, और अपने दम पर रचनात्मक ढंग से तरीक़ों का पता लगा सकता था। मेरे पास डॉक्टर के रूप में अपनी दिन की नौकरी से आजादी थी, जो रात के समय प्रोडक्टिविटी एक्सपर्ट होने के अनुभव से बिलकुल अलग थी। और उस समय, दाँव पर कुछ कम ही लगता था – इसलिए मैं पढ़ते समय आराम और शांत महसूस करता था। (सच कहूँ तो, जब मैंने इस पुस्तक के सौदे पर हस्ताक्षर किए तभी दाँव थोड़ा बढ़ा था।)

कोई सीएएलएम परियोजना तक़रीबन कोई भी रचनात्मक चीज़ हो सकती है जिसका कोई स्पष्ट एंड पॉइंट हो। आप एक साल तक हर दिन एक फ़ोटो लेने का लक्ष्य तय करके, आप फ़ोटोग्राफ़ी अपना सकते हैं। टेक्स्ट-बेस्ड रोल-प्लेइंग गेम बनाने का लक्ष्य तय करकेआप कोडिंग सीख सकते हैं। अपनी माँ के अगले जन्मदिन के लिए उपहार बनाने का लक्ष्य तय करके आप रजाई बनाने का कौशल विकसित कर सकते हैं।

और अगर आप अपने सीएएलएम प्रोजेक्ट के प्रभावों को और बढ़ाना चाहते हैं, तो इसमें लोगों को शामिल करने के बारे में सोचिए। जैसा कि हमने अध्याय 3 में देखा, जब हम दोस्तों के साथ या अपने व्यापक समुदाय के हिस्से के रूप में कोई काम करते हैं, तो हम मानवीय जुड़ाव से मिलने वाली ऊर्जा का इस्तेमाल करते हैं। हम ऐसे माहौल में पनपते हैं जिसमें हम एक-दूसरे से सीख सकते हैं, विचारों का आदान-प्रदान कर सकते हैं और अपनी सफलताओं का जश्न एक साथ मिलकर मना सकते हैं।

अगर आपकी सीएएलम परियोजना में पेंटिंग या ड्राइंग शामिल है, तो आप किसी स्थानीय आर्ट क्लास या मीटअप समूह में शामिल हो सकते हैं जिसमें आप अपनी प्रगति साझा कर सकते हैं। अगर आपको लिखने का शौक है, तो आप किसी लेखन समूह का हिस्सा बन सकते हैं या कार्यशालाओं में भाग ले सकते हैं, जहाँ आप और लोगों के साथ मिलकर लेखक के रूप में आगे बढ़ सकते हैं। आपकी परियोजना चाहे जो भी हो, लेकिन जब आप उसके आसपास कोई समुदाय बनाते हैं तो आप साथ के लोगों की रिचार्जिंग पावर का इस्तेमाल करते हैं।

स्वाभाविक रूप से रिचार्ज कीजिए

पेनसिल्वेनिया के उपनगरीय अस्पताल के एक शांत वॉर्ड में, गालब्लैडर की सर्जरी कराने वाले मरीज़ों के दो समूह थे, लेकिन उनके रिकवर होने की रफ़्तार एक समान नहीं थी।

एक समूह के कमरे में ऐसी खिड़कियाँ थीं, जिनकी ओर पत्तेदार पेड़ों का एक सुनसान जंगल दिखाई देता था। दूसरे समूह के सामने ईंट की ठंडी और बेजान दीवार थी। पर्यावरणीय सौंदर्यशास्त्र पर रिसर्च करने वाले सहायक प्रोफ़ेसर के रूप में अपना करियर शुरू कर रोजर उलरिच की रुचि इस बात में थी कि इस अंतर का असर क्या पड़ता है। उन्हें यह जानकर आश्चर्य हुआ कि जिन मरीज़ों की खिड़कियों के सामने हरियाली थी, उनके रिकवर होने की रफ़्तार औसतन एक दिन

ज़्यादा थी, उन्हें दर्द निवारक दवाओं की ज़रूरत काफ़ी कम पड़ रही थी और दीवार को घूरते अपने साथियों की तुलना में उन्हें जटिलताओं का सामना कम करना पड़ रहा था।

इस तरह से उपचार प्रक्रिया पर प्रकृति के प्रभाव की तरफ़ उलरिच का आजीवन आकर्षित बन गया। लगभग एक दशक बाद, उन्होंने स्वीडन की उप्साला यूनिवर्सिटी के हॉस्पिटल में अपने सहकर्मियों के साथ मिलकर प्रकृति के प्रभावों का अधिक कड़ाई से परीक्षण किया। उनकी टीम ने आईसीयू में हार्ट सर्जरी के 160 मरीज़ों पर ध्यान केंद्रित किया। इन मरीज़ों को बिना किसी पूर्व योजना के, छह स्थितियों में से किसी एक में रखा गया था : एक कमरा था जिसमें एक नक़ली 'खिड़की का दृश्य' था जिसमें एक प्रकृति की बड़ी तसवीर थी, जिसमें या तो पेड़ों की कतारें थीं या छायादार जंगल का दृश्य था, दो अमूर्त चित्र थे- एक सादा सफ़ेद पैनल या एक ख़ाली दीवार थी। तो आप समझ सकते हैं कि कमरों के बीच बहुत अंतर नहीं था। और फिर भी प्रभाव आश्चर्यजनक थे। जिन मरीज़ों को शांत पानी और पेड़ का दृश्य दिया गया था, उनमें काफ़ी कम चिंता दिखी और उन्हें शक्तिशाली दर्द निवारक दवाओं की कम खुराक की ज़रूरत पड़ी। जिन लोगों को गहरे जंगल की तसवीर, अमूर्त कला या कोई छवि नहीं दिखाई गई, उनकी रिकवरी काफ़ी ख़राब रही।

अगले चालीस सालों में, प्रकृति के उपचारात्मक प्रभावों पर उलरिच की रिसर्च का अस्पताल वास्तुकला पर एक रूपांतरकारी प्रभाव डाला। आधुनिक अस्पतालों में हरे भरे उद्यानों की मौजूदगी बहुत ही आम होने का एक कारण यह भी है। उनकी रिसर्च से पता चलता है कि प्रकृति हमें ठीक होने में मदद करती है – दशकों के शोध से संकेत मिलता है कि प्रकृति में समय बिताने से एक शारीरिक प्रतिक्रिया शुरू होती है जिससे तनाव का स्तर कम होता है और ध्यान केंद्रित करने की हमारी क्षमता फिर से सक्रिय हो जाती है।

प्रकृति हमारी संज्ञानात्मक क्षमताओं को फिर से नया करती है और हमारी ऊर्जा को बढ़ाती है।

तो, प्राकृतिक दुनिया के गौरव का आनंद लेना हमारे लिए ठीक से रिचार्ज होने का दूसरा तरीक़ा है। प्रकृति हमारी संज्ञानात्मक क्षमताओं को फिर से नया करती है और हमारी ऊर्जा को बढ़ाती है। प्रकृति हमें फ़ील गुड कराती है। हमें इसे अपने आराम में शामिल करने का कोई तरीक़ा चाहिए।

प्रयोग 3 :

प्रकृति को अपनाइए

आप कह रहे होंगे, 'हाँ, अली, हम सभी प्रकृति के साथ ज़्यादा समय बिताना चाहेंगे। दुर्भाग्य से, हममें से बहुत से लोग फैले हुए कंक्रीट के जंगलों या नीरस उपनगरों में रहते हैं।' प्रकृति को खोजना कहना तो आसान है, करना नहीं।

हालाँकि मेरे लिए, उलरिच की रिसर्च इतनी क्रांतिकारी इसलिए ही है। याद रखिए, उलरिच के अध्ययन में भाग लेने वालों को पेड़ों की कुछ तसवीरें ही दिखाई गई थीं। असल पेड़ वहाँ नहीं थे! और फिर भी प्रभाव काफ़ी महत्त्वपूर्ण रहे थे। इसका विज्ञान स्पष्ट है : प्रकृति से जुड़ने में आपके अनुमान से भी कम समय और कम प्रयास लगता है।

इन जुड़ावों में एक मिनट से भी कम का समय लग सकता है। एक अध्ययन में, शोधकर्ताओं ने यूनिवर्सिटी के 150 छात्र-छात्राओं का एक समूह इकट्ठा किया और उन्हें उनके ध्यान को मापने के लिए डिज़ाइन किए एक टेस्ट से परखा। टेस्ट से पहले और बाद में, प्रतिभागियों ने या तो हरी छत देखने के लिए या कंक्रीट की छत को देखने के लिए 40 सेकंड का 'माइक्रो-ब्रेक' लिया। जिन छात्रों ने हरे रंग की छत की झलक देखी, उन्होंने कंक्रीट की छत देखने वाले अपने साथियों की तुलना में काफ़ी कम त्रुटियाँ कीं और अपने हाथ में मौजूद काम पर ज़्यादा ध्यान लगाया।

वास्तव में, इन जुड़ावों में दृश्य उद्दीपन शामिल करने की भी ज़रूरत नहीं है। 2018 में प्रकाशित एक अध्ययन में प्रतिभागियों को अपनी आँखें बंद करके प्राकृतिक ध्वनि-दृश्य (पक्षियों का गाना, वर्षावन की आवाज़, सीगल की आवाज़, गर्मियों में होने वाली बारिश की आवाज़) सुनने को कहा गया था। उन्होंने केवल सात मिनट के लिए ये शांतिदायक प्राकृतिक आवाज़ें सुनीं, लेकिन उन्होंने बताया कि इसके बाद वे घंटों तक अपने काम में अधिक ऊर्जावान महसूस करते रहे।

तो, प्रकृति से ऊर्जा लेने का मतलब यह नहीं है कि आप सात घंटे की पैदल यात्रा के लिए ख़ुद को बाहर की दुनिया में खपा दें। इसका एक स्पष्ट तरीक़ा तो यह है कि आप अपने घर में किसी हरे रंग की जगह को शामिल कीजिए। इसका आदर्श रूप तो कोई छोटा-सा बगीचा बनाना या कुछ इनडोर पौधे लगाना भी हो सकता है। हालाँकि आपके पास समय और संसाधन नहीं हैं, तो भी चिंता मत कीजिए : बस अपने बेडसाइड टेबल पर प्राकृतिक दुनिया की कोई तसवीर रखने भर से ही आप पर रिचार्जिंग प्रभाव पड़ेगा। या फिर प्राकृतिक आवाज़ें सुनने के लिए समय निकालने के बारे में सोचिए। आप किसी वर्षावन में हैं, इसका विश्वास अपने अवचेतन मन को दिलाने के लिए कि ख़ुद को उसमें डुबाने की ज़रूरत नहीं है। तो क्यों ना सोते

समय अपने फ़ोन पर वर्षावन की आवाज़ें सुनते हुए पाँच मिनट बिताइए - बस इतना समय लीजिए कि आप आराम से सो जाएँ?

प्रयोग 4 :

हल्की सैर कीजिए

रिचार्ज करने का दूसरा तरीक़ा प्रकृति की आवाज़ें निकालने वाला वाला ऐप डाउनलोड करने से भी ज़्यादा आसान है : सैर कीजिए।

स्टीव जॉब्स से लेकर वर्जीनिया वूल्फ़ तक की हस्तियों ने सही मायने में आराम महसूस करने के लिए दैनिक सैर की अहमियत पर ज़ोर दिया है। दार्शनिक-कवि हेनरी डेविड थोरो ने एक बार कहा भी था, 'मुझे लगता है कि मैं अपनी सेहत और मन को तब तक सुरक्षित नहीं रख सकता, जब तक कि मैं सभी सांसारिक व्यस्तताओं से पूरी तरह मुक्त होकर दिन में कम से कम चार घंटे -आमतौर पर इससे भी ज़्यादा - जंगलों और पहाड़ियों तथा खेतों में टहलते हुए ना बिताऊँ।'

हालाँकि, इस सलाह से कुछ लोगों की नजरें टेढ़ी हो सकती हैं। हेनरी डेविड थोरो दिन में चार घंटे टहलने सकते थे, क्योंकि उनके मित्र और कवि राल्फ़ वाल्डो इमर्सन ने उन्हें 1840 के दशक के बड़े हिस्से के लिए मैसाचुसेट्स में अपना बड़ा जंगल किराए पर रहने के लिए उन्हें देने का अहसान किया था। हम सभी इतने भाग्यशाली नहीं हैं; चार घंटे की सैर 'पूरी तरह से सांसारिक व्यस्तताओं से मुक्त' दिन में अपनी नौकरी, परिवार और दोस्तों के बीच में शामिल करना कोई आसान नहीं है। हममें से कुछ लोगों को रोजी-रोटी के लिए काम भी करना पड़ता है, हेनरी।

कभी-कभी मैं भी इस कहावत के बारे में ऐसा ही महसूस करता हूँ कि हमें हर दिन 10,000 क़दम चलना चाहिए। विश्व स्वास्थ्य संगठन, अमेरिकन हार्ट फ़ाउंडेशन और कई अन्य लोगों ने इस संख्या को मान्यता दी है और यह इतनी गहरी है कि ऐपल वॉच और फ़िटबिट जैसे उपकरणों ने भी इसे अपना लिया है। यह लगभग उतनी ही सर्वव्यापी है जितनी कि प्रतिदिन-5 फल और सब्ज़ियाँ खाने की सिफ़ारिश। हालाँकि प्रतिदिन-5 की तरह इस संख्या का भी वास्तविक उद्गम और वैज्ञानिक आधार संदिग्ध ही है। यह हेनरी थोरो के 'चार घंटे की सैर' के आधुनिक रूप जैसी ही है। कुछ लोग 10,000 क़दम चलेंगे। कुछ नहीं चलेंगे। हालाँकि यह पूरी तरह से स्पष्ट नहीं है कि इसे पहला उद्देश्य क्यों होना चाहिए।

2011 के एक अध्ययन से पता चलता है कि जब किसी अच्छी सैर के प्रभावों का लाभ उठाने की बात आती है तो उठाए गए क़दम सबसे अहम चीज़ नहीं हो सकते हैं। उस साल, स्वीडन और नीदरलैंड के मनोवैज्ञानिकों के एक समूह

ने मानसिक सेहत पर पैदल चलने के प्रभाव की पड़ताल की थी। उन्होंने एक मैदानी प्रयोग में भाग लेने के लिए बीस यूनिवर्सिटीज के छात्र-छात्राओं को शामिल किया। नतीजे आए तो आश्चर्यजनक रूप से पता चला कि पैदल चलने से लोगों को बेहतर महसूस हुआ, उन्होंने चिंता कम की और उन पर समय का दबाव भी कम हुआ। हालाँकि उन्होंने प्रतिभागियों को अलग-अलग परिवेश (पार्क बनाम सड़क) और अलग-अलग सामाजिक संदर्भों (अकेले बनाम किसी दोस्त के साथ) में चालीस-चालीस मिनट की दो सैर भी करवाईं। इन शोधकर्ताओं के निष्कर्ष स्पष्ट थे : प्रतिभागियों ने सड़क पर चलने की तुलना में पार्क में टहलने के दौरान ज़्यादा आराम महसूस किया। और वे अकेले में पार्क में टहलने के दौरान अधिक तरोताज़ा महसूस करते थे – शायद इसलिए कि इससे वे प्राकृतिक दुनिया को बेहतर तरीक़े से महसूस कर पाते थे – जबकि दोस्त के साथ होने पर वे सड़क पर टहलकर ज़्यादा तरोताज़ा महसूस करते थे – शायद इसलिए कि लोगों का हमारे ऊर्जा स्तरों पर प्रभाव पड़ता है।

अगर आप तुरंत तरोताज़ा महसूस करने का कोई सरल और आसान तरीक़ा खोज रहे हैं, तो आप सहज ही टहलने की कोशिश कीजिए – कोई समय सीमा मत रखिए, कोई दूरी निर्धारित मत कीजिए, इसके लिए किसी ख़ास जगह तय करने की भी जरूरत नहीं है। अगर संभव हो, तो किसी पार्क, या जंगल, या किसी ख़ास हरी-भरी सड़क पर टहलिए। आप चाहें, तो अपने किसी दोस्त को साथ ले जा सकते हैं। यह थोरो के सुझाए चार घंटे जैसे तो नहीं हो सकते हैं, लेकिन अपने ब्रेक के दौरान ब्लॉक में दस मिनट की सैर भी आपके दिन – और आपके जीवन – को बेहतर बनाने के लिए पर्याप्त हो सकती है।

माइंडलेसली रिचार्ज कीजिए

इस अध्याय में अब तक हमारा जोर माइंडफुल या सजग रिचार्जिंग पर रहा है, जैसे कि नए शौक ढूँढ़ना, घर के लिए कोई पौधा ख़रीदना या पेड़ों से घिरी किसी सड़क पर टहलना। इन सभी तरीक़ों में सक्रिय भागीदारी होती है। ये हमें फिर से ऊर्जावान बनाते हैं, क्योंकि हम अपनी ऊर्जा को आराम में लगा रहे होते हैं। यह फोन को चार्जर में लगाने की तरह समझा जा सकता है।

जैसा कि आप अनुमान लगा सकते हैं, कि मैं अपनी सक्रिय रिचार्ज गतिविधियों पर ध्यान लगाने में हमेशा सबसे अच्छा नहीं रहा हूं। और मेरे बचाव में, माइंडलेस रिचार्जिंग के बारे में भी कुछ कहा जाना चाहिए।

मैं माइंडलेस रिचार्जिंग को किसी भी ऐसी गतिविधि मानता हूँ जिसे हम तब करते हैं जब हम आराम करने के बारे में बहुत ज़्यादा नहीं सोच रहे होते हैं। ये गतिविधियाँ इस अध्याय में पहले बनाई गई आपकी पहली सूची में से भी कुछ हो सकती हैं।

हालाँकि ये माइंडलेस गतिविधियाँ रिचार्ज करने के लिए कोई ख़ास अच्छी दीर्घकालिक रणनीतियाँ नहीं हैं, लेकिन वे छोटी-छोटी खुराक में प्रभावी हो सकती हैं। कुछ मामलों में, सबसे ज़्यादा ऊर्जाकारक और उत्पादक काम गिटार पर कोई नया गाना सीखने पर ध्यान लगाने का हो सकता है। सोफ़े पर लेटकर कोई रियलिटी टीवी देखना भी हो सकता है।

यह सब शब्दों का ही खेल है। माइंडफुल गतिविधियाँ अच्छी तो हैं, लेकिन वे माइंडफुल हैं। उन्हें हमें सजग रूप से अपनी जागरूकता को ख़ास कामों की ओर निर्देशित करने की ज़रूरत होती है। इसका मतलब है कि उन्हें प्रभावी होने के लिए ऊर्जा के किसी निश्चित इनपुट की ज़रूरत होती है।

अगर आपके पास ऊर्जा है, तो यह बहुत अच्छी बात है, लेकिन कभी-कभी हमारे दिन ऐसे भी होते हैं, जब हम काम से घर आते हैं, या ससुराल वालों के साथ एक व्यस्त दिन बिताते हैं, या दोपहर में दुर्भाग्य से भरे होते हैं और इतना थका महसूस करते हैं कि ख़ुद को तसवीर बनाने या किसी ख़ास हरी-भरी सड़क पर घूमने के लिए मजबूर करना अच्छा नहीं लग सकता है - और हो सकता है कि ये किसी चोट का कारण भी बन जाए।

ऐसे मामलों में, कुछ भी ना करने के लिए अपराधबोध से मुक्त समय वही हो सकता है जिसकी हमें ज़रूरत है। हालाँकि यहाँ भी, कुछ भी सही तरीक़े से ना करने की क्षमता आड़े आ सकती है।

प्रयोग 5 :

अपने मन को विचरण करने दीजिए

'लोग तो केवल उन्हीं मकड़ियों को मारते हैं, जिन्हें वे देखते हैं, इसलिए मनुष्य प्राकृतिक चयनकर्ता के तौर पर काम कर रहे होते हैं, जिसके कारण मकड़ियों को एकांत और बुद्धिमत्ता के लिए चुना जाता है। हम मकड़ियों को ज़्यादा बुद्धिमान बना रहे हैं।'

'आप किसी इंसान से कितनी नफ़रत करके उससे जुड़ सकते हैं, इसके आधार पर, नापसंदगी पर आधारित डेटिंग ऐप संभवतः काफ़ी सफल हो सकता है।'

'दोस्ती का असली पैमाना तो यह है कि उसके घर आने के लिए आप अपने घर को कितना साफ़ रखते हैं।'

ये सभी विचार इंटरनेट पर मेरे पसंदीदा पेजों में से एक, रेडिट फ़ोरम r/Showerthoughts से लिए गए हैं। यह लोगों के लिए ऐसा स्थान है, जहाँ वे अपने दैनिक स्नान के दौरान आने वाले सबसे मजबूत और अज़ीब विचारों को पोस्ट कर सकते हैं।

इसकी संभावना तो नहीं है कि किसी पेज पर पोस्ट करने वाले ज़्यादातर रेडिटर इसे समझें, लेकिन वे सच में प्रसिद्ध न्यूरोसाइंटिफ़िक सिद्धांत की पुष्टि ही कर रहे हैं। आपने शायद ख़ुद भी इसका अनुभव किया होगा। आप शॉवर लेने जाते हैं, गर्म पानी के नीचे खड़े होते हैं, आपके शैंपू और साबुन की सुगंध आपको तनावमुक्त अवस्था में ले जाती है। अचानक, आपकी आँखें खुलती हैं – उस समस्या का समाधान चमत्कारिक रूप से स्पष्ट हो जाता है जिससे आप जूझ रहे थे! हो सकता है कि आपको पता चल गया हो कि अपने बॉस को ईमेल में क्या लिखना है। हो सकता है कि आपको याद आ गया हो कि आपने अपनी कार की चाबियाँ कहाँ रखी थीं। 'शॉवर सिद्धांत' किसी रेडिटर की कल्पना मात्र नहीं है। जब दिमाग़ पर्याप्त रूप से तनावमुक्त होता है, तो रचनात्मक समाधान निकलने लगते हैं।

यह सब एक ख़ास तरह की माइंडलेस रिचार्जिंग की पावर पर निर्भर करता है, जिसे: मन-विचरण कह सकते हैं। हाल ही में हुई न्यूरोसाइंटिफ़िक रिसर्च के अनुसार, जब हम 'कुछ नहीं कर रहे होते हैं', तब भी हमारा मस्तिष्क सक्रिय रहता है। ख़ास तौर पर, मस्तिष्क का एक क्षेत्र 'डिफ़ाल्ट मोड नेटवर्क' (DMN) हमारे अनुपस्थित मन के विचित्र स्थानों को नियंत्रित करता है। DMN हमें स्मृतियाँ याद करने, दिवास्वप्न देखने और भविष्य की कल्पना करने में सहायता करता है। और हम मानसिक रूप से थका देने वाले कामों में जितना कम व्यस्त होते हैं, यह उतना ही ज़्यादा सक्रिय होता है।

आधुनिक जीवन की समस्या यह है कि हम अपने DMN को सक्रिय करने के लिए ख़ुद को समय और स्थान ठीक से नहीं दे पाते हैं। किसी भी सूरत में, तो मन-विचरण या मन का भटकना ख़राब ही माना जाता है, और अक्सर इसे समय की बर्बादी के समान माना जाता है। वैसे तो हमें आमतौर पर याद नहीं रहता है कि हम अपने दिवास्वप्नों में क्या-क्या सोच रहे थे, इसलिए यह कल्पना करना कठिन है कि इससे कुछ फ़ायदेमंद भी हो सकता है। हम कल्पना ही ग़लत करते हैं। कुछ ना करना भी आश्चर्यजनक रूप से प्रोडक्टिव हो सकता है।

हमारे जीवन में 'कुछ ना करने' के लिए समय को शामिल करना कैसा रहेगा? देखिए, सबसे आसान तरीक़ा है–अपने सप्ताह में 'कुछ न करने' के क्षणों को सक्रिय

रूप से शेड्यूल करना। कई बार रात में, आपको टहलने या चित्र बनाने की ज़रूरत नहीं होती है। कई बार रात में, आपको बस ख़ुद को शांत रखना चाहिए। इसे अपने कैलेंडर में भी लिख लीजिए : अगले सप्ताह की एक शाम आपकी एक़दम तनावमुक्त रहने की शाम होगी।

वैकल्पिक रूप से, आप यह भी तय कर सकते हैं कि जब आप बर्तन धोने, कपड़े धोने या किराने की दुकान पर जाने जैसे अपने साप्ताहिक काम कर रहे हों तो आप अपने हेडफ़ोन पर कुछ भी नहीं सुनेंगे। प्रोडक्टिविटी के प्रति उत्साही लोगों के लिए यह एक प्रति-सहज ज्ञान से युक्त तरीक़ा है, और मुझे अक्सर ख़ुद को इसमें शामिल करने के लिए मजबूर करना पड़ता है। और इसके बावजूद भी यह काम तो करता है।

यह अनप्रोडक्टिव लग सकता है, लेकिन कभी-कभी, अपने मस्तिष्क को भटक़ने देने का समय होता है - और इसलिए उन नज़रियों के साथ समस्याओं को हल कीजिए जिनके बारे में आपको पता नहीं था कि वे भी आपके पास हैं।

प्रयोग 6 :
रीटॉफ़ सिद्धांत

मन को भटकाने के लिए समय निर्धारित करना भी एक काम है। आप अब भी प्रोडक्टविटी मोड में ही हैं; लेकिन आपकी प्रोडक्टविटी की सक्रियता कम से कम काम करने की होने वाली है।

कभी-कभी, इतना भी बहुत ज़्यादा हो जाता है। जब मैं जूनियर डॉक्टर की फुलटाइम नौकरी और अपने बिज़नेस को बढ़ाने के बीच संतुलन बना रहा था, तो मैं कभी-कभी तो ऊर्जा से भरा हुआ घर लौटता था, और वीडियो बनाने और संपादित करने के लिए उत्सुक रहता था। लेकिन कई बार, मैं अस्पताल में व्यस्त दिन बिताकर पूरी तरह थक जाता था, और मेरे शरीर का हर हिस्सा सोफ़े पर आराम करने और नेटफ़्लिक्स से दूर रहकर, माइंडलैस होने को तरसने लगता था।

ऐसे दिनों में, मैं सोफ़े पर लेट जाता था। मैं सोचता था, 'मुझे सच में इस वीडियो को फ़िल्माने की ज़रूरत है। मैं तीस मिनट में उठ जाऊँगा।' लेकिन जब आधा घंटा बीता तो, वीडियो बनाने का आकर्षण कम लगने लगा।

कभी-कभी, मेरी फ़्लैटमेट मौली भी हस्तक्षेप करती थी, जो ख़ुद भी डॉक्टर है। 'अली, अगर तुम थके हुए हो, तो इस शाम को भूलकर आराम क्यों नहीं करते?' वह कहती थी।

उसके शब्द मेरे मन में एक बीज बो देते थे। वह सही तो कह रही थी? मैं शाम को भूलकर, आराम क्यों नहीं कर सकता? जब मैं इस आंतरिक संघर्ष से जूझ रहा था, तो मैं एक ऐसे शब्द से टकराया जिसमें मेरा नया नज़रिया पूरी तरह से समाहित था, और वह था : 'रीटॉफ़ सिद्धांत'।

रीटॉफ़ सिद्धांत के मुताबिक़ हमें एक दिन ख़ुद को भूल जाने की अनुमति देनी चाहिए और जानबूझकर, कुछ भी हासिल करने से दूर रहना चाहिए। हममें से कई लोगों के लिए, आराम की चुनौती उन चीज़ों से पीछे हटने के काम में छिपी होती है जो हमें लगता है कि हमें करना चाहिए। हम आत्म-नियंत्रण, धैर्य और दृढ़ता को अहमियत देने को तैयार हैं। हम आराम को आलस्य, कमज़ोरी या असफलता के समान मानते हैं।

रीटॉफ़ सिद्धांत को अपनाने का मतलब यह पहचानना है कि – कभी-कभी – कुछ भी ना करना उचित है। शॉवर के समय कोई गहन विचार ना करना। सैर ना करना। कुछ भी ना करना।

इन दिनों, मैं रीटॉफ़ सिद्धांत का इस्तेमाल इसलिए करता हूँ ताकि मैं छुट्टी लेने को लेकर कम दोषी महसूस करूँ। जब मैं कमज़ोर, और थका हुआ महसूस करता हूँ और आगे बढ़ने के लिए ऊर्जा पाने के लिए जूझता हूँ, तो मैं ख़ुद से कहता हूँ कि आज के दिन को छोड़ देना ही ठीक है ताकि मैं अपराध-बोध से मुक्त होकर वीडियो गेम खेलने और टेकअवे ऑर्डर करने जैसे काम कर सकूँ। मैं ख़ुद से कहता हूँ कि यह अल्पकालिक 'अनप्रोडक्टिविटी' मुझे रीसेट और रिचार्ज करने का टाइम देती है।

आज कम करके, आप कल वो ज़्यादा कर सकेंगे जो आपके लिए मायने रखता है।

इससे मुझे यह भी अहसास होता है कि असल में मैं शायद हर दिन रीटॉफ़ डे नहीं चाहता। ख़ुद को कभी कभी पॉज बटन दबाने और लगातार दबाव से दूर रहने देकर, आप विकास और रचनात्मकता के लिए जगह बनाते हैं। आज कम करके, आप कल वो ज़्यादा कर सकेंगे जो आपके लिए मायने रखता है।

सारांश

- हमारा दूसरा प्रकार का बर्नआउट आराम के समय से संबंधित है। थकावट बर्नआउट ख़ुद को सचमुच रिचार्ज करने के लिए पर्याप्त समय या स्थान ना देने का नतीजा है। समाधान : यह समझिए कि किस तरह से आराम करना है जो आपको ऊर्जा दे।
- आराम करने का सबसे अच्छा तरीक़ा शांत महसूस करना है। बल्कि, सीएएलएम महसूस करना कहिए। कोई ऐसी गतिविधि या परियोजना खोजिए जो आपको कंपीटेंट, ऑटोनॉमस, लिबरेटिड और मैलो (मधुर) महसूस कराए।
- दूसरा समाधान प्रकृति में और प्रकृति के साथ समय बिताने का है। हरियाली की थोड़ी-सी भी मात्रा एक रूपांतरकारी प्रभाव डाल सकती है। इसलिए हल्की सी ही सही, पर सैर ज़रूर कीजिए। और प्रकृति को भी घर के अंदर लाने की कोशिश कीजिए – चाहे वह कोई नया पौधा हो या पक्षियों की चहचहाहट की आवाज़ हो।
- हालाँकि, सभी आराम इतने रणनीतिक भी नहीं होने चाहिए। कभी-कभी, सबसे अधिक ऊर्जाकारी काम तो कुछ भी ना करने का है। आज कम करके, आप कल बेहतर महसूस करेंगे।

9

संरेखण कीजिए

पैसिफ़िक क्रेस्ट ट्रेल कमज़ोर दिल वालों के लिए नहीं है। पश्चिमी अमेरिका में 2,650 मील की पहाड़ी इलाक़े में फैला यह मार्ग मैक्सिकन सीमा पर रेगिस्तान से लेकर उत्तरी वाशिंगटन के पहाड़ों तक, समूचे अमेरिका को घेरता है। यह अमेरिका में सबसे कठिन – हाइकिंग ट्रेल्स में से एक के रूप में प्रसिद्ध है, जिसे कभी-कभी ख़तरनाक भी माना जाता है।

हर साल गर्मियों में, हज़ारों साहसी पदयात्री वसंत ऋतु से ही इस पगडंडी पर चल पड़ते हैं। उन्हें पता होता है कि वे पाँच महीने से पहले कैनेडा की सीमा पर नहीं पहुँचे पाएँगे। ज़्यादातर लोगों को यह सहनशक्ति का कोई नारकीय कारनामा लगता है। मिसौरी यूनिवर्सिटी के प्रोफ़ेसर केनन शेल्डन को यह एक मनोवैज्ञानिक प्रयोग का सही अवसर लगा।

मानव प्रेरणा पर रिसर्च की हाल की लहर में शेल्डन का नाम दिग्गजों में लिया जाता है। सहस्राब्दी के मोड़ पर, कई लोग सोच रहे थे कि प्रेरणा के बारे में बड़े-बड़े सवाल हल हो चुके हैं। जैसा कि हमने भी भाग 1 में सीखा, कि 1970 के दशक से ही वैज्ञानिक दो तरह की प्रेरणाओं के बारे में जानते थे : आंतरिक और बाह्य। आंतरिक प्रेरणा वह होती है जब आप कुछ इसलिए कर रहे होते हैं ,क्योंकि वह आपको स्वाभाविक रूप से आनंददायक लगता है। बाह्य प्रेरणा वह होती है, जब आप धन अर्जन, या पुरस्कार जीतने जैसे किसी बाहरी लाभ के कारण कुछ कर रहे होते हैं। प्रेरणा के इन दोनों रूपों के सिद्धांत के बाद के सालों में हुए, अनगिनत अध्ययनों से पता चला है कि जब हम किसी काम को करने के लिए आंतरिक रूप से प्रेरित होते हैं, तो हम इसे करके ज़्यादा प्रभावी और ऊर्जावान होते हैं; और यह भी कि बाह्य पुरस्कार, लंबे समय तक हमें किसी काम को करते

रहने के लिए कम प्रेरित करने वाले होते हैं। आंतरिक प्रेरणा = अच्छी, बाह्य = ख़राब। बस यही बात थी।

शेल्डन के अलावा बाक़ी सभी को अंदेशा था कि मामला थोड़ा और जटिल हो सकता है। 1990 के दशक की शुरुआत में, शेल्डन को आश्चर्य होने लगा कि क्या हम प्रेरणा के विज्ञान के बारे में कुछ अहम बातें भूल रहे हैं। जी हाँ, पहली नजर में तो, सबूत स्पष्ट लग रहे थे कि बाह्य प्रेरणा आंतरिक प्रेरणा से 'बदतर' थी। हालाँकि, इसके साथ ही, हमारे जीवन में ऐसे अनेक उदाहरण हैं जिनमें हम स्पष्ट रूप से बाहरी कारकों से प्रेरित होते हैं – और बहुत अच्छी तरह से होते हैं।

एक छात्रा (मान लीजिए, कैटनीस नाम है उसका) है जो परीक्षा के लिए पढ़ाई कर रही है। कैटनीस को पढ़ाई की प्रक्रिया में मज़ा नहीं आता, इसलिए पढ़ाई करने की उसके पास कोई आंतरिक प्रेरणा नहीं है। अभी तो वह पढ़ाई और सीखने के विशुद्ध आनंद के अलावा किसी और कारक से ही प्रेरित है।

कैटनीस खुद को पढ़ाई के लिए कैसे प्रेरित कर सकती है? यहाँ कुछ विकल्प दिए जा रहे हैं :

- **विकल्प ए :** मैं इसलिए पढ़ रही हूँ, क्योंकि मेरे माता-पिता मुझे मजबूर कर रहे हैं। मुझे यह विषय पसंद नहीं है, लेकिन अगर मैं पास नहीं हुई, तो मुझे महीने भर के लिए घर से निकाल दिया जाएगा। मुझे इस भयानक दंड से बचने के लिए पढ़ाई करनी ही पड़ेगी।
- **विकल्प बी :** मैं अपराध बोध की भावना के साथ पढ़ रही हूँ। मुझे यह विषय पसंद नहीं है, लेकिन मैं जानती हूँ कि मेरे माता-पिता ने मुझे इस स्कूल में भेजने के लिए कड़ी मेहनत की है, और मुझे पता है कि मुझे अच्छे अंक लाने के अवसर का मूल्य समझना चाहिए ताकि मैं किसी अच्छे कॉलेज में प्रवेश पा सकूँ। जब मैं पढ़ाई नहीं कर रही होती हूँ, तो मुझे चिंता और अपराध बोध का अहसास होता है, इसलिए मैं इस परीक्षा के लिए हर रात कुछ घंटे मेहनत कर रही हूँ।
- **विकल्प सी :** मैं इसलिए पढ़ रही हूँ, क्योंकि मैं सच में स्कूल में अच्छा प्रदर्शन करना चाहती हूँ। हाँ, मुझे यह विषय पसंद नहीं है, लेकिन मुझे अगले साल जिन कक्षाओं में जाना है, उनके लिए अर्हता पाने के लिए मुझे यह परीक्षा पास करनी ज़रूरी है। और मैं उनमें अच्छा करने की कोशिश कर रही हूँ क्योंकि मैं सच में कॉलेज जाना चाहती हूँ, अपने क्षितिज को व्यापक बनाना चाहती हूँ, और शायद किसी दिन मेडिकल स्कूल के लिए भी एप्लाई करूँगी। मेरे माता-पिता मुझे ऐसा कुछ करने

> के लिए मजबूर नहीं कर रहे हैं, लेकिन हाँ, अगर मैं असफल हो जाऊँगी तो वे निराश ज़रूर होंगे, लेकिन मैं भी उनकी वजह से नहीं पढ़ रही हूँ। मैं अपने लिए पढ़ रही हूँ।

ये तीनों विकल्प 'बाह्य प्रेरणा' की श्रेणी में आएँगे : हर मामले में, कैटनीस इसलिए नहीं पढ़ रही है, क्योंकि यह उसके लिए स्वाभाविक रूप से आनंददायक है। इसके बजाय, वह कुछ बाहरी नतीजे (दंड से बचना, अपराधबोध ख़त्म करना, या अपनी मनचाही कक्षाओं में प्रवेश पाना) पाने के लिए पढ़ रही है। हालाँकि स्पष्ट रूप से, ये तीनों विकल्प काम और जीवन के प्रति बहुत अलग नज़रिया दर्शाते हैं। विकल्प सी प्रेरणा का एक स्वस्थ रूप भी हो सकता है : यह ऐसा विकल्प है जो कैटनीस को उन लक्ष्यों की दिशा में काम करने के लिए प्रोत्साहित करता है जिन्हें वह महत्त्व देती है, भले ही यह प्रक्रिया उसके लिए आंतरिक रूप से सुखद ना हो।

कैटनीस का उदाहरण दर्शाता है कि, असल में, सभी बाहरी प्रेरणाएँ स्वाभाविक रूप से 'ख़राब' नहीं होती हैं। कैटनीस की तरह तो उस विषय की पढ़ाई कर रही है जिसको वह पसंद नहीं करती है, लेकिन उसकी तरह हम सभी को कभी-कभी ऐसे काम करने पड़ते हैं जो हमें पसंद नहीं होते। और जब हम किसी चीज़ का आनंद लेना शुरू करते हैं, तब भी अगर हम उसे लंबे समय तक करते रहते हैं, तब भी हमेशा कठिनाई के दौर आते हैं। ऐसे क्षणों में, यह कहना शायद ही कभी मददगार होता है कि अगर हम खुद का ज़्यादा आनंद ले पाते तो हम मजबूत रह पाते।

सभी बाह्य प्रेरणाएँ मूल रूप से 'ख़राब' नहीं होती हैं।

जो हमें शेल्डन और पैसिफ़िक क्रेस्ट ट्रेल पर वापस लाता है। उन्हें संदेह होने लगा कि जो कोई भी पैसिफ़िक क्रेस्ट ट्रेल पर जाता है, उसके किसी न किसी बिंदु पर आंतरिक प्रेरणा में गिरावट का अनुभव करने की संभावना होती है। उन्हें जारी रखने के लिए क्या प्रेरित कर रहा था? वे सोच रहे थे।

ऐसे उन्होंने इसका परीक्षण करने का फ़ैसला किया। 2018 में, शेल्डन ने ऐसे लोगों के एक समूह की भर्ती की, जिनकी पैसिफ़िक क्रेस्ट ट्रेल पर लंबी पैदल यात्रा करने में रुचि थी। इस समूह में तमाम क्षमताएँ थीं। इसमें से सात ने पहले कभी बेकपैकिंग नहीं की थी; 37 ने 'कुछ बार' बैक-पैक किया था; 46 ने 'काफी' बेकपैकिंग की थी; और 4 ने अपने पूरे जीवन भर बैक पैकिंग की थी। हाइक शुरू होने से पहले, शेल्डन ने प्रतिभागियों से नीचे बताए कथनों की सटीकता को रेट

करने के जरिए उनकी प्रेरणा को मापा, और हर किसी ने अलग प्रकार की प्रेरणा को मापा : 'मैं पैसिफ़िक क्रेस्ट ट्रेल पर लंबी पैदल यात्रा कर रहा हूँ क्योंकि ...'

- पैसिफ़िक क्रेस्ट ट्रेल पर पैदल यात्रा करना दिलचस्प होगा
- पैसिफ़िक क्रेस्ट ट्रेल पर पैदल यात्रा करना मेरे लिए निजी तौर पर महत्त्वपूर्ण है
- मैं ख़ुद पर गर्व महसूस करना चाहता हूँ
- अगर मैं पैसिफ़िक क्रेस्ट ट्रेल पर पैदल यात्रा नहीं करता तो मैं असफल महसूस करूँगा
- अगर मैं पैसिफ़िक क्रेस्ट ट्रेल पूरा कर लूँगा तो बड़े लोग मुझे ज़्यादा पसंद करेंगे
- ईमानदारी से कहूँ तो, मुझे पता ही नहीं कि मैं पैसिफ़िक क्रेस्ट ट्रेल पर पैदल यात्रा क्यों कर रहा हूँ

जब शेल्डन ने डाटा देखा, तो उसने पाया कि व्यावहारिक रूप से सभी पैदल यात्रियों में मैराथन पैदल यात्रा के दौरान आंतरिक प्रेरणा में गिरावट दिखी। यह कोई आश्चर्य की बात नहीं है – जब आप 5 महीनों में बर्फ़ीले इलाक़े में 2,650 मील चल रहे हों, तो हर क़दम का आनंद ले पाना सच में मुश्किल हो ही जाता है।

शेल्डन की बाह्य प्रेरणा के उस रूप में ज़्यादा दिलचस्पी थी, जिसकी ओर पैदल यात्री तब मुड़ते थे, जब उनकी आंतरिक प्रेरणा अनिवार्य रूप से कम हो जाती थी। 2017 तक, कई वैज्ञानिकों को संदेह होने लगा था कि कैटनीस की तरह, अपनी परीक्षाओं की तैयारी के दौरान, विशुद्ध रूप से आंतरिक रूप के अलावा बाह्य प्रेरणा के तीन अलग-अलग रूप थे। वे 'सापेक्ष स्वायत्तता सांतत्य' (या रिलेटिव ऑटोनॉमी कंटीनुअम) नाम के एक स्पेक्ट्रम पर आते हैं :

- **बाहरी प्रेरणा :** 'मैं ऐसा इसलिए कर रहा हूँ, क्योंकि ऐसा करने से बड़े लोग मुझे ज़्यादा पसंद करेंगे और मेरा ज़्यादा सम्मान करेंगे।' जिन लोगों ने इस कथन को ऊँचा दर्जा दिया है, उनमें उच्च बाह्य प्रेरणा है।
- **अंतर्मुखी प्रेरणा :** 'मैं यह इसलिए कर रहा हूँ, क्योंकि अगर मैं ऐसा नहीं करूँगा तो मुझे अपने बारे में बुरा लगेगा या मैं अपराध बोध महसूस करूँगा।' जिन लोगों ने इस कथन को उच्च दर्जा दिया है, उनमें उच्च अंतर्मुखी प्रेरणा है।
- **चिह्नित प्रेरणा :** 'मैं यह इसलिए कर रहा हूँ, क्योंकि मैं सचमुच उस लक्ष्य को अहमियत देता हूँ जिसकी ओर जाने में यह मुझे मदद कर रहा

है।' जिन लोगों ने इस कथन को उच्च दर्जा दिया है, उनमें उच्च चिह्नित प्रेरणा है।

- **आंतरिक प्रेरणा :** 'मैं यह इसलिए कर रहा हूँ, क्योंकि मैं इस प्रक्रिया को अपने आप में एक अंत के रूप में पसंद करता हूँ।' जिन लोगों ने इस कथन को उच्च दर्जा दिया है, उनमें उच्च आंतरिक प्रेरणा है।

हम इन चार रूपों को कम से अधिक स्वायत्तता तक के स्पेक्ट्रम पर अंकित कर सकते हैं।

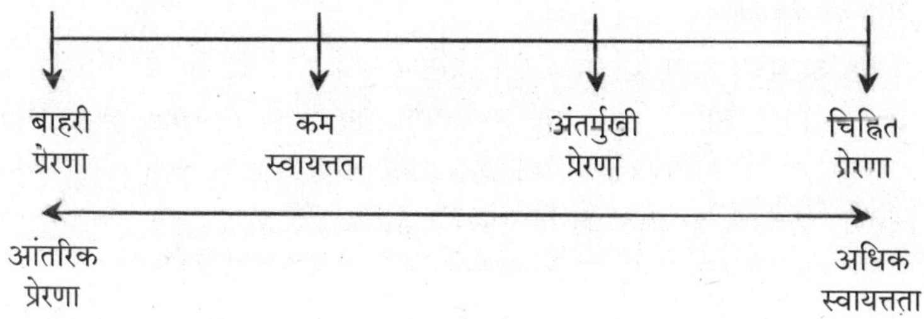

बाहरी प्रेरणा बाह्य प्रेरणा का वह रूप है जो सबसे कम स्वायत्त है; इसमें किसी भी तरह की आंतरिक शक्ति से प्रेरित होने के बजाय, हम दूसरों के विचारों, नियमों और पुरस्कारों से संचालित होते हैं। स्पेक्ट्रम के साथ आगे, चिह्नित प्रेरणा बाह्य प्रेरणा का सबसे स्वायत्त रूप है। भले ही हम इसके साथ जुड़े बाहरी पुरस्कार के लिए कुछ कर रहे हों, लेकिन हम उस पुरस्कार या अंतिम लक्ष्य को बहुत ज़्यादा अहमियत देते हैं, जो मूल्य हमने निर्धारित किया था, दूसरों ने हम पर थोपा नहीं था।

इस फ्रेमवर्क का इस्तेमाल करने के दौरान, शेल्डन ने पैसिफ़िक क्रेस्ट ट्रेल हाइकर्स के बारे में कुछ आकर्षक बात पर ध्यान दिया। उनके प्रदर्शन का सबसे अच्छी भविष्यवक्ता वह विशिष्ट *प्रकार* की बाह्य प्रेरणा थी जिसका उन्होंने उनकी आंतरिक प्रेरणा कम होने की स्थिति में इस्तेमाल किया था। हाइकर्स की प्रेरणा, भलाई और हाइक प्रदर्शन पर जुटाए डाटा का इस्तेमाल करते हुए, उन्होंने दिखाया कि जिन लोगों में अंतर्मुखी और चिह्नित प्रेरणा दोनों का स्तर ऊँचा था, उनके ट्रेल पूरा करने की संभावना कहीं ज़्यादा थी। वे इन बाह्य प्रेरणाओं का इस्तेमाल करने में सफल रहे, जिससे उन्हें कठिनाइयों के बावजूद अपनी प्रगति को बनाए रखने में मदद मिली।

उसी समय, शेल्डन ने 'ख़ुशी' के लिए मनोविज्ञान की शब्दावली– व्यक्तिपरक कल्याण (SWB) के लिए अच्छी तरह से स्थापित परीक्षणों की एक सीरीज का इस्तेमाल करके, प्रत्येक हाइकर से हाइक पर उसके मूड के बारे में पूछा। इसमें उनकी दूसरी दिलचस्प समझ निहित थी : बाहरी प्रेरणा का एकमात्र प्रकार जो ज़्यादा ख़ुशी के साथ मेल खाता था, वह चिह्नित प्रेरणा थी। दूसरे शब्दों में, यह वे पदयात्री थे जिन्होंने अपने काम को अपने वास्तविक मूल्यों के साथ मिलाके ख़ुद को प्रेरित किया, जिन्होंने ना केवल ट्रेल को पूरा किया – बल्कि इसके अंत में वे सबसे अधिक ख़ुश भी महसूस कर रहे थे। शेल्डन ने इस शब्द का तो इस्तेमाल नहीं किया, लेकिन यह कहा जा सकता है कि ये पदयात्री अच्छी प्रोडक्टिविटी का अनुभव कर रहे थे।

यह अध्ययन हमारे बर्नआउट का जोख़िम कम करने के बारे में हमारी अंतिम समझ का संकेत देता है। अब तक हमने पता लगाया है कि बहुत ज़्यादा तनाव लेने से होने वाले ओवरएक्जर्शन बर्नआउट और बहुत अधिक काम करने से पैदा होने वाले डिप्लेशन बर्नआउट से कैसे बचना है। हालाँकि एक तीसरे प्रकार का भी बर्नआउट होता है : जिसे मैं मिसअलाइनमेंट बर्नआउट कहता हूँ।

मिसअलाइनमेंट बर्नआउट उन नकारात्मक भावनाओं से पैदा होता है, जो तब पैदा होती हैं जब हमारे लक्ष्य हमारी आत्म–भावना से मेल नहीं खाते। हमें बुरा महसूस होता है – और इसलिए कम हासिल कर पाते हैं – क्योंकि हम प्रामाणिक रूप से काम नहीं कर रहे होते हैं। इन क्षणों में, हमारा व्यवहार बाहरी ताक़तों से संचालित होता है – हम कौन हैं और क्या कर रहे हैं, के बीच गहरे सरेखण से हम संचालित नहीं होते हैं। यह सरेखण कुछ ऐसा है जो केवल आंतरिक और चिह्नित प्रेरणा से ही मिल सकता है।

इसका समाधान? यह पता लगाना कि आपके लिए असल में क्या मायने रखता है – और अपने व्यवहार को उसके साथ सरेखित करना ही इसका समाधान है।

यह एक रूपांतरकारी विधि है; जो हमें अपने जीवन के बारे में मौलिक रूप से बेहतर महसूस करा सकती है। हम पहले ही यह जान चुके हैं कि हम सभी को ऐसे काम करने पड़ते हैं जो हमें पसंद नहीं होते हैं, और जिनकी अपेक्षा दूसरे लोग हमसे करते हैं। मुझे अपनी कार की सर्विस कराने, या टॉयलेट साफ़ करने, या अपना टैक्स रिटर्न दाखिल करने में कोई ख़ास मज़ा नहीं आता। इन क्षणों में, हम जो काम कर रहे होते हैं, उसका मज़ा नहीं ले सकते हैं – और इससे हमारी ऊर्जा ख़त्म हो सकती है। हालाँकि हम अपने वर्तमान कार्यों को आत्म–भावना के साथ जोड़कर अपनी अच्छी प्रोडक्टिविटी बनाए रख सकते हैं।

दीर्घकालीन क्षितिज

जब बात अपने कार्यों के अपने मूल्यों के साथ मेल कराने या सरेखित करने की आती है, तो दीर्घकालीन दृष्टिकोण के बारे में सोचना काम का हो सकता है। यह दृष्टिकोण सचमुच में दीर्घकालीन दृष्टिकोण होना चाहिए।

उदाहरण के लिए 1994 के लॉस एंजिलिस के भूकंप पर विचार कीजिए। 17 जनवरी 1994 को, 6.7 तीव्रता के भूकंप ने शहर को हिलाकर रख दिया था, जिसमें 57 लोग मारे गए थे और हज़ारों लोग घायल हुए थे। बचे हुए लोगों में भूकंप के केंद्र से मात्र 2 किलोमीटर दूर स्थित सेपुलवेडा वेटरंस अफ़ेयर्स मेडिकल सेंटर (वीएएमसी) के कर्मचारी भी शामिल थे। वह अस्पताल बुरी तरह क्षतिग्रस्त हो गया था और अस्पताल के कई कर्मचारियों के मकान तक नष्ट हो गए थे। केंटकी यूनिवर्सिटी में प्रोफ़ेसर एमिली लिकिंस के नेतृत्व में शोधकर्ताओं के एक समूह ने इस भयावह अनुभव का इस्तेमाल एक सरल अवधारणा का पता लगाने के लिए किया : जब हम मौत के बारे में सोचते हैं, तो हमें ज़िंदगी के बारे में अधिक स्पष्ट दृष्टिकोण मिल जाता है।

जब हम मौत के बारे में सोचते हैं तो हमें ज़िंदगी के बारे में अधिक स्पष्ट दृष्टिकोण मिल जाता है

वैज्ञानिकों ने वीएएमसी के 74 कर्मचारियों से दो प्रश्नावलियाँ भरने को कहा, जिसमें उनसे घटना से पहले और बाद में जीवन के तमाम लक्ष्यों के महत्त्व के बारे में पूछा गया। लक्ष्यों को आंतरिक (जैसे–घनिष्ठ मित्रता और व्यक्तिगत विकास विकसित करना) और बाहरी (जैसे–कैरियर में तरक्की और भौतिक संपदा) में वर्गीकृत किया गया था। वैज्ञानिकों ने प्रतिभागियों से 'भूकंप के दौरान किसी भी समय क्या आपको लगा कि आप मर सकते हैं?' जैसे प्रश्न भी पूछे, ताकि यह पता लगाया जा सके कि प्रतिभागियों ने 'मौत के ख़तरे' का कितना अनुभव किया था।

विश्लेषण से एक स्पष्ट पैटर्न का खुलासा हुआ। भूकंप के बाद, कर्मचारियों ने बताया कि वे बाहरी लक्ष्यों की तुलना में आंतरिक लक्ष्यों को अधिक महत्त्व देते हैं। इसके अलावा, मौत के ख़तरे की उन्होंने जितनी ज़्यादा भावना अनुभव की, आंतरिक लक्ष्यों की ओर उनका बदलाव उतना ही बड़ा था। उदाहरण के लिए–कभी केवल करियर में तरक्की और भौतिक संपदा से प्रेरित रहने वाले एक कर्मचारी ने अब पाया कि वह अपने परिवार और दोस्तों के साथ घनिष्ठ संबंधों को मजबूत

करने में ज़्यादा समय और ऊर्जा लगाने लगा है। पहले बाहरी प्रशंसा के जरिए मान्यता चाहने वाले एक अन्य कर्मचारी ने रचनात्मक काम और व्यक्तिगत विकास के लिए प्रयास करना शुरू कर दिया था।

इससे पता चलता है कि सबसे लंबी अवधि के समय क्षितिज, यानी हमारे जीवन के अंत के बारे में सोचना क्यों सहायक होता है। हम चिह्नित प्रेरणा तब पैदा करते हैं, जब हम अपने लक्ष्यों और कार्यों को सार्थक अस्तित्व की अपनी भावना से जोड़ लेते हैं। समस्या यह है कि अगर आप 50 लोगों से पूछें, 'तुम्हारे लिए सार्थक अस्तित्व क्या है?' तो आपको दो से ही स्पष्ट जवाब मिल जाएँ तो भी आप ख़ुद को भाग्यशाली समझिए।

और यहीं पर वह विधि काम आती है जिसे लॉस एंजिलिस में वैज्ञानिकों ने पहचाना था। अपने जीवन के अंत के बारे में सोचिए। और इसका इस्तेमाल करके यह पुनर्मूल्यांकन कीजिए कि यहाँ और अभी क्या मायने रखता है।

प्रयोग 1 :

प्रशस्ति विधि

सौभाग्य से, आपको अपने जीवन के अंत को ध्यान में रखते हुए आगे बढ़ने के लिए किसी विनाशकारी भूकंप में फँसने की ज़रूरत नहीं है – जैसा कि लेह पेन के मृत्युलेख से पता चलता है।

'जोख़िम में फँसे युवाओं की चैंपियन लेह पेन का 90 वर्ष की आयु में देहांत हुआ था,' उनके जीवन का विवरण इस प्रकार है– 'लेह ने अवसरों की कमी दूर करने के लिए कड़ी मेहनत की।' इसमें उनके समय के कुछ सबसे उल्लेखनीय सरोकारों में उनकी भागीदारी को स्पष्ट रूप से पता चलता है, चाहे वह किसी नवाचारी धर्मार्थ कार्य का नेतृत्व करना हो जिसमें वंचित पृष्ठभूमि के युवाओं को शैक्षिक अवसर मुहैया कराए जाते हों, या यूएस नेवी को अमेरिका भर में वंचित समुदायों को ट्रेनिंग देने की योजना शुरू करने में मदद करना हो। हालाँकि इतने उच्च शक्ति वाले करियर के साथ भी, उन्होंने कभी अपने रिश्ते नहीं भूले। 'एमबीए और सीईओ होने के बावजूद, लेह का पसंदीदा शीर्षक माँ था,' उनके मृत्युलेख में लिखा गया।

उनका जीवन शानदार और 'प्रभावशाली' था। यहाँ कुछ मुद्दे बताए गए हैं। सबसे पहले, पेन ने वास्तव में मृत्युलेख में सूचीबद्ध कोई भी उपलब्धि हासिल नहीं की थी। दूसरा, वे वास्तव में नब्बे वर्ष की उम्र तक जीवित नहीं रही। और तीसरा, वे वास्तव में कभी मरी नहीं थी।

वास्तव में, पेन स्टैनफ़ोर्ड बिज़नेस स्कूल में एक मशहूर पाठ्यक्रम, 'लाइफ़ ऑफ़ कॉन्सिक्वेंस' की छात्रा थीं। प्रोफ़ेसर रॉड क्रेमर नियमित रूप से अपने छात्रों को अपने स्वयं के मृत्युलेख लिखने के लिए कहते हैं, जैसे कि उन्होंने अपनी क्षमतानुसार कोई आदर्श जीवन जिया हो – और फिर उसका अंत हो गया हो। 'इस पाठ्यक्रम का लक्ष्य आपके जीवन और दुनिया पर इसके संभावित प्रभाव के बारे में सोचने के तरीक़े को बदलना है,' विवरण में लिखा है। पेन समेत कई लोगों के लिए, यह रूपांतरकारी था। 'इसने मुझे रुकने और यह पूछने के लिए मजबूर किया कि क्या मैं अपने प्रियजनों को पर्याप्त समय दे रही हूँ? या मैं अपने करियर की दौड़ में बहुत ज़्यादा उलझी हुई हूँ?' उन्होंने बाद में लिखा था। मौत पर चिंतन करने से यह पता चलता है कि जीना कैसे है।

मैंने अक्सर ख़ुद भी इसी तरह का तरीक़ा अपनाया है। मैं इसे 'प्रशस्ति पद्धति' कहता हूँ। मेरा ज़ोर आपके मृत्युलेख पर नहीं, बल्कि आपके अंतिम संस्कार पर ध्यान लगाना है। बस अपने आप से पूछिए : 'मेरे अंतिम संस्कार में लोग क्या कहेंगे, जो मुझे अच्छा लगेगा?' सोचिए कि आप अपने परिवार के सदस्य, क़रीबी दोस्त, दूर के रिश्तेदार, सहकर्मी से अपने अंतिम संस्कार में क्या कहलवाना चाहेंगे।

दूसरे लोगों के दृष्टिकोण से 'मैं किस बात को महत्त्व देता हूँ?' के प्रश्न पर विचार करने में यह विधि हमारी मदद करती है। आपके अंतिम संस्कार में, आपके सहकर्मियों के भी यह कहने की संभावना नहीं है कि, 'उसने हमें कई मिलियन डॉलर के सौदे करने में सहायता की।' वे यही बात करेंगे कि आप कैसे इंसान थे – आपके रिश्ते, आपके चरित्र, आपके शौक की चर्चा करेंगे। और वे दुनिया पर आपके सकारात्मक प्रभाव की बात करेंगे, ना कि इस बारे में कि आपने अपने नियोक्ता के लिए कितना पैसा कमाया।

अब आपने जो सीखा है, उसे आज अपनी ज़िंदगी में लागू कीजिए। अपनी वो ज़िंदगी जो आप चाहते हैं कि कुछ दशकों बाद लोग आपके लिए याद रखें, उसको अभी की ज़िंदगी के लिए क्या मतलब है? तो इस ख़ुशनुमा जगह से शुरुआत करने के बाद, आइए कुछ घर के क़रीब चलते हैं।

प्रयोग 2 :

ओडिसी प्लान

1990 के दशक की शुरुआत में, बिल बर्नेट ने एपल में कई साल नौकरी की थी। उनकी मशहूर होने का दावा हमेशा यही रहता था कि उन्होंने पहले एपल माउस डिज़ाइन करने में मदद की थी। हालाँकि असल में बर्नेट ने दर्जनों अलग-अलग

परियोजनाओं पर काम किया था, और जल्द ही वे डिज़ाइन टीम का अभिन्न अंग बन गए थे। इसी अवधि के दौरान उन्होंने अच्छे डिज़ाइन और मानवीय ज़रूरतों के बीच के संबंधों की गहरी समझ विकसित करना शुरू किया था।

एक दिन उनके मन में एक आकर्षक विचार आया। दुनिया का सबसे बेहतरीन हार्डवेयर डिजाइन करने के लिए उन्होंने जिन उपकरणों का इस्तेमाल किया था, क्या उन्हें इंसानी ज़िंदगी में भी लागू किया जा सकता है?

अगले कुछ सालों में, बर्नेट ज़्यादा ख़ुशहाल, और ज़्यादा संतुष्टिदायक अस्तित्व को गढ़ने के लिए एक नई विधि लेकर आए; जिसे उन्होंने 'डिज़ाइन योर लाइफ़' बताया । व्यक्तिगत विकास में डिजाइन की सोच लागू करके, बर्नेट ने सोचा कि वे लोगों को ऐसे तरीक़े से जीने में सहायता कर सकते हैं जो ज़्यादा सच्चे और ज़्यादा प्रामाणिक हों। यही वह दृष्टिकोण था जो आख़िरकार स्टैनफ़ोर्ड यूनिवर्सिटी में 'डिज़ाइन योर लाइफ़' पाठ्यक्रम का आधार बना।

जब मैंने पहली बार 'डिज़ाइन योर लाइफ़' विधि की खोज की, तो यह किसी रहस्योद्घाटन की तरह था। उस समय तक मुझे प्रसूति तथा स्त्री रोगों के जूनियर डॉक्टर के रूप में काम करते हुए दूसरे साल के कुछ ही महीने हुए थे, और मुझे कुछ फँसा हुआ महसूस हो रहा था। मुझे स्पष्ट रूप से पता था कि मैं कौन हूँ। मुझे पता था कि मुझे डॉक्टरी में आनंद आता है, मुझे मेडिकल छात्रों को पढ़ाना पसंद है, मेरे पास दोस्तों का एक छोटा लेकिन क़रीबी दायरा था और मुझे शनिवार की सुबह कैंब्रिज के टाउन सेंटर में अपनी पसंदीदा कॉफ़ी शॉप जाना पसंद था। हालाँकि मैं ज़िंदगी से जो चाहता था, वह मुझे नहीं मिल पा रहा था।

तभी एक मित्र ने मुझे *डिज़ाइन योर लाइफ़* नाम की पुस्तक में बताए एक विशेष अभ्यास के बारे में बताया। इससे मेरे अस्पष्ट विचारों को साक्ष्य से समर्थित स्पष्ट तसवीर में बदलने की बात थी। इस दृष्टिकोण को 'ओडिसी प्लान' कहा जाता था।

अभ्यास के केंद्र में एक आसान प्रश्न था : आप पाँच साल बाद अपने जीवन को कैसा देखना चाहते हैं? मैंने सोचा कि इसमें तो कुछ भी विशेष नहीं है; जिस किसी ने भी कभी मध्यम-मार्ग वाली नौकरियों के लिए साक्षात्कार दिया होगा, उसने इसका उत्तर सोचा ही होगा। हालाँकि बर्नेट की डिज़ाइन मानसिकता इस प्रश्न का जवाब देने का एक असामान्य तरीक़ा मुहैया कराती है। वे आपको नीचे बताए बिंदुओं पर विचार करने के लिए आमंत्रित करते हैं :

- **आपका वर्तमान मार्ग :** विस्तार से लिखिए कि अगर आप अपने वर्तमान मार्ग पर चलते रहे तो आज से पाँच साल बाद आपका जीवन कैसा होगा।

- **आपका वैकल्पिक मार्ग :** विस्तार से लिखिए कि अगर आप कोई बिलकुल अलग मार्ग अपना लें तो आज से पाँच साल बाद आपका जीवन कैसा होगा।
- **आपका क्रांतिकारी मार्ग :** विस्तार से लिखिए कि अगर आप कोई ऐसा बिलकुल अलग मार्ग अपनाएँ जहाँ धन, सामाजिक ज़िम्मेदारियाँ और लोगों की राय, ये सब अप्रासंगिक हों तो आज से पाँच साल बाद आपका जीवन कैसा होगा।

ओडिसी प्लान

आपका वर्तमान मार्ग   आपका वैकल्पिक मार्ग   आपका क्रांतिकारी मार्ग

मुद्दा यह नहीं है कि इनमें से कोई एक भविष्य वास्तव में आपकी 'ठोस योजना' है (जब जीवन नियोजन की बात आती है तो ठोस योजना का अभाव स्पष्ट दिखाई देता है)। मुद्दा तो संभावनाओं के लिए अपने दिमाग़ को खोलने का है।

कुछ लोगों के लिए, पहला विकल्प वह होता है जिसे वे सच में, प्रामाणिक रूप से अपनाना चाहते हैं। अगर आप भी ऐसा ही सोचते हैं, तो अच्छी बात है; आप पहले से ही अपने भविष्य के साथ जुड़े हुए हैं। हालाँकि कई लोगों के लिए, यह अहसास कराने में सहायता करता है कि आप जिस रास्ते पर चल रहे हैं, वह रास्ता दरअसल वह नहीं है जिसे आप सच में चाहते हैं।

मेरे मामले में, ओडिसी प्लान लिखने से मुझे अहसास हुआ कि फुलटाइम डॉक्टर बनने के जिस जीवन मार्ग पर मैं था – वह अब मुझे उत्साहित नहीं कर रहा था। मेरा वर्तमान मार्ग 'ब्रिटेन में एनेस्थिसियोलॉजी रेजीडेंसी प्रोग्राम में ट्रेनिंग' जैसे पड़ावों से भरा था। इसे लिखा हुआ देखकर मुझे अहसास हुआ कि मैंने कई साल पहले इस रास्ते पर चलना शुरू जरूर किया था, लेकिन अब मेरे अंदर कुछ बदल चुका है – और ये बदलाव इस हद तक है कि यह भविष्य अब मुझे ऊर्जाकारी नहीं लगता है।

और इसलिए मैंने अपना मार्ग बदल ही लिया। ओडिसी प्लान ने मुझे मेडिकल कंसल्टेंट बनने के रास्ते पर चलने के बजाय अपना बिजनेस बढ़ाने पर ध्यान देने के लिए प्रेरित किया। आज भी, जब भी मुझे कोई बड़ा निर्णय लेना होता है, तो मैं

यही अभ्यास दोहराता हूँ। आगे के रास्तों की रूपरेखा बनाकर, आप यह पता लगा सकते हैं कि आप वास्तव में कौन-सा रास्ता अपनाना चाहते हैं।

मध्यावधि क्षितिज

दीर्घावधि क्षितिज के बारे में सोचना यह पता लगाने का बहुत अच्छा उपाय है कि हम अमूर्त रूप में किसे महत्त्व देते हैं। हालाँकि यह थोड़ा अस्पष्ट-सा लग सकता है। आख़िरकार, अगर आप अपने बीसवें या तीसवें दशक में हैं, तो (उम्मीद है) आधी सदी के समय में आपकी प्रशस्ति दूर की बात लग सकती है। आप इन अमूर्त जीवन योजनाओं को मान लीजिए, अगले साल में कैसे जीना है, इसके लिए कोई सुसंगत रणनीति में कैसे बदलते हैं?

इसका जवाब एक सरल तरीक़े से मिलता है जिसे वैज्ञानिक 'मूल्यों का पुष्टि हस्तक्षेप' कहते हैं। यह आपके मूल व्यक्तिगत मूल्यों को अभी पहचानने और उन पर लगातार चिंतन करने के लिए प्रयोग किया जाने वाला वैज्ञानिक शब्द है। पिछले भाग में, हमने कुछ आदर्श जीवन योजनाओं का खाका खींचा ही था। इन मूल्य पुष्टियों के साथ, हम उन्हें अगले साल में क्या करने की योजना बना रहे हैं, इसके बारे में ठोस विचारों के समूह में बदल सकते हैं।

ये हस्तक्षेप विशेष रूप से तब पावरफुल होते हैं, जब आपको लंबे समय में अपने इच्छित लक्ष्य हासिल करने की अपनी क्षमता पर आत्मविश्वास कम होता है। *साइंस* जर्नल में प्रकाशित एक शोधपत्र में, मनोवैज्ञानिकों के एक समूह ने भौतिकी में लैंगिक उपलब्धि अंतर को कम करने के लिए मूल्य पुष्टि हस्तक्षेप का इस्तेमाल किया, जो कि पुरुषों के भारी वर्चस्व वाला विषय है। अकीरा मियाके और उनके सहयोगियों ने कक्षा के जिन 400 छात्र-छात्राओं की भर्ती की, उनमें छात्राओं ने छात्रों की तुलना में कमज़ोर प्रदर्शन किया। उनका यह भी मानना था कि भौतिकी के लिए छात्र, छात्राओं की तुलना में अधिक उपयुक्त हैं।

मियाके का हस्तक्षेप एक शानदार मूल्य पुष्टिकरण अभ्यास था। प्रत्येक विद्यार्थी को बारह संभावित मूल्यों की एक सूची दिखाई गई थी :

1. आर्ट में अच्छा होना
2. रचनात्मकता
3. परिवार और दोस्तों के साथ संबंध
4. सरकार या राजनीति
5. स्वतंत्रता

6. सीखना और ज्ञान अर्जित करना
7. एथलेटिक क्षमता
8. किसी सामाजिक समूह से जुड़ाव (मसलन, आपका समुदाय, नस्लीय समूह या स्कूल क्लब)
9. संगीत
10. करियर
11. आध्यात्मिक या धार्मिक मूल्य
12. हास्य बोध

आधे विद्यार्थियों से यह लिखने को कहा गया कि उनके लिए कौन से तीन मूल्य सबसे अहम हैं, और उन्हें चुनने का कारण क्या है। बाक़ी आधे विद्यार्थियों से उन तीन मूल्यों को चुनने को कहा गया जो उनके लिए सबसे कम अहम थे, और उन्हें यह भी बताना था कि वे किसी और के लिए क्यों अहम हो सकते हैं। इस सरल लेखन अभ्यास का उनकी मध्यावधि परीक्षा पर बहुत बड़ा प्रभाव पड़ा : इस हस्तक्षेप से परीक्षा के अंकों में लिंग अंतर काफ़ी कम हो गया और छात्राओं के प्रदर्शन में सुधार दिखा। ख़ासकर उन छात्राओं में सुधार दिखा जो इस ढर्रे को मानती थीं कि भौतिकी में छात्राओं की तुलना में छात्र ही बेहतर प्रदर्शन करते हैं।

क्यों? इसकी एक संभावित व्याख्या यह है कि अपने मूल्यों की पुष्टि करके, ये छात्राएँ यह याद रखने में सक्षम थीं कि उनके लिए सबसे ज़्यादा महत्त्व किस बात का है, और परीक्षा के दौरान भी वे इसे ध्यान में रखती थीं।

मूल्य पुष्टिकरण से हमारे सबसे अमूर्त आदर्श वास्तविक बन जाते हैं। और इस तरह से वे हमारा आत्मविश्वास भी बढ़ाते हैं

तो मूल्य पुष्टिकरण से हमारे सबसे अमूर्त आदर्श वास्तविक बन जाते हैं। और इस तरह से वे हमारे आत्मविश्वास को भी बढ़ाते हैं। सवाल एकमात्र यह है कि इन मूल्यों को पाया कैसे जाए – और इनका इस्तेमाल कैसे किया जाए।

प्रयोग 3 :

जीवन चक्र

मैंने पहली बार मेडिकल स्कूल में अपने फ़ाइनल इयर में मूल्य पुष्टिकरणों के बारे में सोचा था। मुझे याद है कि मैं एक तपती गर्मी के दिन में तंग और उमस भरे लेक्चर

थिएटर में बैठा था, और कुछ असंतुष्ट महसूस कर रहा था। यह ख़ुशी मनाने का समय होना चाहिए था, क्योंकि मेरे पाँचवें वर्ष की परीक्षाएँ ख़त्म हो चुकी थीं, और कमरे में मौजूद सभी लोग 'मेडिकल इलेक्टिव' के लिए अलग-अलग देशों में जाने वाले थे, जो कि दो महीने की प्लेसमेंट थी जिसमें हमें दुनिया में कहीं भी मेडिकल अनुभव पाने का मौक़ा मिलना था। मेरे दोस्त बेन तथा ओलिविया और मैं अगले सप्ताह कंबोडिया के नोम पेन्ह में चिल्ड्रन सर्जिकल सेंटर के लिए फ़्लाइट पकड़ने वाला था।

हालाँकि पहले, हमें एक और सप्ताह के लिए कुछ अतिरिक्त लेक्चर झेलने थे, जिनमें 'सफल डॉक्टर कैसे बनें' नाम का लेक्चर भी शामिल था। यह थोड़ा ज़्यादा हो रहा था। मेरा मतलब था कि पिछले पाँच सालों से हम यही तो सीख रहे थे? तो कल्पना कीजिए कि मुझे कितना आश्चर्य हुआ जब हमारे ट्यूटर डॉ. लिलीक्रैप ने बताया कि यह सत्र चिकित्सा प्रशासन की आनंद के बारे में नहीं है; बल्कि इस बारे में है कि हम अपने लिए 'सफलता' को परिभाषित करना कैसे सीखें।

डॉ. लिलीक्रैप ने बताया कि बहुत से मेडिकल छात्र-छात्राओं के लिए, 'सफलता' अक्सर अकादमिक प्रशंसा और आकर्षक नौकरी जैसी उपाधियों तक सीमित होती है। उन्होंने जोर देकर कहा कि सफलता का मतलब इससे कहीं ज़्यादा है। और फिर उन्होंने एक सरल अभ्यास 'जीवन का चक्र' के लिए कुछ काग़ज बाँटने शुरू कर दिए।

डॉ. लिलीक्रैप ने बताया कि जीवन चक्र एक कोचिंग फ्रेमवर्क है जिसका इस्तेमाल हम अपने लिए सफलता को परिभाषित करने में कर सकते हैं। आप एक वृत्त बनाकर उसे नौ खंडों में विभाजित करके शुरू कीजिए। चक्र के प्रत्येक तीली के किनारों पर, आप अपने जीवन के प्रमुख क्षेत्रों को लिखिए। नीचे वे क्षेत्र बताए गए हैं जिन्हें डॉ. लिलीक्रैप ने शुरुआती बिंदु के रूप में सुझाया था। हालाँकि आप अपने ख़ुद के भी क्षेत्र बना सकते हैं। हमारे पास स्वास्थ्य के लिए तीन हैं (शरीर, मन और आत्मा); काम के लिए तीन (मिशन, धन, विकास) और रिश्तों के लिए तीन (परिवार, रोमांस, दोस्त) क्षेत्र हैं।

इसके बाद, आप यह आकलन कीजिए कि आप अपने जीवन के प्रत्येक क्षेत्र में कितना मेल महसूस करते हैं। अपने आप से पूछिए : 'मुझे किस हद तक लगता है कि मेरे वर्तमान कार्य मेरे व्यक्तिगत मूल्यों के साथ मेल खाते हैं?' और उसके हिसाब से संबंधित खंड को रंग दीजिए - अगर आप संतुष्ट महसूस करते हैं, तो इसे पूरी तरह से रंग दीजिए; अगर आप पूरी तरह से असंतुष्ट महसूस करते हैं, तो इसे ख़ाली छोड़ दीजिए।

मुझे अपने जीवन चक्र ने कुछ रोचक समझ मिली। मैंने दूरस्थ संरचित तरीक़े से यह पहली बार सोचा था कि मैं जीवन से असल में चाहता क्या हूँ। मेरा हमेशा एक अस्पष्ट लक्ष्य था कि मैं डॉक्टर बनूँ जो कुछ तकनीकी काम भी करता हो, लेकिन जीवन-चक्र ने मुझे ज़िंदगी के बारे में अधिक रणनीतिक रूप से सोचने के लिए शब्द मुहैया कराए।

जीवन चक्र

मेरे तीन सबसे कम-सरेखित क्षेत्र रोमांस (रिश्तों का हिस्सा), शरीर (स्वास्थ्य का हिस्सा) और मिशन (काम का हिस्सा) थे। और इससे मैं कुछ करने के लिए प्रेरित हुआ। मैंने डेटिंग शुरू कर दी। मैंने व्यायाम करना शुरू कर दिया। और मैंने अपना बिज़नेस शुरू करने के बारे में गंभीरता से सोचना शुरू कर दिया। वास्तव में, मैंने कंबोडिया में उस सेकंडमेंट पर अपना पहला वीडियो रिकॉर्ड भी कर लिया। कुछ ही मिनटों में, जीवन चक्र ने मुझे यह स्पष्टता दे दी कि मैं किस चीज़ को सबसे ज़्यादा महत्त्व देता हूँ।

प्रयोग 4 :

12–माह का जश्न

जीवन–चक्र कुछ हद तक यह बताता है कि अपने मूल्यों को सुसंगत उद्देश्यों में कैसे बदला जाए। इसी ने मुझे वह पहला वीडियो पोस्ट करने के लिए प्रेरित किया। इसने मेरे कम से कम दो सहपाठियों को पूरी तरह से डॉक्टरी की लाइन छोड़ने के लिए प्रेरित किया (जो शायद डॉ. लिलीक्रैप का इरादा था नहीं)।

हालाँकि यह अभी भी दूर की बात है : अभी तो हम विशिष्ट चरणों के बजाय अमूर्त मूल्यों की बात कर रहे हैं। यहीं पर हमारी अगली विधि आती है : '12 महीने का जश्न'। सपनों को कार्यों में बदलने का यह तरीक़ा मेरा पसंदीदा है। यह आइडिया सरल है। कल्पना कीजिए कि अब से बारह महीने बाद आप अपने सबसे अच्छे दोस्त के साथ डिनर कर रहे हैं। आप इस बात का जश्न मना रहे हैं कि पिछले साल आपने जीवन के उन क्षेत्रों में काफ़ी प्रगति की है जो आपके लिए अहम हैं।

जीवन–चक्र में आपने जिन मूल्यों की पहचान की है, उन पर फिर से नज़र डालिए। अब, लिखिए कि आप अपने सबसे अच्छे दोस्त को उनमें से प्रत्येक में अपनी प्रगति के बारे में क्या बताना चाहेंगे।

श्रेणी	जश्न
स्वास्थ्य	**शरीर :** *पिछले 12 महीनों में, मैंने एक वर्कआउट की दिनचर्या बना ली है जो मेरी जीवनशैली और प्राथमिकताओं के हिसाब से है और मैंने अपना 15 पाउंड वज़न घटा लिया है।* **मन :** *पिछले 12 महीनों में, मैंने थेरेपी शुरू करके अपने मानसिक स्वास्थ्य को प्राथमिकता दी है। इससे मुझे ज़्यादा आत्म–जागरूक बनने और तनाव को ज़्यादा प्रभावी ढंग से सँभालने में सहायता की है।* **आत्मा :** *पिछले 12 महीनों में, मैंने ख़ुद को दैनिक ध्यान अभ्यास के लिए प्रतिबद्ध किया है और एक आध्यात्मिक रिट्रीट में भाग लिया है।*

कार्य	**मिशन :** *पिछले 12 महीनों में, मैं एक नई नौकरी पाने में सफल रहा हूँ जो मेरी ताक़त के हिसाब की है, जिससे मेरा काम ज़्यादा संतुष्टिदायक और आनंददायक बन गया है।* **धन :** *पिछले 12 महीनों में, मैंने अपने स्टूडेंट लोन का बड़ा हिस्सा चुका दिया है और मकान के डाउन पेमेंट के लिए बचत करना शुरू कर दिया है।* **विकास :** *पिछले 12 महीनों में, मैंने एक ऑनलाइन कोर्स पूरा किया है जिससे मेरे कौशल में बढ़ोतरी हुई है और मैं रोज़गार के ज़्यादा क़ाबिल बना हूँ।*
रिश्ते	**परिवार :** *पिछले 12 महीनों में, मैंने नियमित रूप से मिलने और फ़ोन करने का शेड्यूल बनाकर अपने परिवार के लिए ज़्यादा समय निकाला है।* **रोमांस :** *पिछले 12 महीनों में, मैंने अपने साथी के साथ ज़्यादा खुली बातचीत करके अपने रिश्ते को मजबूत किया है।* **दोस्त :** *पिछले 12 महीनों में, मैंने नियमित रूप से पुराने दोस्तों से फिर से जुड़ने और नए कनेक्शन बनाने का प्रयास किया है, जिससे मेरा ज़्यादा विविधतापूर्ण और सहायक सामाजिक दायरा बना है।*

इसे अध्याय 4 में क्रिस्टल बॉल विधि के कम निराशावादी संस्करण के रूप में समझिए (पृष्ठ 125 देखिए)। वहाँ, ध्यान इस बात पर था कि सब कुछ कैसे ग़लत हो जाता है। जबकि यहाँ, ध्यान इस बात पर है कि सब कुछ कैसे सही हो जाता है। अपने आप से पूछिए : 'अगर मुझे 12 महीने जश्न मनाना है, तो मुझे उस स्थिति तक पहुँचने के लिए, अगले साल क्या करना होगा? और उसका पहला क़दम क्या है : सड़क के किनारे उस जिम में शामिल होना? अपनी सीवी बेहतर बनाना? डायरी में अपनी माँ के साथ साप्ताहिक बातचीत लिखना?

अचानक, आपके मूल्य अब दूर के भविष्य के नहीं रह जाते हैं। वे उन कदमों के बारे में हैं जिन्हें आप आने वाले महीनों में उठाने वाले हैं।

अल्पावधि क्षितिज

कुछ लोगों के लिए, अपने लक्ष्यों को अपने जीवन के साथ मेल कराने के ये क़दम अब भी बहुत दूर लग सकते हैं। आप अगले साल कौन होंगे, यह अब भी बहुत दूर की बात लग सकती है। आपको अपने व्यवहार को अभी, आज ही सरेखित करने का तरीक़ा खोजने की ज़रूरत है।

यहाँ, हमारा लक्ष्य प्रतिदिन ऐसे फ़ैसले लेना है जो हमारी आत्म-भावना के साथ मेल खाते हों। यह हमें केवल सहज महसूस ही नहीं कराता, यह फ़ील-गुड प्रोडक्टिविटी के सबसे पावरफुल प्रेरकों में से एक है। एक अध्ययन में, न्यूज़ीलैंड की वाइकाटो यूनिवर्सिटी की अन्ना सटन ने प्रामाणिक रूप से दिन-प्रतिदिन जीने और समग्र कल्याण के बीच के संबंधों का पता लगाने के लिए 36,000 से अधिक डाटा बिंदुओं से बने 51 अध्ययनों को उलटा-पलटा। उनके निष्कर्षों ने ना केवल प्रामाणिकता और कल्याण के बीच सकारात्मक संबंध दिखाया, बल्कि प्रामाणिकता और जिसे उन्होंने 'संलग्नता' कहा, उसके बीच भी सकारात्मक संबंध दिखाया। यह खोज आश्चर्यजनक थी। जब लोग ऐसे फ़ैसले लेते हैं जो उनके व्यक्तिगत मूल्यों और आत्म-भावना के साथ मेल खाते हैं, तो वे केवल ख़ुश नहीं होते; बल्कि वे अपने सामने मौजूद कार्यों में ज़्यादा डूबते भी हैं।

इस तरह से सरेखण के अंतिम घटक में मानसिकता में बदलाव भी शामिल है : जीवन और वर्षों के स्तर पर अपने मूल्यों के बारे में सोचने से लेकर दैनिक विकल्पों के स्तर पर अपने मूल्यों के बारे में सोचना शामिल है।

सवाल यह है कि ये कैसे हो। हम सभी हर दिन ऐसे फ़ैसले लेते हैं, जो हमें अपने मूल्यों से दूर ले जाते हैं। जो इंसान स्वतंत्रता को महत्त्व देता है, वह अपने शेयरों के निहित होने के इंतजार में किसी नियंत्रित नौकरी में बना रहता है। घनिष्ठ संबंधों को महत्त्व देने वाला इंसान अपना ज़्यादातर समय काम करने में बिताता रहता है और परिवार तथा दोस्तों के साथ समय बिताने की अनदेखी करता है। ये ऐसे उदाहरण हैं जिनमें दैनिक फ़ैसले हमारी सबसे प्रबल इच्छा के मुताबिक़ नहीं होते हैं।

सही साधनों की मदद से, हम ख़ुद को सूक्ष्मता से उन चीज़ों की ओर मोड़ सकते हैं जो सबसे अधिक मायने रखती हैं।

हालाँकि सही साधनों की मदद से, हम ख़ुद को उन चीज़ों की ओर वापस मोड़ सकते हैं जो सबसे ज़्यादा मायने रखती हैं, और बदले में अपनी प्रोडक्टिविटी को लंबे समय तक बनाए रख सकते हैं (और अपने जीवन को समृद्ध बना सकते हैं)।

प्रयोग 5 :

सरेखण की तीन खोजें

दिन-प्रतिदिन के फ़ैसलों में दीर्घावधि के मूल्यों को शामिल करने का मेरा पसंदीदा तरीक़ा एक साधारण तथ्य पर आधारित है : अल्पावधि लक्ष्यों को पाना दीर्घावधि लक्ष्यों को पाने की तुलना में काफ़ी आसान लगता है।

यह कुछ ऐसा है जिसे मनोवैज्ञानिक दशकों से समझते आ रहे हैं। एक प्रसिद्ध अध्ययन में, शोधकर्ताओं ने सात से दस साल के बच्चों का एक समूह लिया जिन्हें गणित में कठिनाई होती थी। उन बच्चों से आने वाले दिनों के लिए अपने लिए लक्ष्य निर्धारित करने को कहा गया। उन्हें दो समूहों में बाँटा गया और प्रत्येक को एक अलग संकेत दिया गया। पहले समूह को आने वाले सात सत्रों में से प्रत्येक में गणित के सवालों के छह पेजों का लक्ष्य रखने को कहा गया; दूसरे समूह को सभी सत्रों के अंत तक केवल बयालीस पेजों के सवालों का लक्ष्य रखने को कहा गया।

निस्संदेह, लक्ष्यों के ये दो सेट एक ही बात को कहने के अलग-अलग तरीक़े हैं - प्रत्येक मामले में, बच्चों ने सभी बयालीस पेज पूरे कर लिए। और फिर भी दूर के लक्ष्य की तुलना में तत्काल लक्ष्य पर ध्यान केंद्रित करने के प्रभाव काफ़ी अहम थे। जिन बच्चों को 'निकटतम' लक्ष्य दिया गया था, उन्होंने ना केवल बेहतर प्रदर्शन किया; बल्कि उन्होंने दूसरे बच्चों से दुगुना अच्छा प्रदर्शन किया, दूसरे समूह के 40 प्रतिशत के मुकाबले 80 प्रतिशत सवालों को सही ढंग से हल किया। इसके अलावा, वे ज़्यादा आत्मविश्वासी भी महसूस करने लगे थे- फ़ील गुड करने के लिए यह हमारे सबसे अहम तरीक़ों में शामिल है। संगठनात्मक मनोवैज्ञानिक ताशा यूरिच ने संक्षेप में कहा भी, 'निकटतम लक्ष्यों ने ना केवल इन बच्चों को सवाल हल करने में मदद की - बल्कि उनके गणित को देखने के तरीक़े भी बदल गए।'

इसका आपके मूल्यों को जीने से क्या वास्ता है? देखिए, यह हम अभी जहाँ हैं और जहाँ हम होना चाहते हैं, के बीच की दूरी को मिटाने में मदद करता है।

12 महीने के जश्न का विचार थोड़ा कठिन लग सकता है। मैं अक्सर अपने मूल्यों के मुताबिक़ एक दिन भी जीने की बात हो तो संघर्ष करता हूँ, फिर पूरे साल की तो बात ही अलग है। हालाँकि यहीं पर उन गणितीय सोच वाले बच्चों की पुस्तक से मदद मिलती है। हर सुबह, आने वाले दिन के लिए बस तीन क्रियाएँ चुनिए जो आपको एक साल की अवधि में जहाँ आप होना चाहते हैं, उसके एक छोटे क़दम क़रीब ले जाएँगी।

व्यक्तिगत रूप से, मैंने अपने 12 महीने के जश्न को गूगल डॉक में सेव कर रखा है, और अपने कंप्यूटर के वेब ब्राउजर पर बुकमार्क किया है। जब भी मैं काम शुरू करने के लिए बैठता हूँ, तो मैं उस गूगल डॉक को खोलता हूँ और अपने आपको याद दिलाने के लिए उसकी पड़ताल करता हूँ कि मेरा 12 महीने का जश्न कैसा दिखता है। फिर, स्वास्थ्य, कार्य और रिश्तों के प्रत्येक क्षेत्र के तहत, मैं ध्यान केंद्रित करने के लिए एक उपश्रेणी चुनता हूँ। आज सुबह मेरी तीन सरेखण खोजें कैसी दिखीं, इसके बारे में नीचे बताया गया है :

- H – जिम सत्र 15.30–16:30
- W – अध्याय 9 लिखने में प्रगति
- R – दादी को कॉल करना

यह तरीक़ा केवल मेरे जैसे फ़िटनेस के दीवाने/लेखक/दादी के लाड़लों के लिए ही काम नहीं करता है। मान लीजिए कि आप कोई कॉलेज–छात्र हैं और अपने ग्रेड में सुधार करना चाहते हैं, अपनी फ़िटनेस बनाए रखना चाहते हैं और अपनी दोस्ती को मजबूत करना चाहते हैं। दिन के लिए आपके तीन सरेखण कार्य इस प्रकार हो सकते हैं :

- H – कक्षा के बाद 30 मिनट की दौड़ के लिए जाएँ
- W – कल की परीक्षा के लिए एक अतिरिक्त घंटा अध्ययन में लगाएँ
- R – अध्ययन सत्र के बाद कॉफ़ी पीते हुए कैथरीन से बातचीत करें

अथवा, आप एक कामकाजी माता–पिता हैं, जो अपनी नौकरी, अपने स्वास्थ्य और अपने पारिवारिक जीवन की मांगों को पूरा कर रहे हैं। आपके सरेखण कार्यों में शामिल हो सकते हैं :

- H – अपने लंच ब्रेक के दौरान 15 मिनट की सैर
- W – लंच के समय तक प्रोजेक्ट प्रस्ताव का मसौदा पूरा करना
- R – परिवार के लिए एक हेल्दी डिनर पकाना और साथ में क्वालिटी टाइम बिताना

इस नज़रिए का फ़ायदा यह होता है कि यह 12 महीने के विशाल उद्देश्य के आतंक–उत्प्रेरण पैमाने को कम कर देता है। पूरे साल के बजाय तत्काल, अल्पावधि के क़दमों पर ध्यान लगाकर – आप अपने मूल्यों को तत्काल और हासिल करने योग्य बना लेते हैं।

प्रयोग 6 :

सरेखण के प्रयोग

जब मैंने एक दशक पहले फ़ील–गुड प्रोडक्टिविटी पर रिसर्च शुरू की थी, तो सबसे शक्तिशाली रहस्योद्घाटन कोई एक अध्ययन या समझ नहीं थी। वह तो एक विधि थी। यह सब कुछ तब शुरू हुआ जब मैंने ख़ुशी, संतुष्टि और प्रोडक्टिविटी के सवालों पर मेडिकल स्कूल में सिखाए जा रही वैज्ञानिक सोच के तरीक़े को लागू किया।

तो मेरा अंतिम अभ्यास हमें पूर्ण चक्र में ले आता है, और इसमें किसी वैज्ञानिक की तरह प्रोडक्टिविटी के बारे में सोचने के बारे में सीखना शामिल होता है। जो आपको अर्थ देता है उसके साथ प्रयोग करना शामिल होता है। और उन प्रयोगों का इस्तेमाल करके हर घंटे अपने लिए जाने वाले फ़ैसलों के बारे में सूचित करना शामिल होता है।

'सरेखण प्रयोग' आपको उन सिद्धांतों का परीक्षण करने में मदद कर सकते हैं जो आपको अपने दिन–प्रतिदिन के फ़ैसले लेने में सरेखण के क़रीब ला सकते हैं। यह प्रक्रिया तीन चरणों की होती है।

सबसे पहले, अपने जीवन के उस क्षेत्र की पहचान कीजिए जिसमें आपके कार्य ख़ासतौर पर अधूरे लगते हैं। आपकी प्रशस्ति पद्धति, ओडिसी प्लान और जीवन–चक्र अभ्यास के नतीजों ने इसमें सहायता की होगी। हालाँकि उन अभ्यासों के बिना भी, आप अपने जीवन के एक या अधिक क्षेत्रों में ग़लत सरेखण की भावना महसूस कर सकते हैं, चाहे वह आपकी नौकरी हो, या आपके रिश्ते हों, या आपके शौक हों। इस बारे में सोचिए – क्या आपको कहीं ऐसा महसूस होता है कि सब कुछ ठीक नहीं चल रहा है?

किसी ऐसे वकील के बारे में सोचिए जिसने कॉरपोरेट की सीढ़ी चढ़ने में कई साल लगाए, लेकिन उसे अहसास हुआ है कि लंबे घंटे और ज़्यादा तनाव वाला परिवेश उसके निजी जीवन पर भारी पड़ रहा है। उसके लिए, सरेखण प्रयोग में ऐसी वैकल्पिक कार्य व्यवस्था की खोज करना शामिल हो सकता है जो उसके मूल्यों के साथ बेहतर ढंग से मेल खाती हो। या फिर किसी कॉलेज-छात्र के बारे में सोचिए जिसने अपने वास्तविक हितों के बजाय, परिवार के दबाव जैसी बाहरी अपेक्षाओं के आधार पर डिग्री का चयन किया। उसे ख़ुद को कक्षाओं में मन लगाने में दिक़्क़त आ सकती है और उसे चिंता हो सकती है कि वह अपने भविष्य के करियर के लिए सही रास्ते पर नहीं है। इस मामले में, सरेखण प्रयोग में वैकल्पिक शैक्षिक मार्गों की जाँच करना शामिल हो सकता है।

दूसरी बात, अपनी परिकल्पना के साथ आइए। हम यहाँ वैज्ञानिकों की तरह सोच रहे हैं, जिसका मतलब है प्रयोगात्मक मानसिकता अपनाना। सभी वैज्ञानिक प्रयोगों में एक 'स्वतंत्र चर' होता है, जो ऐसी चीज़ होती है जिसे आप यह देखने के लिए बदलते हैं कि इसका क्या प्रभाव हो सकता है। अगर आपको अपने जीवन में एक – केवल एक – स्वतंत्र चर बदलना हो, तो वह कौन-सा स्वतंत्र चर होगा? और आपको क्या लगता है कि इसका आपकी स्थिति पर क्या असर पड़ेगा?

यह आपकी परिकल्पना है। हमारे हतोत्साहित वकील की परिकल्पना हो सकती है : 'मेरे काम के घंटों को समायोजित करने से काम और व्यक्तिगत संतुष्टि के बीच बेहतर संतुलन बनेगा।' हमारे तनावग्रस्त छात्र की परिकल्पना हो सकती है : 'मेरे व्यक्तिगत हितों और मूल्यों के साथ मेल खाने वाले पाठ्यक्रम में स्विच करने से मेरे शैक्षणिक जीवन में ज़्यादा संतुष्टि और प्रेरणा मिलेगी।'

तीसरा चरण सबसे महत्त्वपूर्ण है : निष्पादन कीजिए। बदलाव लाइए। और ऐसा करते समय देखिए कि इसका आपकी स्थिति पर – और आपके सरेखण की भावना पर क्या असर पड़ता है।

इसे प्रयोग के रूप में काम करने के लिए, यह जरूरी है कि आपका परिवर्तन स्थानीय हो। अगर आप अपने जीवन के हर क्षेत्र में नाटकीय बदलाव करते हैं, तो आपको पता नहीं चलेगा कि आपकी मनोदशा और सरेखण की भावना में कोई बदलाव किस कारण से हो रहा है। इसलिए शुरुआत में, इसे छोटा ही रखिए। हमारे वकील के लिए, इसका मतलब तीन महीने के लिए अंशकालिक कार्य व्यवस्था पर बातचीत करना, या अधिक थकाऊ काम जूनियर को सौंपना हो सकता है ताकि वह ऊर्जाकारी परियोजनाओं पर ध्यान दे सके – बजाय इसके कि वह तुरंत अपना काम छोड़ दें। हमारे छात्र के लिए, इसका मतलब हो सकता है कि तुरंत पूरी तरह से डिग्री बदलने की कोशिश करने के बजाय किसी दूसरे विषय में दाख़िला ले ले।

हालाँकि जब आप ऐसा करें, तो प्रभावों पर नजर रखिए। अपने अनुभवों का लॉग या डायरी बनाने की कोशिश कीजिए, रास्ते में मिलने वाली किसी भी चुनौती, सफलता या समझ को नोट कीजिए। ये प्रयोगों करके, आप ख़ुद को बिना किसी दीर्घकालिक प्रतिबद्धता के, कोई वैकल्पिक मार्ग तलाशने देते हैं। कम से कम अभी तो कोई प्रतिबद्धता नहीं होगी।

इन छोटे-छोटे प्रयोगों में यह पहचानना भी शामिल है कि सरेखण की यात्रा का कोई स्पष्ट अंतिम लक्ष्य नहीं होता है। यह तो कभी ना ख़त्म होने वाली प्रक्रिया है। जैसे-जैसे हम अपने जीवन की प्रयोगशाला में आगे बढ़ते जाते हैं, हमें प्रयोग करने के लिए तैयार रहना चाहिए - और आगे बढ़ते हुए सीखते रहना चाहिए।

सारांश

- मिसअलाइनमेंट बर्नआउट तब होता है, जब हम ऐसे लक्ष्यों में समय लगाते हैं जो हमारी ख़ुद की समझ से मेल नहीं खाते। मिसअलाइनमेंट पर क़ाबू पाना एक आजीवन कार्य है; जिसके लिए हमें लगातार यह पता करते रहने की जरूरत होती है कि हमारे लिए सच में क्या मायने रखता है, और उसके अनुसार अपने व्यवहार को बदलना होता है।
- कुछ आश्चर्यजनक सरल तरीक़े हैं जिनसे आप यह पता लगा सकते हैं कि आज आपके लिए क्या मायने रखता है। सबसे पहले, अपने दीर्घावधि के भविष्य को देखिए। अपने आप को मृत्युशैया पर कल्पना करने का प्रयास कीजिए। सुनने में भले ही यह अजीब लगे, लेकिन यह आपको इस बात का स्पष्ट दृष्टिकोण देने का सबसे अच्छा तरीक़ा है कि आप अभी अपने जीवन से क्या चाहते हैं।
- इसके बाद, अपने मध्यावधि के भविष्य के बारे में सोचिए। इस बात पर विचार कीजिए कि आप एक साल के समय में किन उपलब्धियों का जश्न मनाना चाहेंगे। फिर ख़ुद से पूछिए : इस सप्ताह मेरे कामों के लिए 12 महीने का जश्न क्या मायने रखता है?
- अंत में, आपको अपने अल्पावधि के भविष्य के बारे में सोचने के लिए तैयार रहना चाहिए। ऐसा इसलिए कि अच्छी ख़बर यह है कि आप अभी संरेखण की ओर एक क़दम बढ़ा सकते हैं। आज कौन से तीन कार्य हैं जो आपको अगले साल उस जीवन के क़रीब ले जा सकते हैं, जिसे आप चाहते हैं?

अंतिम कथन : प्रोडक्टिविटी साइंटिस्ट की तरह सोचिए

मेरा अपार्टमेंट लंदन के एक सबसे बड़े अस्पताल से एक से दस मिनट की पैदल दूरी पर है।

कुछ दिन, जब मैं उतना ध्यान केंद्रित नहीं कर पाता जितना मैं करना चाहता हूँ, तब मैं पूर्व दिशा की तरफ़ घूमता हूँ - ऑक्सफ़ोर्ड स्ट्रीट की दुकानों की भीड़ से और मैरीलेबोन की भव्य विक्टोरियन छतों से परे देखता रहता हूँ - जब तक मैं विशाल आधुनिक प्रवेश द्वार तक नहीं पहुँच जाता। मैं रिसेप्शन से कॉफ़ी ख़रीदता हूँ और कुछ मिनट डॉक्टरों को कॉरिडोर में इधर-उधर भागते हुए देखता हूँ। और सोचता हूँ कि उस भाग्यशाली क्रिसमस डे शिफ़्ट के बाद से कितना कुछ बदल गया है; वही शिफ़्ट जहाँ मुझसे मेडिकल सामग्री की ट्रे गिर गई थी।

स्क्रब पहने उन डॉक्टरों को देखकर मैं सोचता हूँ कि उस दिन के बाद से मैंने कितना कुछ सीखा है- जबकि वे डॉक्टर आमतौर पर काफ़ी कम तनाव में दिखते हैं। जब मैं उस भयावह दोपहर को, अस्पताल के वॉर्ड में अपनी पहली ऑन-कॉल छुट्टी को याद करता हूँ, तो मुझे अब अहसास होता है कि मेरी ग़लती प्रोडक्टिविटी के बारे में मेरी सोच में नहीं, बल्कि सोचने के तरीक़े में थी।

उस समय, मैं सभी बुनियादी रणनीतियों को ग़लत तरीक़े से लागू कर रहा था। प्रोडक्टिविटी को इस रूप में नहीं देख रहा था कि मुझे क्या अच्छा लगता है, बल्कि इसे अनुशासन के रूप में देख रहा था : मैं अपने ऊपर *और ज़्यादा* करने के लिए कितना दबाव डाल सकता हूँ, ये देख रहा था। वार्ड के हर राउंड में प्ले, पावर और पीपुल को शामिल करने की कोशिश करने के बजाय, मैं अपनी बोरियत, घबराहट और अकेलेपन की भावना के बारे में सोच रहा था। और उस मैनुअल इवेकुएशन के काम में में ख़ुशी खोजने की कोशिश करने के बजाय, मैं घंटों यही

सोचता रहा था कि यह कितना भयानक होगा। (और, सही कहूँ तो, यह सच में भयानक था भी।)

उसके बाद के सालों में, मेरे जीवन में सब कुछ बदल चुका है। आजकल, मुझे पता है कि प्रोडक्टिविटी अनुशासन नहीं है; इसका मतलब तो आपको ख़ुश, कम तनावग्रस्त, और ज़्यादा ऊर्जावान महसूस कराने वाले काम ज़्यादा करना है। और मुझे पता है कि टालमटोल और बर्नआउट से बचने का एकमात्र तरीक़ा अपनी स्थिति में ख़ुशी ढूँढ़ना ही है – भले ही आपने अपने कपड़ों पर चिकित्सकीय गोंद की 136 शीशियाँ गिरा दी हों।

हालाँकि मेरी असली ग़लती मेरी प्रोडक्टिविटी की रणनीति में नहीं थी। मेरी समग्र रणनीति ही ग़लत थी। मेरा मानना था कि अगर मैं हर प्रोडक्टिविटी की हर ट्रिक सीख लूँ और हर इंटरनेट ब्लॉग पढ़ लूँ, तो मैं वह हासिल कर लूँगा जिसकी मुझे चाह थी। यह उस दृष्टिकोण के बिकुल विपरीत था जिसकी मुझे ज़रूरत थी। और ज़रूरत थी मुझे प्रोडक्टिविटी साइंटिस्ट की तरह सोचने का काम सीखने की।

इसलिए मैं चाहता था कि इस पुस्तक में अंतिम उपकरण सरेखण प्रयोग हों। ऐसा इसलिए, क्योंकि लंबे समय में, केवल एक प्रयोगात्मक दृष्टिकोण अपनाकर ही आप फ़ील-गुड प्रोडक्टिविटी के रहस्य जानने की उम्मीद कर सकते हैं। इस पुस्तक में, मैंने कई दर्जन प्रयोग बताए हैं जो मेरे लिए तो कारगर रहे। उनमें से कुछ आपके लिए कारगर होंगे और कुछ नहीं। और इतना ठीक है।

याद रखिए कि यह पुस्तक कोई टु-डू सूची नहीं है। यह अपनी स्वयं की व्यक्तिगत प्रोडक्टिविटी टूलकिट बनाने के तरीक़े का दर्शन है। ऐसा तरीक़ा है जो आपको हर दिन और दीर्घावधि में फ़ील गुड करने के सभी अद्भुत पुरस्कार पाने का मौक़ा देता है। और ऐसा तरीक़ा है जिसमें प्रयोग की भावना से अपनी दैनिक परियोजनाओं और कार्यों को पूरा करना शामिल है। इसलिए, मेरा आपसे आग्रह है : जितना हो सके, उतना प्रयास कीजिए, पता लगाइए कि क्या काम करता है, और बाक़ी बातें छोड़ दीजिए। हर नए दृष्टिकोण के बारे में ख़ुद से ही पूछिए : इसका मेरे मूड पर क्या असर पड़ता है? मेरी ऊर्जा पर क्या असर पड़ता है? मेरी प्रोडक्टिविटी पर क्या असर पड़ता है? रटिए मत – फ़ील गुड प्रोडक्टिविटी का अपना तरीक़ा सीखिए। अपने तरीक़े से प्रयोग कीजिए।

आख़िरकार, लगातार मूल्यांकन मात्र करने से ही संभव है कि आपके लिए क्या काम करता है। इसी से आप लंबे समय में फ़ील गुड करने का तरीक़ा जान पाएँगे। प्रोडक्टिविटी एक विकसित क्षेत्र है, और आप भी विकसित हो रहे हैं। अब भी बहुत कुछ खोजना बाक़ी है। फिर भी जैसे-जैसे आप इन सिद्धांतों को अपने जीवन में लागू करते जाएँगे, आपको उन बारीकियों, रणनीतियों और तकनीकों का

पता चलता जाएगा जो आपके लिए सबसे अच्छा काम करती हैं। वे शायद मेरे बताए उपायों से भी उपयोगी होंगी, ख़ासकर इसलिए क्योंकि वे आपके अंदर से आई होंगी।

रटिए मत– फ़ील गुड प्रोडक्टिविटी का अपना तरीक़ा सीखिए। अपने तरीक़े से प्रयोग कीजिए।

तो, प्रक्रिया का मज़ा लीजिए। और जैसे-जैसे आप आगे बढ़ते हैं, याद रखिए कि इस प्रक्रिया का मक़सद पूर्णता के लिए प्रयास करना नहीं है। यह उन चीज़ों तक पहुँचने के लिए है जो चीज़ें रणनीतिक रूप से आपके लिए काम करती हैं। अपनी असफलताओं से सीखने के लिए है और अपनी सफलताओं का जश्न मनाने के लिए है। अपने काम को अपने संसाधनों पर बोझ के बजाय ऊर्जा के स्रोत में बदलने के लिए है।

मैं तो यह देखने के लिए उत्सुक हूँ कि आपका रोमांच आपको आगे कहाँ ले जाता है।

Ali xx

आपकी यात्रा का अगला क़दम...

इस पुस्तक को पढ़ने के लिए धन्यवाद के रूप में, आपकी प्रोडक्टिविटी को बेहतर बनाने की यात्रा के अगले चरण में सहायता करने के लिए यहाँ एक मुफ़्त उपहार दिया गया है ♥

www.feelgoodproductivity.com/gift

आभार

सबसे पहले तो इस पुस्तक को चुनने के लिए आप सभी पाठकों का हार्दिक आभार। 2017 के बाद से चाहे आपने कभी क्लिक किया हो, देखा हो, सुना हो, पढ़ा हो, लाइक किया हो, कमेंट किया हो, सब्सक्राइब किया हो या फिर चुपचाप फ़ॉलो किया हो, लेकिन ये सब उपहार ही है। आप मेरी लिखी बातों पर ध्यान देते हैं, यह बात मेरे लिए बहुत मायने रखती है, और इससे मुझे वह करने का मौक़ा मिलता है जो मुझे पसंद है, यानी अच्छी चीज़ें सीखना और उन्हें दुनिया के साथ साझा करना।

और अब, मेरे पास लोगों की एक लंबी सूची है जिन्हें मुझे धन्यवाद देना है। कोई पुस्तक, जीवन की हर अच्छी चीज़ की तरह, टीम प्रयास ही होती है। भले ही आम तौर पर फ्रंट कवर पर एक ही नाम होता है, लेकिन हर पुस्तक के पीछे कई सारे लोग होते हैं। और मुझे यह कहते हुए प्रसन्नता है कि *फ़ील-गुड प्रोडक्टिविटी* के पीछे की टीम बहुत ही असाधारण रही है।

शुरू करते हैं रोवन बोरचर्स से। रोवन, आपका मूल ईमेल ही वह चिंगारी थी जिसने ये समूची रोमांचक आग लगाई। पिछले तीन से ज़्यादा सालों से, आप अडिग स्तंभ की तरह तकनीकी, तार्किक, साहित्यिक सहयोग देते रहे हैं। आपने ख़ास तौर पर *फ़ील-गुड प्रोडक्टिविटी* को साकार करने के भावनात्मक पहलुओं में महारत हासिल की है।

फिर रेयान डोहर्टी हैं। रेयान, आपने इस परियोजना पर भरोसा किया और फिर आप इसके उत्तरी अमेरिकी दिल की धड़कन बन गए। आपके बिना इस पुस्तक की पहुँच इतनी नहीं हो सकती थी।

एक और शानदार संपादक राहेल जेपसेन हैं। आपको मेरी मदद करने के लिए अपने सालों के अनुभव का इस्तेमाल करने के लिए धन्यवाद। आपने मुझे लेखक बनाने के लिए बहुत कुछ सिखाया है, और आपके इस सहयोग के लिए मैं

इससे बेहद आभारी हूँ। आपके विनम्र संकेत मुझे जवाबदेह बनाए रखने में मददगार रहे ही, लेकिन कभी-कभी कठोर प्यार भी बहुत मददगार रहा। मुझे अब भी वह बातचीत याद है, जब आपने पूछा था : 'क्या यह किताब लिखना वाक़ई आपकी प्राथमिकता है? क्योंकि आपके कैलेंडर को देखते हुए तो ऐसा नहीं लगता है कि यह...' बिज़नेस के तमाम मुद्दों के पागलपन के बीच, परियोजना के प्रति आपकी प्रतिबद्धता ने इसकी रफ़्तार बनाए रखी। और आपके इसमें शामिल होने से यह पुस्तक अपने आप में बहुत बेहतर बन सकी है।

और कैट इवांस को भी नहीं भूलना चाहिए, जो मेरी असाधारण क्षमताओं वाली एजेंट हैं। कैट, आपका प्रोत्साहन और आलोचनाएं मेरे लिए मार्गदर्शक प्रकाश की तरह रही हैं। जब भी मेरी बैटरी ख़त्म होने लगती थी, तब हमारी बातचीत उसे रिचार्ज कर देती थी।

अगली बारी मेरी टीम की एक महत्त्वपूर्ण सदस्य इनेस ली की है, जिन्होंने कैंब्रिज यूनिवर्सिटी में रिसर्च फ़ेलो और फिर यॉर्क यूनिवर्सिटी में लेक्चरर की भूमिकाओं में संतुलन बनाते हुए परियोजना के प्रमुख शोधकर्ता के रूप में प्रभावशाली ढंग से काम किया। इनेस, वैज्ञानिक साक्ष्यों की विशाल लाइब्रेरी को संश्लेषित करने की आपकी क्षमता आश्चर्यजनक ही है। और यह तथ्य मुझे विस्मित कर देता है कि आप ना केवल इस पुस्तक में बल्कि हमारे वीडियो और पॉडकास्ट में भी इतने उच्च गुणवत्ता के काम में योगदान देते हैं।

फिर हमारे पास जैक एडवर्ड्स हैं, जिनकी रिसर्च ने पुस्तक के शुरुआती चरणों में अहम भूमिका निभाई। जैक, आपकी प्रतिबद्धता की वास्तव में प्रशंसा की जाती है, ख़ासकर यह देखते हुए कि आप एक साथ अपनी ख़ुद की पुस्तक, फलता-फूलता व्यवसाय और विस्फोटक सोशल मीडिया साम्राज्य का पोषण कर रहे हैं। आउटलाइन तैयार करने में आपके योगदान ने आगे आने वाली हर चीज़ के लिए मंच तैयार किया।

और मैं लॉरेन रजावी को भी कैसे भूल सकता हूँ? हमारा कनेक्शन भले ही ट्विटर पर डायरेक्ट मैसेज के साथ सामान्य तरीक़े से शुरू हुआ होगा, लेकिन इसका प्रभाव बहुत स्मरणीय रहा है। लॉरेन, पूरी यात्रा में लेखन मार्गदर्शन के साथ-साथ कैट इवांस और रचेल जेपसेन दोनों से मिलाने के लिए बहुत-बहुत धन्यवाद। यह एक अप्रत्याशित संबंध था जिसने इस पुस्तक के स्वरूप को महत्त्वपूर्ण रूप से आकार दिया।

मेरे लेखन कोच अजुल टेरोनेज, आपके शब्द इस परियोजना के शुरुआती चरणों में जीवन रेखा की तरह थे। 'आप बोतल के अंदर से लेबल नहीं पढ़ सकते' जैसे वाक्यों ने मुझे धोखेबाज सिंड्रोम के शुरुआती दौर में मार्गदर्शन किया और

लेखन की यात्रा पर आगे बढ़ने मेरी मदद की। और आपकी शानदार सलाह का भी ज़िक्र करना ज़रूरी है : 'गुरु नहीं, केवल गाइड ही बनना ठीक है' (यही विचार आख़िरकार पुस्तक में शामिल भी हुआ)।

डेविड मोल्डावर, प्रस्ताव के चरण में आपका कठोर प्यार बिलकुल वही था जिसकी इस परियोजना को ज़रूरत थी। मूल प्रस्ताव को अलग-अलग करके मुझे पुस्तक के मूल संदेश पर स्पष्ट रूप से विचार करने के लिए मजबूर होना पड़ा। मेरे मित्र और साथी लेखक हसन कुब्बा को भी धन्यवाद, जिनके कई विचार-मंथन सत्रों से मिले इनपुट ज़रूरी थे, और उनसे बड़ी कहानी को आकार देने में काफ़ी मदद मिली। और निश्चित रूप से, अद्भुत चित्रकार स्टीफ़न कुंज भी हैं, जिन्होंने हमारे सभी चित्रों को आकर्षक बनाया। स्टीफ़न, आपके कलात्मक स्पर्श ने इस पुस्तक में दृश्यों को वह उत्कृष्टता दी जिसके वे हक़दार थे।

मैं इस उद्यम के गुमनाम चैंपियनों के प्रति भी अपनी गहरी कृतज्ञता व्यक्त करना चाहता हूँ, जिनमें कॉर्नरस्टोन और सेलाडॉन दोनों की अथक परिश्रमी टीमें शामिल हैं। सबसे पहले, कॉर्नरस्टोन टीम को बहुत-बहुत धन्यवाद, जिनमें ऐलिस ड्यूइंग, एटी ईस्टवुड, सारा रिडले, मार्गारीटा सुंत्जेवा, अनुष्का लेवी, रोज वाडिलोव और ऐबियन ऐगल के साथ पर्दे के पीछे काम करने वाले सभी लोग शामिल हैं।

इसी तरह, सेलाडॉन टीम को भी दिल से धन्यवाद : डेब फूटर, राचेल चाउ, जेनिफ़र जैक्सन, जैमे नोवेन, अन्ना बेले हिंडेनलैंग, क्रिस्टीन मायकिटिशिन, लिजा बुएल, फ़ेथ टॉमलिन, एरिन कैहिल, ऐनी ट्वोमी और रेबेका रिची, आप सभी के अथक प्रयासों ने *फ़ील-गुड प्रोडक्टिविटी* को वर्तमान आकार देने में अहम भूमिका निभाई है। अंत में, शानदार कवर के लिए हैरी हेडन को भी धन्यवाद।

और लंदन में आईडी ऑडियो में हमारे अविश्वसनीय ऑडियो निर्माता एलेक्स रेमेंट और लेस्ली वुड को भी धन्यवाद, जिन्होंने ऑडियोबुक को इतनी शानदार और मनोरंजक रूप में पेश करने में सहायता की।

इस पुस्तक को लिखने के सालों में मैंने महसूस किया है कि साहित्यिक दुनिया एक प्यारा और स्वस्थ समुदाय है, और *फ़ील गुड प्रोडक्टिविटी* को इसके विस्तारित परिवार से बहुत फ़ायदा हुआ है। मैथ्यू डिक्स, डेरेक सिवर्स, रेयान हॉलिडे, कैल न्यूपोर्ट, जेम्स क्लियर, मार्क मैनसन, जूली स्मिथ, टियागो फ़ोर्टे, नोआह कागन, जॉन जेरात्स्की, लॉरेंस येओ, चार्ली हूपर्ट, निकोलस कोल, स्कॉट यंग, नीर इयाल, ऐनी-लॉर ले कुन्फ़, पैट फ्लिन, खे हुई और ऑगस्ट ब्रैडली जैसे साथी लेखकों, रचनाकारों, उद्यमियों और विशिष्ट मिलनसार लोगों को विशेष तौर पर धन्यवाद। पुस्तक की रूपरेखा, पांडुलिपि समीक्षा, मार्केटिंग रणनीति,

जूम कॉल या कुछ बढ़िया और पुराने जमाने के प्रोत्साहन के रूप में सामने आने वाली आपकी सामूहिक बुद्धि अमूल्य रही। मुझमें कुछ देखने के लिए और अपने बेहद व्यस्त शेड्यूल से समय निकालकर मेरी मदद करने के लिए आप सभी का धन्यवाद।

और फिर निस्संदेह, मेरी अपनी टीम भी है, जिसमें वे लोग हैं जो दिन-रात मेरे साथ काम करते हैं ताकि हम प्रेरणादायक और शैक्षणिक सामग्री बना सकें जो हमारे पाठकों, दर्शकों और श्रोताओं को उनके पसंदीदा जीवन का निर्माण करने में मदद करती है।

सबसे पहले, मेरे महाप्रबंधक एंगस पार्कर हैं जो जिन पर मुझे भरोसा है कि वो व्यवसाय को पटरी पर बनाए रखेंगे। एंगस, आप एक संचालन मशीन रहे हैं, व्यवसाय के गियर में अच्छी तरह से तेल लगाते रहते हैं, जबकि मैं पढ़ने-लिखने के लिए अपनी गुफा में बैठा रहता हूँ। हमारे दैनिक संचालन का प्रबंधन करने की अहम भूमिका आप निभाते हैं, और आपके बिना, मैं इस परियोजना के लिए पूरी तरह से प्रतिबद्ध होने मन बना ही नहीं पाता।

भाव शर्मा और डैन एंडर्टन, दोनों ने ही तमाम मोड़ों पर सहायक का काम किया है। मेरे व्यक्तिगत और कार्य जीवन की अराजकता में व्यवस्था लाने के लिए आप दोनों का धन्यवाद। आपके योगदान की वजह से इस करतब को बेहतर ढंग से सँभाला जा सका है।

और मेरी बाक़ी समर्पित टीम को भी हार्दिक धन्यवाद : टिनटिन, बेकी, एंबर, गैरेथ, जैकब, एलिसन, आदी, सैफ़, और सभी मदद करने वाले ऐसे अविश्वसनीय फ्रीलांसर जो मदद भी करते हैं, सभी को धन्यवाद। आप लोगों का सामूहिक कड़ा परिश्रम और रचनात्मक प्रतिभा के बिना, हम अपना प्रभाव बनाने के क़रीब पहुँच ही नहीं पाते। कैलम वॉर्स्ले, पॉल टर्न, शीन गुर्रिब, अहमद जादी, पाब्लो सिम्को, एलिज़ाबेथ फ़िलिप्स और कोरी विल्क्स को भी धन्यवाद; शुरुआती दौर में आप सभी की अमूल्य प्रतिक्रिया के लिए हार्दिक धन्यवाद।

इजी सीली, मैं इस यात्रा के दौरान अपनी भावनात्मक आधारशिला की अनदेखी नहीं कर सकता। लिखने के लिए आपका लगातार प्रोत्साहन और स्थिर भावनात्मक समर्थन महत्त्वपूर्ण था। इसके साथ ही ख़ासतौर से मुश्किल अध्यायों के दौरान मेरे विचार-मंथन में मित्र बनने में आपका कौशल भी महत्त्वपूर्ण था। आप तर्क और प्रेरणा की ऐसी आवाज़ रहीं जो अक्सर मुझे पटरी पर रखती थी।

मेरे भाई तैमूर अब्दाल और भाभी लूसिया कूल्टर को विशेष सलाम, जिन्होंने मेरी अव्यवस्था और बवंडर भरी ऊर्जा को बर्दाश्त किया, ख़ासकर उस अंतिम साल में जब हम सभी एक साथ रहते थे। आपका धैर्य सिर्फ़ पारिवारिक कर्तव्य से कहीं

ज़्यादा था। आप लोगों का सहयोग जीवन बचाने वाली कृपा थी, क्योंकि पुस्तक पूरी होने के क़गार पर थी।

हालाँकि निश्चित रूप से, मेरे परिवार के प्यार और सहयोग के बिना इनमें से कुछ भी संभव नहीं हो पाता। मुझे अंग्रेज़ी भाषा सिखाने वालीं और मुझमें सीखने का जुनून भरने वाली मेरी दादी का जिक्र ख़ास तौर पर करना चाहिए। आपकी प्रेरणा, प्यार और अंतहीन प्रोत्साहन ऐसे स्तंभ रहे हैं जिन पर मेरा ज़्यादातर जीवन खड़ा है।

अंतिम लेकिन महत्त्वपूर्ण बात, मेरी माँ, मिमी, एक सिंगल पेरेंट, जिन्होंने मुझे और तैमूर को असाधारण शिक्षा देने के लिए कई बार अपना जीवन तबाह किया। आपका बलिदान, कार्य नीति और असीम प्रेम मेरे हर काम का आधार है।

लेखक के बारे में

अली अब्दाल डॉक्टर, उद्यमी, शौकिया जादूगर और दुनिया के सबसे अधिक फ़ॉलो किए जाने वाले प्रोडक्टिविटी एक्सपर्ट्स में शामिल हैं। अली को प्रोडक्टिविटी के विज्ञान में दिलचस्पी तब हुई, जब वे कैंब्रिज विश्वविद्यालय में मेडिकल ट्रेनिंग लेने के साथ-साथ अपना व्यवसाय भी खड़ा कर रहे थे। ब्रिटेन की नैशनल हेल्थ सर्विस में डॉक्टर के रूप में काम करते हुए, अली ने एक सेहतमंद, ख़ुशहाल और ज़्यादा प्रोडक्टिव जीवन की ओर अपनी यात्रा को ऑनलाइन दर्ज करना शुरू किया। पिछले कुछ सालों में अली के प्रमाण-आधारित वीडियो, पॉडकास्ट और मानव मस्तिष्क से जुड़े लेख दुनिया भर में करोड़ों लोगों तक पहुँचे हैं। 2021 में अली ने अपनी मेडिकल प्रैक्टिस से ब्रेक लिया ताकि वे पूरी तरह उस काम पर ध्यान दे सकें, जिसमें वे मानव जीवन की समृद्धि और उच्च प्रदर्शन के विज्ञान को लोकप्रिय बना रहे हैं।

अनुवादक के बारे में

महेन्द्र नारायण सिंह यादव ने महाराजा कॉलेज, छतरपुर (म.प्र.) से स्नातक और भारतीय जन संचार संस्थान (नई दिल्ली) से पत्रकारिता में स्नातकोत्तर डिप्लोमा, तथा गुरु जंभेश्वर विश्वविद्यालय से पत्रकारिता एवं जनसंचार में स्नातकोत्तर की उपाधि प्राप्त की है। वे विगत 20 वर्षों से रेडियो, टेलीविज़न पत्रकारिता तथा अनुवाद और संपादन-कार्य से जुड़े हैं। उन्होंने चिल्ड्रंस बुक ट्रस्ट के हिंदी संपादक के रूप में भी कार्य किया है। वर्तमान में वे दिल्ली में समाचार चैनल 'समय मध्यप्रदेश छत्तीसगढ़' में पत्रकारिता कर रहे हैं।

उन्होंने अब तक कई पुस्तकों का अंग्रेज़ी से हिंदी अनुवाद किया है, जिनमें एस. विजय कुमार की *मूर्ति चोर*, हिन्दोल सेनगुप्ता की *नये युग का संन्यासी*, आदित्य सिन्हा की *रॉ, आईएसआई और शांति का भ्रम*, उल्लेख एन.पी. की *वाजपेयी : एक राजनेता के अज्ञात पहलू* और सद्गुरू की *सुखी जीवन के तीन सत्य* शामिल हैं।